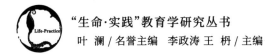

"生命·实践"教育学研究丛书

叶 澜 / 名誉主编 李政涛 王 枬 / 主编

责任与共生

"生命·实践"教育学视野中的家校社协同

张 永 / 著

广西师范大学出版社

·桂林·

"'生命·实践'教育学研究丛书"编委会

总　序
为中国教育学自主知识体系，
作出"生命·实践"教育学式贡献

　　2024 年是"生命·实践"教育学创建 20 周年。这个扎根中国大地，从中国文化生态、教育生态中生长出来的中国学派，由华东师范大学教育学终身教授叶澜首创并持续领导，是中华人民共和国成立以来首次以学校转型性变革实践研究为基石，以理论与实践双向构建为特征，以建设中国特色社会主义教育学（简称"中国教育学"）、建构中国教育学自主知识体系为目标而创建的教育学派。它传承教育学学科建设的优良传统，紧紧围绕教育理论、教育实践、教育研究方法论和教育学反思与重建四个核心问题不断深化研究，历经孕育期、初创期、发展期、成形期、通化期等不同阶段，目前正走向突破期。

　　20 年的学派建设与发展，以学派奠基之作或基石之作《回归突破："生命·实践"教育学论纲》为核心，以对学派创始人思想的多元解读和理解为载体，进一步深化、明晰学派的核心学术旨趣、思想精髓、理论主张与方法论，推出了包括《理论基石：叶澜教育思想的概念生成研究》（人民教育出版社出版）等在内的"'生命·实践'教育学研究丛书"，以及相关学术论文等原创性著述，整体上推动了对"生命·实践"教育学内涵和价值的理解趋向丰富与深入，学派价值、学派共识等愈发凝聚和清晰。在此基础上，"生命·实践"教育学逐渐内化为一种视角和眼光，以此视角和眼光，观照和透析教育和教育学的世界，可以"看出"一片新的天地。

从通化期走向突破期的当下，通与突、化与破的关系密不可分："融通"之后，必然形成新的"突触"，构成新的热点、焦点，并且走向方向性、引领性的高峰；"转化"之后，则必定会"破解"各种瓶颈，"冲破"诸多关口。由此展现"通化"与"突破"的内在关联："通化"为"突破"酝酿和创造了基础性、积累性、前提性的条件，提供和赋予了成长性、关键性的动力；"突破"则是"通化"的"水到渠成"，因"通化"而来的源源不断的活水得以让新的学术之渠、学派之渠形成，水不到，则渠不成，反之亦然。

接下来的关键问题是，在突破期，要突破什么？或者，突破的方向或路径在哪里？

这就是本套丛书的设计初心与思路缘起：以教育基本理论为突破口，在教育基本理论层面上，助推"生命·实践"教育学迈向新的理论高峰，至少走向新的发展阶段。

这一目标和思路依然体现了学派式的双向思维：一方面，以对学派创始人思想的解读和诠释为理论基础和思想源泉，进一步建构"生命·实践"教育学派的教育基本理论体系；另一方面，通过聚焦教育基本理论中的基本概念、基本问题，作出学派式回答，提供学派式方案，作出学派式贡献——只有"生命·实践"教育学派，才可能作出的教育基本理论贡献，并因此回到一个核心问题：有了"生命·实践"教育学派，中国的教育基本理论有什么不同？

因此，本套丛书的作者聚焦"教育"（教育智慧、教育价值、教育之美）、"学校"（学校教育）、"教师"（教师生命自觉）、"实践"（成事成人）等基本概念，围绕"教育与社会"（社会教育、家校社协同）、"教育与自然"（自然教育）、"教育与文化"（教育的文化溯源）、"教育与技术"（教育技术观）、"教育与审美"（教育美的建构）等基本问题，展开学派式挖掘、学派式剖析和学派式建构。其中贯穿、渗透了学派视角和学派眼光。

本套丛书的作者是"生命·实践"教育学研究团队的骨干成员，也是中华人民共和国教育部（简称"教育部"）全国高校首批黄大年式教师研究团队中唯一来自教育学科团队的骨干成员。我们在一次次阅读、思考、研讨和交流中，努力做到三个"始终"：

一是始终秉持学派的研究精神：信念坚定，目标清晰；敢于突破，脚踏实地；自主选择，分工合作；自我超越，相互学习；成事成人，共同发展。

二是始终坚持以成书成人的方式践行成事成人的核心价值观：书写了，也出版了，写书的人变了没有，发展了没有，成了没有？

三是始终持守清晰且强烈的生命自觉：自觉对自己的成长负责、自觉对学派的发展负责、自觉对教育学和中国教育学的发展负责，最终为中国教育学自主知识体系的建构作出"生命·实践"教育学式贡献。

是为序。

李政涛

2024 年 3 月 15 日

（李政涛系中国教育学会副会长，华东师范大学"生命·实践"教育学研究院院长）

序 言

本书聚焦家校社协同,在文献研究、调查研究、案例研究和国际比较研究的基础上,系统探讨了"生命·实践"教育学视野中家校社协同所包含的五个论题。

一是家校社协同的理据。"生命·实践"教育学是以建设当代中国特色的教育学为己任,具有浓郁的中国立场、中国传统和中国气派的教育学。扎根于持续了二十多年的"新基础教育"研究,"生命·实践"教育学在家校社协同这一主题上有着丰厚的理论积淀,形成了系统的教育责任共生体理论取向。这一理论取向的理据是"生命·实践"教育学有关教育责任承担的全社会视域和教育学立场。本书第一章、第二章分别阐述了"生命·实践"教育学的社会教育力整合理论和个体生命发展理论。

二是家校社协同的现状。调查研究以学校为单位进行抽样,以江苏省常州市"新基础教育"研究生态区为抽样范围,选取中心城区、城郊、农村三类区域,每一类中分别选择2—3所"生命·实践"教育学合作研究学校和"新基础教育"研究基地学校,共计14所学校,分别对学生、家长和班主任进行问卷调查。本书第三章基于在江苏省常州生态区开展的问卷调查呈现家校社协同的实然状态,包括生态区层面、区域层面和个体层面。

三是家校社协同的样态。社区学校模型与家长卷入模型是家校社协同的两种经典模型。其中,社区学校模型基于宏观的或社区层面上的组织合作视角,家长卷入模型基于微观的或个体层面上的参与者视角。本书第四章基于案例研究呈现教育责任共生体的实践模型，包括家班共育、家长进课堂、馆校合作、校社合作和家校社共建。这些实践模型均在家校社协同经典模型基础上进行了拓展性探索。

四是家校社协同的层次。同"新基础教育"研究实验学校有关的多种家校社协同模型及其持续升级，其关键在于不断提升教育责任相关者的参与程度。家校社协同的层次理论着重于研究教育责任相关者参与学校治理的深度和限度等一系列问题。基于第一章至第四章的探讨，本书第五章在对已有家校社协同层次理论进行国际比较的基础上，进一步提出"生命·实践"教育学视野中的家校社协同赋权增能模型。

五是家校社协同的策略。基于"生命·实践"教育学视野中的家校社协同赋权增能模型，本书第六章讨论了家校社协同的三大推进策略：节点活动策略、学校治理策略和能力建设策略。家校社协同赋权增能模型把"生命·实践"或"成事成人"作为当代中国教育学的内核，把能够激发学生自主性和能动性的综合活动作为推进家校社协同的重要策略，为家校社协同研究提供了具有国际视野且基于本土的理论视角。与此同时，"生命·实践"教育学视野中的家校社协同学校治理策略和能力建设策略在分析层面上具有补缺性价值，在协作样态上具有丰富化价值。

本书导论对以上家校社协同的教育责任共生体理论取向进行了概述。期待通过本书的探讨，进一步激发对"生命·实践"教育学视野中家校社协同的持续探究和实践，在此基础上形成更多兼具国际视野和中国特色的家校社协同理论。

张　永

2023 年 9 月 29 日

[本书系国家社会科学基金教育学一般课题"'生命·实践'教育学视野中家校社合作的模型建构与推进策略研究"（项目批准号：BAA180024）最终成果]

目　录

导　论　构建教育责任共生体 / 1

　　第一节　为何是教育责任共生体 / 2

　　第二节　何谓教育责任共生体 / 5

　　第三节　教育责任共生体何为 / 10

第一章　社会教育力整合理论 / 15

　　第一节　社会教育力概念框架 / 15

　　第二节　社会教育力整合的政策表征 / 18

　　第三节　信息化与社会教育力整合 / 30

第二章　个体生命发展理论 / 42

　　第一节　"生命"概念史 / 42

　　第二节　生命自觉的多维建构 / 55

　　第三节　生命自觉与学习生态 / 69

第三章　家校社协同的现状 / 78

　　第一节　家校社协同的生态区现状 / 78

　　第二节　家校社协同的区域现状 / 99

　　第三节　家校社协同的学生视角 / 158

第四章　家校社协同的样态 / 176

　　第一节　家校社协同的经典模型 / 176

　　第二节　家校社协同的微观基础 / 186

　　第三节　家校社协同的多样化 / 200

第五章　家校社协同的层次 / 209

　　第一节　家校社协同的层次模型 / 209

　　第二节　家校社协同层次模型比较 / 215

　　第三节　家校社协同赋权增能模型 / 221

第六章　家校社协同的策略 / 230

　　第一节　节点活动策略 / 230

　　第二节　学校治理策略 / 241

　　第三节　能力建设策略 / 254

附　录 / 264

参考文献 / 297

后　记 / 309

导论　构建教育责任共生体

　　"生命·实践"教育学是以建设当代中国特色的教育学为己任,具有浓郁的中国立场、中国传统和中国气派的教育学。扎根于持续了二十多年的"新基础教育"研究,"生命·实践"教育学在家庭、学校与社区合作或家庭、学校与社会协同①这一主题上有着丰厚的理论积淀,形成了系统的教育责任共生体理论取向。

---

① 为保持学术话语与政策话语的一致性,本书把家校社协同看作家校社合作的同义语,但在两者同时使用时把家校社协同作为家校社合作的一个下位概念。理由是,"家校社合作"不是一个单纯的概念,而是一簇概念。"家校社合作"是一个组合概念,包含了家庭、学校和社区或社会中的其他组织机构及其间的关系。其中,家庭、学校和其他组织机构等是实体性概念,描述的是可以直接观察的实体;它们之间的关系则是非实体性概念,描述的是难以直接观察的非实体。作为一个组合概念,无论是其所包含的实体性概念,还是非实体性概念,都像一个连续体一样,涉及一系列概念。比如家庭类型有核心家庭、扩展家庭和其他类型家庭;学校虽然主要涉及中小学校,但包含了不同层次和类型;其他组织机构涉及社区与社会等不同层面和博物馆、公园、企业等多种类型。"合作"这一概念本身具有丰富多样的意义,比如连接(networking)、协调(coordinating)、联合(cooperating)、协同(collaborating)等。在此基础上,家校社合作在不同场景中就有了诸多特定的用语,比如"家庭、学校与社区合作"、"家庭、学校与社会合作"或"家校社协同"等。家庭、学校和其他组织机构,尤其是社区内的场馆组织,可以牵头形成由一方主导或多方共建的伙伴关系。就一方主导的情形而言,有家庭主导的家校社合作,有学校主导的家校社合作,也有组织机构主导的家校社合作;就多方共建的情形而言,有仅仅由家庭与学校形成的狭义上的家校社合作,也有博物馆、美术馆、少年宫等组织机构与学校形成的馆校合作和宫校合作等。由此,在现实运作中,家校社合作常常被简化为家校合作、馆校合作和宫校合作等,或是由具体家庭和班级合作而产生的家班共育。无论是在中文语境还是在英文语境中,这些不同用语的存在都表明,家校社合作是一个普遍的教育现象,并在不同情境中有不同的机制和侧重点。

第一节　为何是教育责任共生体

构建教育责任共生体是"生命·实践"教育学视野中家校社协同的基本使命和任务。换言之，教育责任共生体可以看作家校社协同的"魂魄"，而家校社协同则可以看作教育责任共生体的"形体"。家校社协同只有具备了教育责任共生体之魂，才可以被看作"魂体相附"的家校社协同，否则就是"失魂落魄"的家校社协同。作为家校社协同的"魂魄"，教育责任共生体集中体现了"生命·实践"教育学有关教育责任承担的全社会视域和教育学立场。

一、共生：全社会视域

教育责任共生体首先是一种共生体[①]。这一共生体由各种教育责任相关者组成，既包括学校管理人员、教师、学生等专门教育机构内部的教育责任相关者，又包括作为教育重要支持力量的政府、社会团体、家长等专门教育机构外部的教育责任相关者。

"生命·实践"教育学基于全社会视域构建教育责任共生体，形成了社会教育力整合理论，展现了新时代教育学研究的社会生态格局。叶澜指出："'社会教育力'是一个新概念，提出此概念，是想以此作为重建有关'教育与社会'

[①] 在本书中，"共生体"这一概念源于"共同体"。在"新基础教育"研究过程中，用语上发生了从"共同体"到"共生体"的转变。叶澜曾说："我在生态区调查中，有一个非常重要的发现：生态区的合作研究使课堂改革的重建课可以在不同学校间开展。在这个过程中，合作是互动共生的。"她特别指出，合作研究中的"广化"不同于"扩展化""示范化"，它不是只进行简单的示范和迁移，而是"在相互交流合作中发展学校内生力，更具有智慧，更需要勇气"。这一"广化"且共生的过程既发生在生态区内，也发生在不同生态区之间。"新基础教育"研究将"共同体"更名为"共生体"，这直接源于叶澜所发现的共生经验。当然，这不仅是名称的更换，而且意味着一种新文化的形成："在核心精神上体现'多元组合、差序推进、交互学习、同根共生'，在思维方式上体现'生态式思维'。"叶澜：《变革中生成：叶澜教育报告集》，庞庆举选编，北京：中国人民大学出版社，2019年，第224—230页、第231—233页。

关系性质的着力点,进而阐明社会的教育责任研究,'社会教育力'的现状,以进一步寻求其发展指向。"①当代社会教育力可以从两个维度来把握:一是从内在构成上,可以区分为由教育系统内部正规和非正规开展的教育活动所生成的教育作用力,以及教育系统外部其他各类社会系统进行的活动所内含的教育影响力;二是从分析单位上,可以区分为个体层面上的个体教育力和社会系统层面上的系统教育力。② 因此,社会教育力不同于"社会教育"的力,而是一个包括"社会教育"的力量,是外延更广、结构更复杂的概念。

在社会教育力的内在构成中,教育作用力指向教育系统内部,教育影响力指向教育系统外部。社会教育力的发展不只是每一次教育活动的质量提升,还涉及教育作用力内部及其同教育影响力的协同效应。由于终身教育体系中各级各类教育的横向沟通与纵向衔接主要涉及教育系统内部不同层次和类型的教育作用力,因此可以称之为"社会教育力的内部整合";而学习型社会建设过程中各类资源的开放与共享则不只是教育系统内部的教育作用力,还包含教育系统外部的教育影响力,因此可以称之为"社会教育力的外部整合"。③

就不同层次的社会教育力而言,个体教育力存在于个体所参与和进行的"生命·实践"活动之中,系统教育力存在于系统的组织和活动之中。系统教育力既包括社会各系统中存在的教育影响力与教育系统内部的教育作用力,还包括一个完整的社会系统在整体意义上存在的教育力。因此,可以把社会教育力在分析单位上区分为个体教育力、系统教育力和全系统教育力。在每个分析层面上,社会教育力的整合发展都包含社会教育力的内部整合和外部整合,以及从潜在状态到实存状态的转化。就全系统教育力而言,关键在于"如何让所有实践方式,都朝向教育实践,在多方力量的汇聚中,共同承担教育

① 叶澜:《终身教育视界:当代中国社会教育力的聚通与提升》,《中国教育科学》2016 年第 3 期,第 42 页。
② 叶澜:《终身教育视界:当代中国社会教育力的聚通与提升》,《中国教育科学》2016 年第 3 期,第 60 页。
③ 张永、朱敏:《新时代成人教育学发展的契机、主题与趋向》,《南京社会科学》2019 年第 12 期,第 151 页。

责任,从而形成'全社会教育'的新格局和新体系"①,突破社会教育力缺乏聚通、尚待提升这一现实问题。本书第一章将进一步阐述社会教育力整合理论。

二、责任：教育学立场

在"教育责任共生体"这一复合词中,如果说"共生体"体现的是教育责任承担的全社会视域,那么可以说"教育责任"体现的是教育责任承担的教育学立场。在教育学立场上,"生命·实践"教育学展现了新时代教育学的终身教育视界。"终身教育是衡量当代社会发展的教育尺度,它以促进人的多方面终身发展和人格完善,创造更富有意义的人生和更美好的世界为价值取向;以化入人生全程、化入社会各域的社会教育力为特征,体现在社会中'人人、时时、处处、事事'都内含着教育的价值和力量。"②换言之,教育责任承担的全社会视域是教育责任承担的教育学立场的延伸和落脚点,两者相伴相生、相辅相成。缺少了教育学立场,教育责任共生体就丧失了教育尺度;缺少了全社会视域,教育责任共生体就无法落到实处。

在教育责任承担的教育学立场上,关键问题在于"什么才有利于人的生命健康、主动发展？如何为人的生命健康、主动发展创造条件和基础"③。"生命·实践"教育学提出了"教天地人事,育生命自觉"的中国式表达,明晰了当代中国教育学的内涵。"教天地人事,育生命自觉"蕴含着叶澜对生命精神与生命发展之道的求索。与之相关的一个重要理论成果是有关人的发展的二层次三因素论。二层次三因素论以对人的发展的影响的性质来划分影响人发展的诸因素。它把影响人发展的因素分为两个层次：第一层次被称为"可能性因素"或"条件因素",它是为人的发展提供可能的因素,包括发展主体自身为发展提供的条件(又分为先天条件与后天条件)和外部环境为发展提供的条件两个因

---

① 李政涛：《当代教育发展的"全社会教育"路向》,《教育研究》2020 年第 6 期,第 6 页。
② 叶澜：《"生命·实践"教育学派的教育信条》,见华东师范大学"生命·实践"教育学研究院编《"生命·实践"教育学研究(第一辑)》,上海：上海教育出版社,2017 年,第 4 页。
③ 李政涛：《中国社会发展的"教育尺度"与教育基础》,《教育研究》2012 年第 3 期,第 4 页。

素;第二层次被称为"现实性因素",它是使人的发展从可能转变为现实的因素,即发展主体从事的各种性质和水平的活动。① 生命自觉是人的精神世界的能量可以达到的一种高级水平,它可以使人在与外部世界的沟通、实践中产生主动性,同时对自我的发展有主动性。二层次三因素论作为认识影响人发展的诸因素及其与发展主体的动态关系的框架,也可以看作"生命·实践"教育学所追寻的生命精神与生命发展之道。本书第二章将进一步阐述这一个体生命发展理论。

第二节　何谓教育责任共生体

基于教育责任承担的全社会视域和教育学立场,可以发现家校社协同不是为了协同而协同,而是为了学生的主动、健康发展而协同。正是为了学生的主动、健康发展,才需要把家校社协同这一教育责任共生体作为社会教育力聚通与提升的试验场,才需要教育责任相关者的能力建设。由此,学生的主动、健康发展,教育责任共生体建设与教育责任相关者的能力建设就构成了"生命·实践"教育学视野中家校社协同的三个理论脉络或支柱。

一、焦点:生命实践

教育责任共生体的焦点是坚守教育责任或教育尺度,即学生的主动、健康发展。如果把家校社协同看作由前台和后台构成的复合体,那么学生的主动、健康发展就是家校社协同的前台。换言之,教育责任共生体的焦点或家校社协同的前台就是人的生命成长和人的生命实践,就是"成事成人"。

叶澜认为,教育研究是一种事理研究。② 事是人为之事,而人又是以完整的具体个人参与其中,这就使得事理研究中人与事的关系具有多重性。"现实中的

---

① 叶澜:《论影响人发展的诸因素及其与发展主体的动态关系》,《中国社会科学》1986 年第 3 期,第 83—98 页。

② 叶澜:《方圆内论道:叶澜教育论文选》,庞庆举选编,北京:中国人民大学出版社,2019 年,第 23 页。

问题是历史中的人造成的;历史又造成了现实中的人。然而,现实的改变又只能由在现实中努力改变现实的人来完成,这些人在改变现实中实现着自身的改变。'新基础教育'正是在这个意义上,认识了日常平凡的教育活动所内含的'人'与'事'的关系,确定了在实现三个转型中,既'成事'又'成人',在'成事'中'成人',为'成人'而'成事',用'成人'促'成事'的方式处理'人'与'事'的关系。"①"新基础教育"研究与"生命·实践"教育学派建设是由"成人"与"成事"不断交织而成的交响乐。在"新基础教育"研究与"生命·实践"教育学派建设过程中,正是诸多完整的具体个人的投入和参与,才使得人情与事理、情感与理性、价值与事实相互缠绕,展现了当代中国教育学内核的复杂关联性和动态生成性。

生命实践是个体发展过程中使各种潜在可能转化为现实发展的枢纽。在生命实践中,各种相关因素都在发挥作用,并交织在一起。生命实践犹如一个编织器,把影响个体发展的各种因素进行综合转化。学生的主动、健康发展就在完整的生命实践过程中得以孕育和生成。因此,如何让学生充分经历完整的生命实践,是教育活动面临的基本挑战。完整的生命实践至少包括两个方面:一是在横向维度上,把天地人事等方面的资源都包含进来,从而增进学生同自然、社会、技术等场景的交往,建立包含家庭学习、学校学习、社区学习与远游学习等学习样态的学习生态;二是在纵向维度上,从学习者的即时具体体验开始,搜集、观察学习者的体验实践,之后对这些资料加以分析,再将结论反馈给学习者,继续为他们的实践所用,以修正他们的行为并选择新的体验,这一完整的学习过程将有效地促进学习者的变化与成长。②

生命实践越丰富,越要求开展家校社协同,因为广阔的学习空间需要广泛的联结。"脑研究证实并确认,多元化的复杂而具体的经验对有意义学习和教学是基本的。最佳地使用人脑意味着利用脑的无限能力来创设联结——并且懂得什么条件

① 叶澜:《个人思想笔记式的 15 年研究回望》,见叶澜、李政涛等《"新基础教育"研究史》,北京:教育科学出版社,2010 年,第 176 页。
② [美]D. A. 库伯:《体验学习:让体验成为学习和发展的源泉》,王灿明、朱水萍等译,上海:华东师范大学出版社,2008 年,第 35 页。

能使这个过程达到最优化。就本质而言,学生是从他们正在经历的完整经验中展开学习的。在许多方面,内容及其情境脉络是不可分的。"①教育者需要承认完整经验的首要性并把学习看作利用完整经验的艺术。"由于学生从所有的经验中进行学习,所以仅仅学校不可能对他们的所有学习负责。那就是为什么家庭、社区、政治和社会机构的质量对人们学些什么和怎样学会起着重要作用。这种整体效果也证明了相互联系观念的现实意义。"②"生命·实践"教育学的一个基本主张是,人的精神成长或人格成熟同自我的扩展或多方面交往能力的成熟是密不可分的。

二、架构：共生体

相对于学生的主动、健康发展这一焦点,共生体是教育责任共生体的架构,也是家校社协同的后台。家校社协同是为了学生的发展而协同,前台是学生的生命实践,即主动、健康发展;后台是基于学生的发展潜能与成长需要而采取的家校社协同样态。完整的家校社协同包含了教育责任共生体的焦点与架构或家校社协同的前台与后台及其间的互动关系。

"生命·实践"教育学合作研究学校在教育责任共生体建设上做了很多努力。在教育责任共生体建设过程中,"新基础教育"研究实验学校先后创建了多种家校社协同模型。2013 年,上海市闵行区汽轮小学与华东师范大学家校社合作研究项目组合作形成了"基于学生成长需要的家长教育参与模型",并在后续合作研究过程中进一步形成了"基于专业性的双向互动家校合作模型"。③ 2014年,华东师范大学家校社合作研究项目组与江苏省常州市新北区龙虎塘实验小学合作形成了"三力驱动、三环交融式家校合作模型",并在后续合作研究过程中进一步形成了"基于学生社区生活的学校与社区合作模型""多力驱动、多环交融、多学赋能的家校社全域共育互育模型"等。④ 所有这些家校社协同模

---

① ［美］雷纳特·N.凯恩、杰弗里·凯恩：《创设联结：教学与人脑》,吕林海译,上海：华东师范大学出版社,2004年,第 5 页。
② 同上书,第 130 页。
③ 李家成、王培颖主编《家校合作指导手册》,北京：北京大学出版社,2016 年,第 284—288 页。
④ 同上书,第 289—292 页。

型都基于"生命·实践"教育学有关教育责任共生体的基本理念与信念,并丰富了已有的相关认识和实践。本书第三章、第四章将进一步展开相关研究。

教育责任共生体建设十分重要,正如联合国教育、科学及文化组织(United Nations Educational, Scientific and Cultural Organization,缩写 UNESCO,简称"联合国教科文组织")的主张,"教育的多种职能不仅是政府的责任,同时也是整个社会的责任"①。在《反思教育:向"全球共同利益"的理念转变》这本书中,把教育作为"共同利益"的理念重申了教育作为一项社会共同努力的目标的集体层面(分担责任和精诚团结),而且强调参与过程(这本身就是一项共同利益),其中共同行动是共同利益本身所固有的,它有助于共同利益,且在共同行动的过程中也会产生裨益。② 这一把教育作为"共同利益"的理念在后来的《共同重新构想我们的未来:一种新的教育社会契约》报告中,进一步升级为有关教育的社会契约③,强

① 联合国教育、科学及文化组织编《反思教育:向"全球共同利益"的理念转变》,联合国教育、科学及文化组织总部中文科译,北京:教育科学出版社,2017 年,第 81 页。

② 同上书,第 78 页。

③ "生命·实践"教育学的教育责任共生体理论同联合国教育、科学及文化组织,以及相关国际组织倡导的利益相关者理论十分契合。有关教育的社会契约是对把教育作为"共同利益"的理念的明晰化。"社会契约的长期性意味着,个人愿意抛开眼前的利益或自私的想法,因为他们知道从长远来看自己会从中受益,遵守社会契约的其他利益相关者也一样。"因此,利益相关者理论的要义就是责任(一种长期利益)和共生(全社会策略)。但是,在中文语境中,利益相关者这一用语难以恰如其分地表达其要义。[德]克劳斯·施瓦布、[比]彼得·万哈姆:《利益相关者》,思齐、李艳译,北京:中信出版社,2021 年,第 138 页。这种在中英文转换过程中出现的译名选择问题,可以看作对其概念内涵的准确表达问题,同时尽可能使顾名思义这一固有思维习惯保持在与概念内涵相一致的轨道上。前述对"共同体"与"共生体"的译名选择也基于同样的理由。"在运用'共同体'这个术语时,我们所指的并不是一些原始的文化共享的实体。我们假定,共同体成员拥有不同的兴趣,对活动作出不同的贡献,并且持有不同的观点。我们认为,多种层次的参与是实践共同体的成员关系所必需的。'共同体'这一术语既不意味着一定要是共同在场、定义明确、相互认同的团体,也不意味着一定具有看得见的社会性界限。它实际意味着在一个活动系统中的参与,参与者共享他们对于该活动系统的理解,这种理解与他们所进行的行动、该行动在他们生活中的意义以及对所在共同体的意义有关。"[美]J. 莱夫、E. 温格:《情景学习:合法的边缘性参与》,王文静译,上海:华东师范大学出版社,2004 年,第 45 页。据考证,"共同体"的英文"community"是由拉丁文前缀"com"("一起""共同"之意)和伊特鲁里亚语单词"munis"("承担"之意)组成。王立新:《译序:对 20 世纪国际史的另一种解读》,见[美]入江昭《全球共同体——国际组织在当代世界形成中的角色》,刘青、颜子龙、李静阁译,北京:社会科学文献出版社,2009 年,第 10 页。

调国家和非国家行为者之间的更加公正和公平的合作。①

三、支撑：能力建设

　　无论哪种家校社协同方式都需要教育责任相关者作出相应的努力。家校社协同的建立和维持不是一个静态的过程，而是随着时间的推移不断识别、调整和运用各种合作策略的过程。它既是家长、教师、学生和社区组织代表等相关者不断提出问题并加以解决的实践过程，也是这些相关者之间相互学习的过程。教育责任相关者的能力建设就是指不断识别应加强何种能力并运用最可能形成那些能力的有针对性的策略的过程。

　　识别应加强何种能力的关键在于进行教育责任相关者角色能力研究。本课题研究表明，小学生家长的角色能力在不同年段既有共通性，也有独特的内容，从而形成了小学生家长角色能力的独特"画像"。② 研究表明，不同年段小学生家长的共通性角色活动领域有生活照顾、陪伴、培养、辅导、家庭氛围营造、家长学习、直接参与学校事务七项。随着不同年段小学生自身发展和学校教育任务的变化，小学生家长在角色任务组合上有了显著的动态调整。这种动态调整主要发生在两个层面：一是在角色活动领域发生频率序列上，即根据不同角色活动领域所包含的关键任务数量，不同年段小学生家长的角色活动领域发生频率序列不同；二是在每一个角色活动领域的关键任务上，即不同年段小学生家长在每一个角色活动领域中的关键任务有所调整。

　　在识别应加强何种能力的基础上，需要运用最可能形成那些能力的有针对性的策略。例如，根据小学生家长角色能力的共通性，可以形成相对稳定的家长能力建设项目；而根据小学生家长角色能力的特殊性，可以在家长能力建设项目中设计更具针对性的活动模块，从而促进家长角色调整。与此同时，中

---

① United Nations Educational, Scientific and Cultural Organization, "Reimagining Our Futures Together: A New Social Contract for Education," United Nations Educational, Scientific and Cultural Organization, 2021, p. 5.

② 张永、王提：《刍议小学生家长的角色活动与指导》，《终身教育研究》2020 年第 6 期，第 19—21 页。

小学校作为家校社协同中的主导性力量,应把家长角色能力指导纳入班主任和相关学生工作负责人的工作内容和能力建设项目,鼓励开展相关研究,并据此创造性地建构校本化和基于班级的家长角色能力指导活动。

教育责任相关者能力建设是教育责任共生体的支撑。进行教育责任相关者能力建设意味着使家长、教师和其他社区成员以合适的方式进行参与,并采取更恰当的干预措施以及提供更好的机会。

第三节　教育责任共生体何为

在"生命·实践"教育学发展过程中,教育与社会发展、个体发展的复杂关系作为理论命题不断被提出,并在"当代中国社会的教育基础及其改造""终身教育视野下社会教育力之聚通与提升"等课题中得到持续深入的探讨。如何在已有的系列研究基础上,聚焦教育责任共生体构建,探究家校社协同的实践路径,是"生命·实践"教育学家校社协同理据与理路的自然展开。

一、充分开发综合活动的育人价值

相对于课堂教学或学科教学,综合活动在学科意义上是跨学科的,在场所意义上是不限于课堂的,在主体意义上是更具自主性的。叶澜指出:"义务教育阶段,在学科教学基础上,可积极开展跨学科的学生校内外综合活动,包括我们提倡的四季活动,它们不必纳入学校课程的框架,而是为学生和教师提供更大的自主策划、探索,更灵活地创造性开展活动的发展空间,这是相对封闭的学校通向自然、社会的'窗'和'门',它不是课程意义上的综合课程。"①

在"新基础教育"研究过程中,综合活动作为一个研究领域有着二十多年

① 叶澜:《溯源开来:寻回现代教育丢失的自然之维——〈回归突破:"生命·实践"教育学论纲〉续研究之二(上编·其一)》,《教育发展研究》2018年第2期,第2页。

的发展历程。在探索性研究阶段(1994—1999年),由于是以班级为研究单位,这一领域被称为"班级建设",包括班级制度与管理、班级活动和班级文化三个方面;经过发展性研究阶段(1999—2004年)的积淀,这一领域在以学校为单位的成型性研究阶段(2004—2009年)被确立为"学生工作";经过以区域生态组/区为单位的扎根性研究阶段(2009—2012年)的积累和持续至今的生态式推进研究阶段(2012年开始),最终在2016年12月21日叶澜所作的报告中确立为"综合活动"。

虽然综合活动这一研究领域经历了"班级建设""学生工作"等不同研究阶段,但不同阶段的设定并不是对前期研究的否定,而是对前期研究的拓展和清晰化。首先,在研究单位变化之后形成的新概念,随着研究单位的扩展和理论研究的积淀,都把原有概念包含在内,从而形成了以原有概念为内核的新概念。其次,贯穿不同研究阶段的基本理念是一致的,仅仅在具体理论上不断丰富。这种基本理念就是学生观和学生立场,也是"生命·实践"这一基本概念在该领域的具体化。最后,因为不同阶段的概念之间既有差异又有内在的一致性,所以它们常常同时使用,以呈现这一独特领域的多面性。例如,当同时使用"学生工作"与"综合活动"时,前者更多是指旨在直接促进学生社会性与个性发展的学校工作领域,揭示的是主体与目标属性;后者更多是指相对于学科教学的独特性,揭示的是载体属性。换言之,前者凸显了发展谁与发展什么的问题,后者凸显了如何发展的问题,两者是同一个领域的不同方面。

在谈论综合活动时,叶澜反复强调它不同于传统的课程。"它是以学生的成长需要为出发点,以主题和项目(不是学科)为活动构架,以学生的全程参与(包括策划、组织和总结交流等)、主动承担责任、产生积极发展效应为开展活动的原则。……师生关系在综合活动中更强调合作、平等,相互欣赏,相互成全。"①在"新基础教育"探索性研究阶段,对人的发展的自主性的强调由基本

---

① 叶澜:《探教育之所"是",创学校全面育人新生活——新时期"新基础教育"研究再出发》,《人民教育》2018年第13—14期,第14页。

命题演化为价值律令,比如"把班级还给学生,让班级充满成长气息"和"把精神发展的主动权还给师生,让学校充满勃勃生机"。根据潜能发展观的核心观点,即"发展应该是朝向未来的。发展研究不仅仅要研究已经存在的发展之客观现象,更要研究尚未出现但通过引导和互动过程能够产生的发展,即致力于引发潜能的发展"①,发展潜能是可能产生发展的势头,核心是发展主体的内在成长需要,而包括家庭、学校与社区等社会文化资源的拓展性的文化活动是建构学生发展的重要途径。潜能发展观的具体成果是提炼出学生成长的阶段性特征(其中自我发展在年级特征中居于轴心地位),以及相关的工作要点和策略。

二、提升教育责任相关者参与程度

关于外部教育责任相关者参与学校治理的程度,有家长参与层次论与社区学校层次论等不同理论框架。其中,家长参与层次论把家庭和社区成员参与学校教育的程度作为判定依据,区分了最低层面、联合层面和决策层面三种参与程度;社区学校层次论从合作目的和变革深度上区分了家庭与机构间合作、全面服务学校、全面服务社区学校和社区发展四种合作模型。② 两者在理论依据、目标追求和主导力量等方面具有共通性,但在判定依据、分析单位和合作策略等方面具有显著的差异性。作为家校社合作层次的代表性理论,家长参与层次论与社区学校层次论为定位和认知各种家校社合作样态提供了理论框架。不同的层次理论从不同角度回应了外部教育责任相关者参与学校治理的深度和限度等一系列问题。

教育责任共生体的有效运行需要家长和社区成员的紧密合作。在富有成效的合作中,每个成员都要参与一两个层面,有些成员甚至要参与所有层面。③

① 李晓文:《青少年发展研究与学校文化生态建设》,北京:教育科学出版社,2010年,第8页。
② 张永:《美国家校社合作的两种层次理论及启示》,《全球教育展望》2021年第50卷第3期,第106页。
③ [美]钱德勒·巴伯、尼塔·H.巴伯、帕特丽夏·史高利:《家庭、学校与社区:建立儿童教育的合作关系》(第4版),丁安睿、王磊译,南京:江苏教育出版社,2013年,第420页。

这种紧密合作的基础在于,家长和社区成员等作为教育责任相关者有责任维护一个有助于学生成长与发展的支持性环境,并有权利和义务参与影响学生与自身幸福的决策的实施过程。现代学校治理和管理机制建设为家长和社区成员等外部教育责任相关者参与学校教育提供了可能,此过程也有助于增强公民责任感,向家长和社区成员等提供发展其合作技能的机会。前述与"新基础教育"研究实验学校有关的多种家校社协同模型及其持续升级,其关键在于不断提升教育责任相关者的参与程度。本书第五章将进一步展开相关研究。

三、丰富教育责任相关者学习样态

在教育责任共生体构建过程中,教育责任相关者参与程度越高,所遇到的挑战就越大,相应地也越需要与之相关的能力建设。丰富教育责任相关者的学习样态是教育责任相关者能力建设的重要路径。因此,家校社协同不仅是学生的学习场,也是成人以及成人与学生之间的终身学习场,从而包含着教育责任相关者的自学、互学和共学等多种学习样态。

在"生命·实践"教育学合作研究学校江苏省常州市新北区龙虎塘实验小学"多力驱动、多环交融、多学赋能的家校社全域共育互育模型"中,就包含了教育责任相关者的多种学习样态,并经历着不断迭代更新的动态演化过程,即从最初的一个家庭的隔代互学,到"1+X"家庭的多代互学共学,再到该学校同社区老年大学联合开启的更高层面的互学共学。[1] 在这一动态演化过程中,出现了学在家庭、学在社区、学在机构、学在社会和学在网络等不同场景,并取得了"幸福作业"、"隔代互学体验馆"、"特殊的国际儿童节"、"隔代互学工作室"和"隔代互学共学大学堂"等一系列变革成果,从而构成了一张广阔的行动者网络,其中作为核心行动者的教育责任相关者在教育责任共生体中起着引领作用。[2]

---

① 顾惠芬:《幸福作业:打开融合共生的教育新世界》,上海:上海交通大学出版社,2021年,第146—148页。

② 欧阳忠明、李书涵:《代际学习项目如何运行——行动者网络理论视阈下的个案研究》,《现代远程教育研究》2021年第33卷第2期,第84—95页。

随着教育责任相关者学习样态的丰富化,需要建立起更具包容性的学习概念。一方面,就学习场景而言,需要突破小学习观的限制,建立一种大学习观,即学习场所不限于学校和教室,学习资源不限于书本或教科书,学习对象不限于教师,从而突破小学习观对学习场所、学习资源和学习对象的刻板印象。要进一步突破行政意义上的社区概念,建立一个富有弹性的基于可及性的社区概念。不可及的社会资源可以看作潜在的社区资源,而只有可及的社会资源才是现实的社区资源。另一方面,就终身学习而言,需要突破线性的终身学习观,建立起一种生态式的终身学习观,即终身学习不仅是纵贯人的一生的学习,还包含不同年龄、世代之间的相互学习。① 换言之,终身学习不仅是单线的,还是复线的;不仅是以个体为单位的独奏曲,还是发生在个体之间的交响曲。

构建教育责任共生体要求从整体上认识教育责任相关者的学习样态,即这种学习样态不仅涉及学习需求、学习场所、学习资源、学习对象、学习方式、学习成果等多个方面,而且基于教育使命感、价值观和跨界领导力。构建教育责任共生体呼吁所有教育责任相关者基于共同的教育使命感、价值观承担教育责任,从而将教育尺度付诸实践。跨界领导力旨在基于全社会视域同所有教育责任相关者携手合作,通过协同行动实现共同愿景和目标,从而构建互联互通的教育责任共生体。本书第六章将进一步展开相关研究。

---

① 张永、张艳琼:《家校社合作的反思与重构:基于实践共同体的视角》,《终身教育研究》2020年第 3 期,第 41—46 页。

第一章　社会教育力整合理论

社会教育力整合理论聚焦教育责任承担的全社会视域,是构建教育责任共生体的两大理据之一。该理论着眼于教育与社会之间的关系,探讨教育的社会生态格局。

第一节　社会教育力概念框架

教育与社会之间的关系问题是教育学原理的基本问题之一。"生命·实践"教育学派当前在这一问题上的研究不是着眼于为了社会的教育或通过社会的教育,提出教育服务社会或社会为教育提供支持的命题,而是着眼于教育与社会的复杂关系[①],提出"社会教育力"这一概念。

一、社会教育力的内涵

长期以来,教育与社会的关系往往被理解为一种应答式的供求(教育供给与社会需求)关系或投入产出(社会投入与教育产出)关系,人们更看重的是教育的工具价值,甚至是直接的经济价值。然而,不可忽视的是,教育还有其相

---

① 叶澜:《回归突破:"生命·实践"教育学论纲》,上海:华东师范大学出版社,2015年,第125—126页。

对独立的育人价值,社会也不仅是教育的需求者,它还是教育责任的承担者,社会中存在着各种类型的教育资源。

因此,在教育与社会的复杂关系中,教育不仅是为了社会的教育或通过社会的教育,而且是属于社会的教育。基于这一多重关系,教育是社会整体的内在构成,对教育与社会关系的认识不仅反映在教育专业人员的原理式研究中,而且反映在社会的教育理念中。

由于社会整体是一个人文世界,因此从文化论的视角来看,这一世界至少可以区分为器物层次、组织层次和精神层次。① 其中,器物层次是自然世界与人文世界的交汇之处,是社会整体中的物质要素;组织层次是人文世界中的社会关系,是社会整体中的组织要素;精神层次是人文世界中的价值观念,是社会整体中的理念要素。社会教育力不仅凝聚为精神层次,而且体现在社会组织层次和器物层次。

从文化论的视角来看,社会教育力可以视为教育的社会文化生态。这一社会文化生态包含了整个社会的教育理念、教育组织和教育资源及其相互作用。相对于教育专业人员的原理式认知,社会的教育理念是社会的一种文化自觉,不仅体现在社会的意识形态中,而且体现在相关领导者对教育的态度、胆魄和气度上,以及民风民俗上。社会的教育组织是相关教育理念在社会关系中的外显,是政府、企业、学校、社会组织和社会成员等不同社会主体间的互动和联结方式,尤其体现为不同社会主体在教育方面所承担的责任与义务和所享有的权力与权利。社会的教育资源是相关教育理念和教育组织在器物层次的外显,具体包括人力、财力、物力等多种类型的教育资源。

在各种有关教育的法律法规和其他政策文本中,可以发现有关教育的社会文化生态的具体表述。1985 年 5 月 27 日,《中共中央关于教育体制改革的决定》颁布,由此开启了中国教育体制改革的大幕。该文件把我国教育事业和

---

① 费孝通:《从马林诺斯基老师学习文化论的体会》,《北京大学学报》(哲学社会科学版)1995 年第 6 期,第 53—71 页。

教育体制中的主要问题概括为三个方面,分别涉及教育理念、教育组织和教育资源。这些问题直指教育的社会文化生态,反映了社会教育力的不同要素,在后来的教育法律法规和其他政策文本中不断得到回应,相关问题的解决方案也不断得到强化和系统化。

总之,社会教育力是指社会各方面的教育力量和教育影响,至少包含了社会的教育理念、教育组织和教育资源及其相互作用。社会教育力既是对教育的社会文化生态的事实性描述,也渗透着社会发展的教育立场、眼光或尺度。① "社会教育力"作为教育基本理论领域的一个新生概念,其重要价值在于阐明社会所承担的多方面教育责任,提醒人们用教育的眼光看待教育的社会文化生态。

二、社会教育力整合框架

社会教育力不仅涉及教育理念、教育组织和教育资源,而且包含不同层面上的教育作用力和教育影响力。其中,教育作用力指向教育系统内部,教育影响力指向教育系统外部。因此社会教育力整合包含了内部整合和外部整合及其间的各种状态。例如,在教育资源的外部整合方面,一方面包含教育社会化,比如基础教育强调家庭、学校与社区合作,职业教育注重学校、企业与更大范围内的社会合作;另一方面包含社会教育化,比如家庭、企业或社会机构内的教育,以及社区内的教育等。

在分析层面上,可以把社会教育力区分为个体教育力、组织教育力和区域教育力,相当于叶澜所指出的个体教育力、系统教育力和全系统教育力。在每个分析层面上,社会教育力的整合发展都包含社会教育力的内部整合和外部整合,以及从潜在状态到实存状态的转化。

因此,社会教育力整合包含四个维度:一是在整合要素上,涉及教育理念、教育组织和教育资源等不同成分;二是在整合层级上,涉及个体、组织和区域

---

① 李政涛:《中国社会发展的"教育尺度"与教育基础》,《教育研究》2012 年第 3 期,第 4—11 页、第 34 页。

等不同层次的分析单位;三是在整合方式上,涉及由社会教育力内部整合和外部整合组成的社会教育力发展结构;四是在整合机制上,涉及社会教育力从潜在状态到实存状态转化的不同主体和条件。

以上四个维度之内与之间都存在着互动关系。就四个维度内部而言,在整合要素上,教育理念、教育组织和教育资源密不可分;在整合层级上,下层社会教育力是上层社会教育力的基础和落脚点,上层社会教育力是下层社会教育力发挥作用的环境;在整合方式上,社会教育力的内部整合和外部整合是相互交织的,前者不限于教育系统内部,后者不限于教育系统外部,两者之间的区别在于立足点上的差异;在整合机制上,同分析单位层间关系一致,越是上层的转化主体与条件,越体现为环境性的存在,而越是下层的转化主体与条件,则越体现为主体性和活动性的存在。就四个维度之间的关系而言,它们是相互补充、相辅相成的。整合要素揭示的是社会教育力的内涵,整合层级揭示的是层间差异和关系,整合方式揭示的是立足点的差异和关系。而相对于整合要素、整合层级和整合方式这三个社会教育力发展的逻辑条件,整合机制揭示的是社会教育力从潜在状态到实存状态转化的运筹条件。

学习型社会与社会教育力整合在概念框架上是密不可分、相互补充的。学习型社会体现的是基于应然逻辑的理想状态,而社会教育力整合展现的是教育的社会生态格局的实然运作机制和动态过程。一方面,只有基于学习型社会所指向的理想状态,才能对社会教育力整合的运作机制和动态过程加以衡量;另一方面,只有基于社会教育力的运作机制和动态过程,才能逐步达成学习型社会所指向的理想状态。社会教育力整合研究为进一步激发"学习型社会"这一概念的活力提供了契机。

第二节　社会教育力整合的政策表征

作为教育的社会文化生态,社会教育力包含社会的教育理念、教育组织和教育资源等不同要素及其相互作用。有关教育的法律法规和其他政策文本内含着教育社会文化生态的顶层设计,是教育社会文化生态的关键部分。回溯有关教育的法律法规和其他政策文本,可以获得有关社会教育力整合的政策表征。

一、社会教育力整合要素分析

有关社会教育力整合的政策表征首先涉及社会教育力整合的第一个分析维度,即整合要素维度。

(一)教育理念演进

在内容上,教育理念包含两种成分:一是有关教育系统内部要素、规模、结构和质量的理念,二是有关教育系统同其他社会系统之间的关系的理念。这两种成分相互作用,并不是截然分开的。例如在教育与经济社会发展之间的关系上,从1985年《中共中央关于教育体制改革的决定》中提出的"多出人才、出好人才"到2010年《国家中长期教育改革和发展规划纲要(2010—2020年)》中有关"人力资源大国"和"人力资源强国"的提法,由于立足于教育为经济社会发展服务,因此在政策话语中一直以来都从人力资本视角看待教育的功能定位,由此也带来了教育规模、结构和质量等方面的一系列变革。

教育的功能定位是教育系统内部与外部之间的连接点,与此相关的认识也是社会的教育理念的枢纽。在对教育功能定位问题的认识上,社会的教育理念不是铁板一块,尤其在政策话语和民间力量之间存在着一定的冲突。在政策话语中,教育的功能定位集中表现在从应试教育到素质教育的变革上。《中国教育改革和发展纲要》(中发〔1993〕3号)明确指出:"中小学要由'应试教育'转向全面提高国民素质的轨道,面向全体学生,全面提高学生的思想道德、文化科学、劳动技能和身体心理素质,促进学生生动活泼地发展。"①《中共中央　国务院关于深化教育改革全面推进素质教育的决定》(中发〔1999〕9

---

① 中共中央、国务院:《中国教育改革和发展纲要》(中发〔1993〕3号),1993年2月13日。

号）则进一步指出："实施素质教育应当贯穿于幼儿教育、中小学教育、职业教育、成人教育、高等教育等各级各类教育，应当贯穿于学校教育、家庭教育和社会教育等各个方面。在不同阶段和不同方面应当有不同的内容和重点，相互配合，全面推进。在不同地区还应体现地区特点，尤其是少数民族地区的特点。"①"素质教育"的政策来源可以追溯到《中共中央关于教育体制改革的决定》，该文件指出："教育体制改革的根本目的是提高民族素质，多出人才、出好人才。"②

在政策话语中，还记录了社会的教育理念变迁史。1978 年全国科学大会在人民大会堂隆重召开，让知识、教育和科学重新得到人们的尊重。1985 年的《中共中央关于教育体制改革的决定》"着重解决的是学校教育体制改革的问题"③，反映了改革开放第一个十年里教育事业发展的重点在于学校教育。在第二个十年里，终身教育理念逐步成为教育事业的发展理念。1988 年 9 月，邓小平提出了"科学技术是第一生产力"的著名论断。1993 年 2 月印发的《中国教育改革和发展纲要》提出："成人教育是传统学校教育向终身教育发展的一种新型教育制度，对不断提高全民族素质，促进经济和社会发展具有重要作用。"④1995 年 3 月第八届全国人民代表大会第三次会议通过的《中华人民共和国教育法》第一章第十一条规定："国家适应社会主义市场经济发展和社会进步的需要，推进教育改革，促进各级各类教育协调发展，建立和完善终身教育体系。"⑤到了第三个十年，特别是 21 世纪以来，学习型社会理念开始成为教育事业发展的新理念，人们更加关注各种形式的终身教育与终身学习，并引发众多教育事业发展的新领域与新论题。教育部 1998 年 12 月 24 日制定，国务院 1999 年 1 月 13 日批转的纲领性文件《面向 21 世纪教育振兴行动计划》提出

① 中共中央、国务院：《中共中央 国务院关于深化教育改革全面推进素质教育的决定》（中发〔1999〕9 号），1999 年 6 月 13 日。
② 中共中央：《中共中央关于教育体制改革的决定》，1985 年 5 月 27 日。
③ 同上。
④ 中共中央、国务院：《中国教育改革和发展纲要》（中发〔1993〕3 号），1993 年 2 月 13 日。
⑤ 全国人民代表大会：《中华人民共和国教育法》，1995 年 3 月 18 日。

了"基本建立起终身学习体系,为国家知识创新体系以及现代化建设提供充足的人才支持和知识贡献"①的行动目标。2002 年 11 月,中国共产党第十六次全国代表大会提出了"形成全民学习、终身学习的学习型社会,促进人的全面发展"②的奋斗目标。

社会的教育理念不仅以一定的社会经济文化发展为基础,而且同教育专业人员的认知存在着互动的关系。前述政策话语中的"应试教育"和"素质教育"以及有关教育事业的理念变迁既是当时社会经济文化发展状况的政策表征,也是同一时期教育专业人员热烈探讨的话题,有关的专业研究成果也进一步转化为政策话语。

(二)教育组织演进

同前述社会的教育理念演进相一致,我国社会的教育组织在改革开放以来也经历了一个演进过程。

在改革开放第一个十年里,由于教育事业发展的重点在于学校教育,在社会的教育组织方面强调的是教育事业管理权限的划分。《中共中央关于教育体制改革的决定》提出"实行基础教育由地方负责、分级管理的原则""扩大高等学校的办学自主权"等一系列政策措施③,启动了中国的教育体制改革。

但是,要突破长期以来根深蒂固的纵向管理体制谈何容易。在有关我国社区教育发展的历史叙事中,1986 年 9 月 30 日"真如中学社会教育委员会"在上海成立被认为是一个拉开改革开放后社区教育发展序幕的标志性事件。根据当事人回忆,当日下午,在上海市普陀区真如镇的一所名不见经传的学校——真如中学,热热闹闹地成立了"真如中学社会教育委员会"。在主席台上,前排整齐地坐着真如镇党政负责人,长征乡党政负责人,学校周边企业的厂长、公司的经理、火车站站长、派出所所长、驻军部队首长等,后排及会场中

---

① 教育部:《面向 21 世纪教育振兴行动计划》,1998 年 12 月 24 日。
② 江泽民:《全面建设小康社会,开创中国特色社会主义事业新局面——在中国共产党第十六次全国代表大会上的报告》,北京:人民出版社,2002 年,第 20 页。
③ 中共中央:《中共中央关于教育体制改革的决定》,1985 年 5 月 27 日。

央,还有不少单位的代表,有镇居民委员会代表,有村民委员会代表,有家长代表。他们兴高采烈、满怀激情地前来祝贺自己的共同组织——"真如中学社会教育委员会"隆重成立。一些有心人惊奇地发现,学校的上级领导——区教育局党政负责人怎么不见踪影? 在会场里忙着摄影录像的竟然是华东师范大学电教室的教师,区教育局电教站专业的摄影录像人员为什么不来拍摄这一历史性镜头? 原因出奇地简单,学校领导曾多次去请示区教育局党政负责人,区教育局局长回答:"'真如中学社会教育委员会'是一个群众性组织,又是工农商学兵五位一体的横向联合,我们不便参加。"区教育局党委书记说:"我们不反对,你们自己搞吧,让我们再看看吧。"

通过与社区教育创始群体接触,可以发现,社区教育不仅是一种组织创设,而且是促进学校内部整体改革的一种路径创设。[1] 对应于学校内部的德育、教学、总务三大分工,"真如中学社会教育委员会"理事会也成立了德育组、教学组、管理组,全面参与学校的教育管理,促进学校教育社会化。比如教学组的职责是:反馈社区建设发展信息,参与研究教育改革,对培养社区建设发展人才作出规划;参与普通教育、职业教育相互渗透的研究;协助开展优化课堂教学效益的各种活动。学校内部整体改革更好地实现了学校整体育人的功能,也提醒人们对社区教育的认识不应停留在"钱"上,而应该立足于"人",充分认识社区教育在培育人才上的意义。培育人才是社区与教育的结合点,社区教育既蕴含着社会的教育责任,也蕴含着教育的社会责任。

在改革开放第二个十年里,随着终身教育理念的普及,教育与社会的关系明确被提上议事日程。《中国教育改革和发展纲要》(中发〔1993〕3 号)指出:"改变政府包揽办学的格局,逐步建立以政府办学为主体、社会各界共同办学的体制。在现阶段,基础教育应以地方政府办学为主;高等教育要逐步形成以中央、省(自治区、直辖市)两级政府办学为主、社会各界参与办学的新格局;职业技术教育和成人教育主要依靠行业、企业、事业单位办学和社会各方面联合

---

[1] 张永:《社区教育:回到源头的思考》,《中国成人教育》2013 年第 9 期,第 5 页。

办学。"①《中华人民共和国教育法》第六章以"教育与社会"为主题,对政府、企业、学校、社会组织和社会成员等不同社会主体在教育方面所承担的责任与义务和所享有的权力与权利进行了法律规定。其中,第四十六条规定:"国家鼓励企业事业组织、社会团体及其他社会组织同高等学校、中等职业学校在教学、科研、技术开发和推广等方面进行多种形式的合作。企业事业组织、社会团体及其他社会组织和个人,可以通过适当形式,支持学校的建设,参与学校管理。"②

在改革开放进入第三个十年以后,尤其是近年来,随着学习型社会和社会治理理念的倡导,教育治理开始成为以社区教育为代表的终身教育领域的组织原则。在新阶段,社区教育领域成为终身教育体系构建和学习型社会建设的新兴领域和重要构成。《面向21世纪教育振兴行动计划》明确提出:"开展社区教育的实验工作,逐步建立和完善终身教育体系,努力提高全民素质。"③《国家中长期教育改革和发展规划纲要(2010—2020年)》进一步指出:"广泛开展城乡社区教育,加快各类学习型组织建设,基本形成全民学习、终身学习的学习型社会。"④

随着国家层面终身教育与学习型社会理念的倡导,各地出台了一系列有关终身教育与学习型社会的政策文件。上海市(1999年)、北京市(2001年)、大连市(2001年)、常州市(2001年)和南京市(2002年)率先提出建设学习型城市,拉开了我国建设学习型城市的序幕。与此同时,各地出台了相应的法律法规。2002年9月1日,《天津市老年人教育条例》正式施行,这是我国第一部老年教育地方性法规,也是全国第一部老年教育专门法规。2005年9月28日,《福建省终身教育促进条例》正式施行。此后,徐州市于2007年颁布了《徐

---

① 中共中央、国务院:《中国教育改革和发展纲要》(中发〔1993〕3号),1993年2月13日。
② 全国人民代表大会:《中华人民共和国教育法》,1995年3月18日。
③ 教育部:《面向21世纪教育振兴行动计划》,1998年12月24日。
④ 国家中长期教育改革和发展规划纲要工作小组办公室:《国家中长期教育改革和发展规划纲要(2010—2020年)》,2010年7月29日。

州市老年教育条例》,上海市和河北省分别于 2011 年、2014 年颁布了《上海市终身教育促进条例》和《河北省终身教育促进条例》,太原市和宁波市也分别于 2012 年、2014 年颁布了《太原市终身教育促进条例》和《宁波市终身教育促进条例》。这里的终身教育特指现代国民教育体系以外的各级各类有组织的教育培训活动。这些政策文本都十分关注社区教育领域,赋予其在终身教育体系中的基础性地位。

以《上海市终身教育促进条例》为例,该文件提出,终身教育的工作方针是"政府主导、多方参与、资源共享、促进学习"[1]。文件明确规定了政府、企业、学校、社会组织和社会成员等不同社会主体在终身教育方面所承担的责任与义务和所享有的权力与权利。其中,第四条规定:"市学习型社会建设与终身教育促进委员会负责统筹、协调、指导全市终身教育和学习型社会建设。市学习型社会建设与终身教育促进委员会的办事机构设在市教育行政部门。区、县终身教育协调机构负责辖区内终身教育工作的协调、指导。"[2]第五条规定:"市和区、县人民政府应当加强对终身教育工作的领导,将终身教育工作纳入同级国民经济和社会发展规划,采取扶持鼓励措施,促进终身教育事业的发展。乡镇人民政府、街道办事处应当按照各自职责组织开展终身教育工作。"[3]第六条规定:"市教育行政部门是本市终身教育工作的主管部门。区、县教育行政部门按照职责,负责本辖区内的终身教育工作。发展改革、人力资源和社会保障、公务员管理、农业、财政、税务、工商、人口和计划生育、统计、民政、文广影视、公安等有关行政部门按照各自职责,协同做好终身教育工作。"[4]第七条规定:"工会、共产主义青年团、妇女联合会以及残疾人联合会、科技协会等其他组织协助开展终身教育促进工作。鼓励社会团体按照各自章程,开展终身教育工作。鼓励各类学习型组织开展本组织成员的终身学习活动。鼓励市民

---

[1] 上海市人民代表大会常务委员会:《上海市终身教育促进条例》,2011 年 1 月 5 日。

[2] 同上。

[3] 同上。

[4] 同上。

为终身教育提供志愿服务。"①

　　2013 年 11 月 12 日中国共产党第十八届中央委员会第三次全体会议通过的《中共中央关于全面深化改革若干重大问题的决定》中专设"创新社会治理体制"一章,提出"坚持系统治理,加强党委领导,发挥政府主导作用,鼓励和支持社会各方面参与,实现政府治理和社会自我调节、居民自治良性互动"②。《教育部等七部门关于推进学习型城市建设的意见》(教职成〔2014〕10 号)第四项主要任务是"广泛开展城乡社区教育,推动社会治理创新",要求"建立社区教育联席会议、社区教育理事会等制度,完善社区教育多元参与协商、合作机制,提高社区治理能力,推动社会治理创新"③。2014 年年底,作为上海市一号课题成果文件,中共上海市委、上海市人民政府出台了《关于进一步创新社会治理加强基层建设的意见》(沪委发〔2014〕14 号)和有关系列文件(合称"1+6"文件)。该系列文件提出了创新社会治理体系和社会治理能力现代化的发展目标,并把街道、乡镇和居村作为基层社会治理的主阵地,把服务群众、增进人民福祉作为创新社会治理、加强基层建设的根本出发点和落脚点。"1+6"文件提出了党委领导、政府主导、社会协同、公众参与、法治保障这一社会治理体制。④ 社区教育作为一项公共教育服务,已经开始了一系列主动融入社会治理的实践。

(三)教育资源演进

　　社会的教育资源既依赖社会一定的经济基础,又是社会的教育理念与教育组织在器物层次的外显。

　　在改革开放第一个十年里,社会的教育资源十分有限,表现在人力、财力

---

① 上海市人民代表大会常务委员会:《上海市终身教育促进条例》,2011 年 1 月 5 日。
② 中国共产党第十八届中央委员会:《中共中央关于全面深化改革若干重大问题的决定》,2013 年 11 月 12 日。
③ 教育部等七部门:《教育部等七部门关于推进学习型城市建设的意见》(教职成〔2014〕10 号),2014 年 8 月 11 日。
④ 中共上海市委、上海市人民政府:《关于进一步创新社会治理加强基层建设的意见》(沪委发〔2014〕14 号),2014 年 12 月 31 日。

和物力等多个方面。《中共中央关于教育体制改革的决定》明确提出了与之相关的问题,即"基础教育薄弱,学校数量不足、质量不高、合格的师资和必要的设备严重缺乏,经济建设大量急需的职业和技术教育没有得到应有的发展,高等教育内部的科系、层次比例失调"①。该文件还特别指出:"发展教育事业不增加投资是不行的。在今后一定时期内,中央和地方政府的教育拨款的增长要高于财政经常性收入的增长,并使按在校学生人数平均的教育费用逐步增长。"②1986 年 4 月 12 日第六届全国人民代表大会第四次会议通过,1986 年 7 月 1 日开始施行的《中华人民共和国义务教育法》第十条规定:"国家对接受义务教育的学生免收学费。国家设立助学金,帮助贫困学生就学。"③而 2006 年 6 月 29 日第十届全国人民代表大会常务委员会第二十二次会议修订,2006 年 9 月 1 日开始施行的《中华人民共和国义务教育法》第二条规定:"国家实行九年义务教育制度。义务教育是国家统一实施的所有适龄儿童、少年必须接受的教育,是国家必须予以保障的公益性事业。实施义务教育,不收学费、杂费。国家建立义务教育经费保障机制,保证义务教育制度实施。"④对比之下,可以看出教育投资在教育法律文本中留下的变迁痕迹。

在改革开放第二个十年里,随着社会的教育资源逐渐丰富,教育质量提升开始成为新的主题。《中国教育改革和发展纲要》(中发〔1993〕3 号)明确指出:"在教育事业发展上,不仅教育的规模要有较大发展,而且要把教育质量和办学效益提高到一个新的水平。"⑤教育质量的核心是人才质量,而提升人才质量,不仅是教育系统内部的事情,而且是全社会的事情。该文件规定:"全社会都要关心和保护青少年的健康成长,形成社会教育、家庭教育同学校教育密切结合的局面。家长应当对社会负责,对后代负责,讲究教育方法,培养子女具

---

① 中共中央:《中共中央关于教育体制改革的决定》,1985 年 5 月 27 日。
② 同上。
③ 全国人民代表大会:《中华人民共和国义务教育法》,1986 年 4 月 12 日。
④ 同上。
⑤ 中共中央、国务院:《中国教育改革和发展纲要》(中发〔1993〕3 号),1993 年 2 月 13 日。

有良好的品德和行为习惯。新闻出版、广播影视、文化艺术等部门,要把提供有益于青少年身心发展的、丰富多彩的精神产品作为义不容辞的责任。在城镇建设中,要注意兴建科学馆、博物馆、图书馆、体育馆和青少年之家等设施,要制定和完善公共文化设施对学生开放和减免收费的制度。各级政府要认真贯彻《中华人民共和国未成年人保护法》,采取严厉措施,查禁淫秽书刊、音像制品,打击教唆、残害青少年的犯罪活动,优化育人环境。"①

1995 年 3 月 18 日通过的《中华人民共和国教育法》第六章第五十条规定:"图书馆、博物馆、科技馆、文化馆、美术馆、体育馆(场)等社会公共文化体育设施,以及历史文化古迹和革命纪念馆(地),应当对教师、学生实行优待,为受教育者接受教育提供便利。广播、电视台(站)应当开设教育节目,促进受教育者思想品德、文化和科学技术素质的提高。"②第五十一条规定:"国家、社会建立和发展对未成年人进行校外教育的设施。学校及其他教育机构应当同基层群众性自治组织、企业事业组织、社会团体相互配合,加强对未成年人的校外教育工作。"③第五十二条规定:"国家鼓励社会团体、社会文化机构及其他社会组织和个人开展有益于受教育者身心健康的社会文化教育活动。"④

随着终身教育体系和学习型社会建设的推进,社会的教育资源极大丰富,这些教育资源如何沟通和衔接、开放与共享成为新的论题。在国家和地方一系列有关终身教育与学习型社会的政策文件中,终身教育体系中各级各类教育资源的横向沟通与纵向衔接、学习型社会建设过程中各类教育资源的开放与共享频繁出现。例如,《上海市终身教育促进条例》、《太原市终身教育促进条例》、《河北省终身教育促进条例》和《宁波市终身教育促进条例》都把"资源共享"作为终身教育工作的方针之一。《教育部等七部门关于推进学习型城市建设的意见》(教职成〔2014〕10 号)总结了已有学习型城市建设的经验和问

---

① 中共中央、国务院:《中国教育改革和发展纲要》(中发〔1993〕3 号),1993 年 2 月 13 日。

② 全国人民代表大会:《中华人民共和国教育法》,1995 年 3 月 18 日。

③ 同上。

④ 同上。

题,第二项主要任务是"通过深化教育综合改革,推进学历教育与非学历教育协调发展,职业教育与普通教育相互沟通,职前教育与职后教育有效衔接,有效发挥学校教育在全民终身学习中的基础作用"①;第六项主要任务是"统筹区域内各类学习资源,推进学习资源的社会化。建立有效的协调机制,促进各部门、各系统的学习资源开放共享。进一步发挥公共文化设施的社会教育功能,深入推进公共图书馆、文化馆(站)、博物馆、美术馆、科技馆等各类公共设施面向社会免费开放。鼓励机关、企事业单位、社会团体等向市民开放学习场所和设施,为市民终身学习提供便利。积极利用报纸、杂志、广播、电视以及网络媒体等各类传播媒体提供多种形式的学习服务"②。

终身教育体系中各级各类教育资源的横向沟通与纵向衔接主要涉及正规教育系统内部不同层次和类型的教育资源,比如普通教育与职业教育的融合与贯通,可以称为"社会教育资源的内聚通";而学习型社会建设过程中各类教育资源的开放与共享则不限于正规教育系统内部的教育资源,因此可以称为"社会教育资源的外聚通"。社会教育资源的外聚通,一方面包含教育社会化,比如基础教育强调家庭、学校与社区合作,职业教育注重学校、企业与更大范围内的社会合作;另一方面包含社会教育化,比如家庭、企业或社会机构内的教育,以及社区内的教育等。

二、社会教育力整合发展阶段

社会教育力是教育的社会文化生态,内含着各种不同类型的教育力量,包括教育理念、教育组织与教育资源等不同成分。这些不同层面或成分在教育法律法规和其他政策文本中有着显著的话语表征。社会教育力的不同层面或成分之间密切相关,使得我国的社会教育力整合在整体上呈现出阶段性特征。改革开放以来,在政策表征上可以区分为第一个十年的基础建设阶段(1978—

---

① 教育部等七部门:《教育部等七部门关于推进学习型城市建设的意见》(教职成〔2014〕10号),2014年8月11日。

② 同上。

1988 年),第二个十年的质量发展阶段(1988—1998 年),以及世纪之交以来的深化拓展阶段(1998 年至今)。

社会教育力整合发展阶段(1978 年至今)

阶段	政策文本	政策表征		
		教育理念	教育组织	教育资源
基础建设阶段（1978—1988 年）	1978 年全国科学大会邓小平重要讲话	学校教育	教育事业管理权限的划分	教育投资
	1985 年《中共中央关于教育体制改革的决定》			
质量发展阶段（1988—1998 年）	1988 年邓小平提出"科学技术是第一生产力"的论断	终身教育、素质教育	教育与社会的关系	教育质量
	1993 年《中国教育改革和发展纲要》			
	1995 年《中华人民共和国教育法》			
深化拓展阶段（1998 年至今）	1998 年《面向 21 世纪教育振兴行动计划》	学习型社会	社会治理	教育资源的沟通和衔接、开放与共享
	1999 年《中共中央　国务院关于深化教育改革全面推进素质教育的决定》			
	上海市(1999 年)、北京市(2001 年)、大连市(2001 年)、常州市(2001 年)和南京市(2002 年)率先提出建设学习型城市			
	2002 年中国共产党第十六次全国代表大会报告			
	天津市(2002 年)、福建省(2005 年)、徐州市(2007 年)、上海市(2011 年)、太原市(2012 年)、河北省(2014 年)和宁波市(2014 年)分别出台了终身教育和老年教育法律法规			
	2010 年《国家中长期教育改革和发展规划纲要(2010—2020 年)》			
	2013 年《中共中央关于全面深化改革若干重大问题的决定》			
	2014 年《教育部等七部门关于推进学习型城市建设的意见》			
	2014 年中共上海市委、上海市人民政府出台《关于进一步创新社会治理加强基层建设的意见》			

就每一个阶段的政策表征而言,在社会的教育理念、教育组织和教育资源等社会教育力的构成上都有独特的关注点。这说明,社会教育力整合的政策表征既受制于社会一定的经济基础和上层建筑,又在推动社会整体发展上发挥着不可替代的积极作用,比如形成社会的教育共识、推动教育组织重构和教育资源聚通等。

与此同时,我国社会教育力整合在政策表征上所呈现的三个阶段并不是截然分开的。每一个阶段都可以找出相对明确的起点,但都没有终点。换言之,前一阶段的政策表征产生后,就会有持续的影响,并在持续过程中不断得到发展和精炼。正因为如此,我国社会教育力整合的政策表征既表现出一定的阶段性,又表现出一定的交互性,从而显示出层层推进的特征。

当前,改革进入全面深化阶段,且教育信息化在政策框架中越来越成为一种战略部署,为我国社会教育力整合发展提供了一系列新的契机。如何提炼新时期社会教育力整合的阶段性特征,识别与之相应的阶段性问题并建构问题解决方案,越来越不可回避。"生命·实践"教育学派在这一问题上的基本立场是,进一步形成社会的教育自觉,明晰社会的教育责任和聚通社会的教育资源,并探究社会教育力整合在宏观、中观和微观等不同层面上的特殊问题及其相互作用问题。

第三节　信息化与社会教育力整合

信息化是学习型社会建设的重要维度之一。在 2015 年发布的《联合国教科文组织全球学习型城市网络:指导性文件》(UNESCO Global Network of Learning Cities:Guiding Documents)中,广泛应用现代学习技术被看作学习型城市建设的六大支柱之一。① 在我国的政策框架中,教育信息化作为一种战略部

---

① UNESCO Institute for Lifelong Learning:《联合国教科文组织全球学习型城市网络:指导性文件》,2015 年。参见 https://unesdoc. unesco. org/ark:/48223/pf0000234986_chi。

署,被认为对教育发展具有革命性影响,在《国家中长期教育改革和发展规划纲要(2010—2020年)》《教育信息化十年发展规划(2011—2020年)》和《教育信息化"十三五"规划》等一系列文件中被反复加以确认和强化。

在运作机制上,信息化同社会教育力整合相辅相成。信息化是社会教育力整合的支架和支撑,社会教育力整合是信息化的内在张力与功能效应。一方面,信息化是社会教育力整合的环境和平台。信息化包含社会教育力在不同层面上的资源和平台建设,以及相应主体的意识自觉和行为启动。例如,面对新冠疫情的严峻挑战,为确保停课不停教、不停学,全国各级各类教育机构开展网络教学,利用互联网平台提供丰富的教育资源,保障了教育教学活动有序进行。另一方面,社会教育力整合是信息化的内在张力与功能效应。信息化的健康发展需要更加关注教育与社会的关系,需要确立信息化社会的教育责任和信息化社会的教育尺度与视角。

一、信息化与个体教育力整合

信息化有不同的存在形态,比如基础性的技术存在、结构性的社会存在和生命性的个体存在。[1] 在信息时代,个体教育力的整合发展离不开信息化基础性的技术存在和结构性的社会存在,但集中体现为其生命性的个体存在。"生活在信息时代的个人的生命实践,与前信息时代中成长的个体有着很大不同,呈现出信息时代的个体生命特征。"[2]这可以从数字原住民(digital natives)、数字移民(digital immigrants)和数字难民(digital refugees)处理、加工信息的方式与生活方式的变化上看出来。中国互联网络信息中心(China Internet Network Information Center,缩写CNNIC)于2020年9月发布的《第46次中国互联网络发展状况统计报告》显示,截至2020年6月,我国网民规模达9.40亿。其中,30—39岁网民占比最高,达20.4%;20—29岁、40—49岁网民占比分别为

---

[1] 叶澜:《"新基础教育"论:关于当代中国学校变革的探究与认识》,北京:教育科学出版社,2006年,第38页。
[2] 同上书,第43页。

19.9%、18.7%；10—19 岁、50—59 岁和 60 岁以上网民占比分别为 14.8%、12.5% 和 10.3%。① 在我国网民中，10—39 岁网民占比为 55.1%，他们是数字原住民的构成主体。

2001 年马克·普伦斯基（Marc Prensky）提出的"数字原住民"这一称谓，是指在被多媒体、互联网等数字化技术包围的信息化社会中成长起来的一代人，而互联网出现之前的人则被称为"数字移民"。在应用数字化技术进行信息传播和社会交流的过程中，他们都需要解决诸多信息化社会的问题，这要求他们具备一定的数字素养。经济合作与发展组织（Organization for Economic Co-operation and Development，缩写 OECD）指出，数字素养是指为了胜任工作场所和社会生活的各个方面，个人需要领会的全部技术潜力，以及相关的运用能力、批判精神与判断能力。为了培养具有数字素养的数字公民（digital citizens），围绕个体建立家庭、学校和社会三位一体的教育机制是关键。②

如果说信息时代的居民是数字公民，那么创客就是信息时代的弄潮儿。2015 年 12 月，《咬文嚼字》杂志发布 2015 年度"十大流行语"，"创客"排名第五。创客是指勇于创新，努力将自己的创意转变为现实的人，需要具备一定的知识和创新、实践、共享、交流的意识。创客运动是全球化时代背景下的一种主要以 DIY（do-it-yourself）模式为产品制造方式和以 DIWO（do-it-with-others）模式为协作方式的大众化创新创造运动。克里斯·安德森（Chris Anderson）在《创客：新工业革命》一书中将创客描述为："首先，他们使用数字工具，在屏幕上设计，越来越多地用桌面制造机器、制造产品；其次，他们是互联网一代，所以本能地通过网络分享成果，通过互联网文化与合作引入制造过程，他们联手创造着 DIY 的未来，其规模之大前所未有。"③这场运动带来的最大变革是个体

---

① 中国互联网络信息中心：《第 46 次中国互联网络发展状况统计报告》，2020 年 9 月。

② 张立新、张小艳：《论数字原住民向数字公民转化》，《中国电化教育》2015 年第 10 期，第 11—15 页。

③ ［美］克里斯·安德森：《创客：新工业革命》，萧潇译，北京：中信出版社，2012 年，第 27 页。

成为创造主体,大多数工作将不再发生在传统的工厂车间,而是发生在汇集了设计师、工程师、IT 专家、物流专家、营销人员及其他专业人士的工作室;生产形式与工业经济时代的集中大规模生产相比,呈现出多元化、个性化定制的特征,分散的生产活动将逐步成为主要的生产方式。这样的生产方式从根本上影响了职业教育与培训模式的核心特征,践行"工学结合"人才培养的现代学徒制被认为是最佳的职业教育模式。

青少年群体作为信息时代最活跃的主体部分,对个体层面上社会教育力的内部整合提出了更高的要求。《教育信息化"十三五"规划》提出的主要任务之一是"创新'网络学习空间人人通'建设与应用模式"。"网络学习空间人人通"要实现的个性化学习,涉及网络学习空间中的教师、学生,涉及与家长的沟通与互动,关注和记录学生的学习过程,依托网络学习空间实现对学生学情的分析,优化教学模式。已有的"网络学习空间人人通"学习终端既包括非正式的微信、QQ、微博等社交媒体,也包括配套教学资源、教学管理和家校互动的云终端。2020 年上半年,我国 2.82 亿在校学生普遍转向线上课程,教育信息化水平进一步提升。当然,在个体层面上的社会教育力内部整合的实际效应方面,还需要做更多努力,从而促进其从潜在状态向实存状态转化。

包括青少年在内的数字公民和创客是个体教育力外部整合的活跃实践者。截至 2020 年 6 月,我国在线教育用户规模达 3.81 亿,在线教育用户使用率为 40.5%;我国手机网民规模达 9.32 亿,我国网民使用手机上网的比例达99.2%,其中手机在线教育用户规模为 3.77 亿,手机在线教育用户使用率为40.4%。[1] 作为便携式数字设备的智能手机提供的是个性化的学习模式转变——从跨越时空界限的在线学习到随时随地的移动学习,再到无处不在的泛在学习(ubiquitous learning,缩写 U-Learning)。

基于信息化的各种学习样态的涌现是个体教育力从潜在状态向实存状态

---

[1]　中国互联网络信息中心:《第 46 次中国互联网络发展状况统计报告》,2020 年 9 月。

转化的关键。国际远程教育学家戴斯蒙德·基更（Desmond Keegan）在 2000 年庆祝上海电视大学建校 40 周年"新千年：教育技术与远程教育发展——中外专家学术报告会"上所作的题为《远程学习·数字化学习·移动学习》的学术报告中首次将"移动学习"的概念介绍到中国，并称移动学习代表着"学习的未来"。① 他主持了欧盟的利奥纳多·达·芬奇（Leonardo da Vinci）研究计划中一个名为"从数字化学习到移动学习"（From E-Learning to M-Learning）的移动学习研究项目。在此基础上，泛在学习为学习者提供了一种无缝的学习空间，符合人类终身化学习的需求，将是一种新型的 5A（anytime、anywhere、anyone、anydevice、anything）学习模式。② 借助这些新的学习样态，可以整合正规学习与非正规学习、线上学习与线下学习，实现提升教育效能的混合式学习等。当今，由大数据、人工智能技术驱动的个性化教学已成为未来信息化教育重要的发展方向。大数据支持下的学习分析可以针对性地建立学生"画像"，提供最优的个性化学习解决方案。

二、信息化与组织教育力整合

基于信息化的组织教育力的内部整合主要体现为"校校通"、"班班通"、"人人通"、教育资源和教育管理两大平台的建设与应用。"十二五"期间，全国中小学互联网接入率由 2011 年的不足 25% 上升到 2015 年的 85%，多媒体教室拥有率达 77%；"一师一优课、一课一名师"活动的开展，调动全国五百多万名教师参与，晒课三百多万堂；国家教育资源公共服务平台 2012 年年底上线运行，已与 26 个地方平台互联互通，国家教育资源云服务体系建设迈出重要步伐；教育管理公共服务平台两级（国家、省）建设、五级（国家、省、市、县、校）应用格局基本形成，全国学生、教职工、教育机构等的管理的信息系统和国家级

---

① 叶成林、徐福荫、许骏：《移动学习研究综述》，《电化教育研究》2004 年第 3 期，第 13 页。
② 潘基鑫、雷要曾、程璐璐、石华：《泛在学习理论研究综述》，《远程教育杂志》2010 年第 28 卷第 2 期，第 96 页。

数据中心基本建成,全国学校"一校一码"、学生电子学籍"一人一号"基本实现。①《教育信息化"十三五"规划》提出的第一大主要任务就是"完成'三通工程'建设,全面提升教育信息化基础支撑能力":一是"加快推进'宽带网络校校通',结合国家'宽带中国'建设,采取多种形式,基本实现各级各类学校宽带网络的全面覆盖,具备条件的教学点实现宽带网络接入";二是"全面推进'优质资源班班通',基本建成数字教育资源公共服务体系,为学习者享有优质数字教育资源提供方便快捷的服务";三是"大力推进'网络学习空间人人通',网络学习空间应用普及化,基本形成与学习型社会建设需求相适应的信息化支撑服务体系"。②

作为基于互联网的开放型课程,慕课(Massive Open Online Course,缩写MOOC)已经在改变着教育景观。《纽约时报》把 2012 年称为"慕课元年"。此后近八年,慕课的运营和使用越发成熟,慕课提供的是"三名主义":名校、名师和名课,而且免费面向社会开放。③ 这个"三名主义"在《教育信息化"十三五"规划》有关"专递课堂"、"名师课堂"和"名校网络课堂"这三个课堂的建设中得到充分体现。

基于信息化的组织教育力的外部整合主要体现在个性化平台的建设和运营。非正式的社交平台比如 QQ 空间、微信公众号、微博、"第二人生"(Second Life),以及抖音、头条等新兴的网络社区,还有政府机构力推的优质教育资源共享共建的国家和区域教育资源公共服务平台与各类教育机构推出的云课堂等都是典型的个性化学习平台。以微信公众号为例,2012 年 8 月微信推出公众号功能以来,国内外无数的媒体、企业、组织和个人都开设了微信公众号。《2019 年第一季度公众号数据分析报告》显示,截至 2019 年一季度,仍保持发

---

① 教育部:《教育部关于印发刘延东副总理在第二次全国教育信息化工作电视电话会议上讲话的通知》(教技〔2015〕6 号),2015 年 12 月 28 日。
② 教育部:《教育部关于印发〈教育信息化"十三五"规划〉的通知》(教技〔2016〕2 号),2016 年 6 月 7 日。
③ 郭英剑:《"慕课"在全球的现状、困境与未来》,《高校教育管理》2014 年第 8 卷第 4 期,第 43 页。

文的公众号累计达 175.6 万个,累计发文量达 3.22 亿篇,平均每月产出 1.07 亿篇内容。2014 年被誉为"中国媒体融合发展元年",对传统媒体来说,转战微信、开发应用程序几乎成为这一年的中心话题;而研发应用程序在人力财力投入和运营推广方面的高门槛使得微信公众号最终成为绝大多数传统媒体的选择,公众号运营成为传统媒体和新媒体共同关注的热点。2016 年上半年,传统媒体和新媒体"有形"融合逐步完成,中央和地方媒体积极利用"两微一端"(微信、微博和新闻客户端)向新媒体转型,其中《人民日报》《央视新闻》等传统媒体已经形成强大的网络传播影响力。但是,媒体的"无形"融合仍有待深入,传统媒体从思维到认识,从内容到渠道,从平台到经营,仍亟待实现与新媒体的深度融合,须积极探索融合和可持续发展之路,最终形成立体多样、融合发展的现代传播体系。①

各类组织、群体和机构及其联合体是组织教育力内部和外部整合的主体,也是其从潜在状态向实存状态转化的主体。尤其是过去的两三年,许多在教育行业颇具影响力的企业和机构,纷纷借助新媒体开展线上线下结合的新的教育模式。在内部整合上,组织教育力的主体是各类教育组织、群体和机构及其联合体;在外部整合上,组织教育力的主体则拓展至各类社会组织、群体和机构及其同教育责任相关者的联合体。组织教育力从潜在状态向实存状态转化的条件是组织层面上的各种发展规划、建设规范、人力财力投入和运营等,比如场馆教育、教师教育联盟和创客空间等。

三、信息化与区域教育力整合

基于信息化的区域教育力的内部整合主要体现在学分银行(credit bank)建设。学分银行是在终身学习理念的推动下,在不同类型教育间(包括不同形式的学历教育、非学历教育的不同课程)以学分认定、累积和转换为主要内容

---

① 中国互联网络信息中心:《第 46 次中国互联网络发展状况统计报告》,2020 年 9 月。

的一种新型的学习制度和教育管理制度。① 它是模拟或者借鉴银行的某些功能,对不同类型学习成果通过学分进行认证、累积、转换的一个形象化的表述。学分银行建设与 2010 年国家中长期教育改革和发展规划纲要工作小组办公室发布的《国家中长期教育改革和发展规划纲要(2010—2020 年)》提出的"搭建终身学习'立交桥'"相呼应,包括"促进各级各类教育纵向衔接、横向沟通,提供多次选择机会,满足个人多样化的学习和发展需要。健全宽进严出的学习制度,办好开放大学,改革和完善高等教育自学考试制度。建立继续教育学分积累与转换制度,实现不同类型学习成果的互认和衔接"。②

2012 年 7 月,我国首家省市级学分银行——上海市终身教育学分银行正式挂牌成立,普通高校、高职院校、普通高校继续教育学院、成人高校和网络学院等类型的 132 个机构陆续将学习者的课程成绩导入该学分银行,截至 2016 年 6 月 12 日,存入该学分银行的学习者的课程成绩数量为 40 291 392 条。③ 随后,云南省、江苏省、广东省、福建省等相继成立终身教育学分银行,天津市、湖南省、湖北省、四川省等也在积极筹备中。终身教育学分银行的定位是面向当地居民,以终身教育学分认定、累积和转换为主要功能的学分管理服务机构。除了终身教育学分银行,我国还有以市民终身学习的记录和激励为主要功能的市民学分银行,实现学校间的学分互认、资源共享和课程互选的学校联盟学分银行,以学历教育与职业资格证书相互沟通为主要功能的成人高校学分银行,促进学习者多元化评价的职校学分银行,以柔性的培训管理制度为主要特征的企业学分银行,以及一些冠以"学分银行"名称的合作项目。④

① 郝克明:《终身学习与"学分银行"的教育管理模式》,《开放教育研究》2012 年第 18 卷第 1 期,第 12 页。
② 国家中长期教育改革和发展规划纲要工作小组办公室:《国家中长期教育改革和发展规划纲要(2010—2020 年)》,2010 年 7 月 29 日。
③ 周晶晶、孙耀庭、慈龙玉:《区域学分银行建设的困境与思考》,《开放教育研究》2016 年第 22 卷第 5 期,第 59 页。
④ 周晶晶、孙耀庭、慈龙玉:《区域学分银行建设的困境与思考》,《开放教育研究》2016 年第 22 卷第 5 期,第 55 页。

基于信息化的区域教育力的外部整合主要体现在"互联网+"行动计划和众创空间发展等方面。在 2015 年 3 月 5 日召开的第十二届全国人民代表大会第三次会议上，时任国务院总理李克强在政府工作报告中首次提出"'互联网+'行动计划"。所谓"互联网+"，是指以互联网为主的新一代信息技术（包括移动互联网、云计算、物联网、大数据等）在经济、社会生活各部门的扩散、应用与深度融合的过程，这将对人类经济、社会产生巨大、深远而广泛的影响。"互联网+"为企业提供优质的服务和无限的创新空间，并同时提高市民的生活品质。互联网最大的优势在于资源的聚合，它能实现信息的融合、存储并通过网络服务进行共享，这使得教育者可以最大限度地整合教育资源。① 物联网是通过智能感知、识别技术与云计算等新一代信息技术在互联网基础上进行延伸和扩展的网络，是信息时代的重要发展阶段。物联网可以看作人类智能化区域建设的基石，体现了从工业城市、信息城市、数字城市向智能城市或更高阶段发展的趋势。实现智能产业、智能校园、智能生活等智能应用和服务的创新是物联网发展的核心。

"互联网+"的本质是传统产业的在线化、数据化。这种业务模式改变了以往仅仅封闭在某个部门或企业内部的传统模式，可以随时在产业上下游、协作主体之间以最低的成本流动和交换。② 2016 年 4 月 14 日，国务院办公厅转发国家发展和改革委员会等部门的《推进"互联网+政务服务"开展信息惠民试点实施方案》，提出要加快推进"互联网+政务服务"，深入实施信息惠民工程，着力构建方便快捷、公平普惠、优质高效的政务服务体系。③

2015 年 3 月，《国务院办公厅关于发展众创空间推进大众创新创业的指导意见》（国办发〔2015〕9 号）首次提出"众创空间"。其中，"众创"（crowd creation）的

---

① 孙剑华：《未来计算在"云端"——浅谈云计算和移动学习》，《现代教育技术》2009 年第 19 卷第 8 期，第 62 页。

② 宁家骏：《"互联网+"行动计划的实施背景、内涵及主要内容》，《电子政务》2015 年第 6 期，第 33 页。

③ 国务院办公厅：《国务院办公厅关于转发国家发展改革委等部门推进"互联网+政务服务"开展信息惠民试点实施方案的通知》（国办发〔2016〕23 号），2016 年 4 月 14 日。

概念是"大众创业"和"万众创新"的核心,也是"创新 2.0 时代用户创新、大众创新、开放创新趋势"的体现。众创空间是"把握互联网环境下创新创业特点和需求,通过市场化机制、专业化服务和资本化途径构建的低成本、便利化、全要素、开放式的新型创业服务平台的统称"①。一个运作良好的众创生态系统包括了合作社群、创意实践、开放资源和协作空间四个要素。②

区域教育力的内部整合和外部整合及其从潜在状态向实存状态转化的主体是特定的城镇、城市群和国家等。其中,政府在区域教育力的顶层设计上起关键作用,并通过制定有关智能社区建设、"互联网+"、众创空间等的发展规划、行动计划、指导意见等推动区域教育力的内部整合和外部整合及其从潜在状态向实存状态的转化。

以上对信息化与不同层次社会教育力整合之间关系的探讨可以形成以下认识。

首先,基于信息化的社会教育力整合与不同层级、方式和机制密切相关,使得新时代的社会教育力发展在整体上呈现出网状化这一阶段性特征。随着教育信息化战略的推进,我国社会的教育资源与平台极大丰富,成为社会教育力整合发展的重要节点。与此同时,在这一立体网络中,作为不同节点的教育资源与平台如何沟通和衔接、开放与共享成为新的论题。如前所述,在国家和地方一系列有关终身教育与学习型社会的政策文件中,终身教育体系中各级各类教育资源与平台的横向沟通与纵向衔接、学习型社会建设过程中各类教育资源与平台的开放与共享频繁出现。例如,《上海市终身教育促进条例》、《太原市终身教育促进条例》、《河北省终身教育促进条例》和《宁波市终身教育促进条例》等都把"资源共享"作为终身教育工作的方针之一。基于信息化的社会教育力整合发展需要让各种层次和类型的教育主体更新教育观念,创新

① 刘志迎:《众包、众筹、众创,创新创业的新模式——中国科学技术大学管理学院刘志迎教授演讲》,2015 年 3 月 30 日。参见 http://www.chnsourcing.com.cn/outsourcing-news/article/?i=97309。
② 付志勇:《面向创客教育的众创空间与生态建构》,《现代教育技术》2015 年第 25 卷第 5 期,第 21 页。

教育和学习方式,并在内外衔接和沟通上做更多努力,包括突破终身教育体系构建与学习型社会建设的简单思维方式,建立起同这一复杂的开放系统相匹配的复杂思维方式。

其次,个体教育力整合是社会教育力整合发展的微观基础。如果宏观层面和中观层面的社会教育力整合发展无法落实到微观层面的个体教育力整合上,就缺少了社会教育力整合发展的微观基础。尤其当学习型社会建设成为持续探讨的政策话题时,缺少了微观层面的个体教育力,就缺少了众多个体的广泛卷入。正如英国成人教育学者彼得·贾维斯(Peter Jarvis)所言,学习型社会并不是一个从事学习的社会,因为学习就其定义而言是一种个人行动,而社会不是一个人或一件事物;社会不会通信、认识或学习,只有人能够那样做。①从这个意义上来说,个体教育力是学习型社会建设的出发点和归宿。例如,在抗击新冠疫情的特殊时期,尤其对各类人群的个体学习与教育力提出了挑战。部分地方陆续开展"抗疫不停教,停课不停学"工作,针对社会普遍关心的问题,教育部进行特别提醒,要求各级教育行政部门、中小学校和校外培训机构在各地原来计划的正式开学日之前,不要提前开始新学期课程网上教学。如何切实落实教育部的要求,保障中小学生的身心健康,是对中小学生及其家长学习与教育力的考验。

最后,要推动基于信息化的社会教育力整合发展的跨学科研究。有关的跨学科研究不仅涉及教育学科同其他学科之间的关系,还涉及教育学科内部不同学科之间的关系。就教育学科同其他学科之间的关系而言,基于信息化的社会教育力整合发展研究涉及教育学、信息科学、社会学、城市学、管理学、知识管理学、组织行为学、心理学等多学科知识背景及其整合。就教育学科内部不同学科之间的关系而言,基于信息化的社会教育力整合发展研究涉及教育学原理、教育技术学、成人教育学、职业教育学、教育心理学、教育统计学、教

① Peter Jarvis, *Globalization, Lifelong Learning and the Learning Society: Sociological Perspectives*. London: Routledge, 2007, p. 96.

育管理学、课程与教学论、高等教育学、教育政策学等多学科知识背景及其整合。李政涛、罗艺曾对信息技术与教育学理论之间的关系进行探讨：信息技术带给教育学理论的改变，在浅层的意义上表现为形成了多元化的存在方式、多维化的表述方式和多样化的传播方式，在深层的意义上表现为带来了新的价值尺度、拓展了原有的理论边界、生成了新的理论生产机制和改变了理论主体的生存方式；反过来，教育学理论可以提供理论、原理，通过回到概念原点、价值原点和思维方式原点等方式，对信息技术的发展承担责任、作出贡献，从而有所作为。①

---

① 李政涛、罗艺：《面对信息技术，教育学理论何为》，《华东师范大学学报》（教育科学版）2019年第37卷第4期，第1页。

第二章　个体生命发展理论

个体生命发展理论聚焦教育责任承担的教育学立场，与社会教育力整合理论共同构成"生命·实践"教育学构建教育责任共生体的两大理据。该理论着眼于教育与个体生命之间的关系，展现的是新时代教学的终身教育视界。

第一节　"生命"概念史

生命精神和生命发展之道可谓是"生命·实践"教育学的学术基因和基底，而要厘清这个问题则需要追溯学派的"生命"概念史。从概念史的角度可以发现，在"生命·实践"教育学理论中存在着人学意义上的"生命"概念、时代学意义上的"生命"概念与教育学意义上的"生命"概念三重区分。三种"生命"概念既表现出一定的阶段性，又表现出一定的交互性，从而显示出层层推进的特征。"生命"概念首先表现为人的生命发展的特殊性，继而表现为时代精神对人的生命发展的特殊要求，最后走进教育本身的特殊性。这一节将用发展的观点简论"生命"概念在"生命·实践"教育学理论中的演变之迹，以及在演变中的相关条件，由此而给予其"史"的明确意义。

一、人学意义上的"生命"概念

在"生命·实践"教育学理论中，最早出现的"生命"概念是人学意义上的

"生命"概念。1986年,叶澜《论影响人发展的诸因素及其与发展主体的动态关系》在《中国社会科学》第3期发表,是这一概念诞生的标志。叶澜撰写的《教育概论》1991年版和2006年版则是这一概念得以确认和进一步系统化的标志。从时间跨度之长可以看出,人学意义上的"生命"概念是"生命·实践"教育学理论中一以贯之的基本概念。

通过仔细研读上述论著,可以发现这一人学意义上的"生命"概念是如何得以建构的。第一,可以发现使这一概念得以建构的问题境况。问题境况由问题及其背景组成。"教育与个体发展的关系是教育学中一个古老的,也是永恒的主题。"①这个主题涉及一系列的问题,比如人性观,主要表现为人究竟有没有受教育的可能,教育是否有益于人性的完善,教育对人性的影响的主要表现是什么,是否所有的人都具有受同样教育的可能与权利,等等;比如个体发展观,主要表现为个体发展贯穿于生命全程还是生命的一段时间,个体发展的动因源于内还是源于外,个体发展的基本路线是什么,等等;比如影响人发展的诸因素,主要表现为这些因素是什么,它们之间的相互关系是什么,怎样才能使教育有效地促进人的发展,等等。叶澜在1991年版的《教育概论》中对这一系列问题都做了全面的反思和系统的回答。

在对影响人发展的诸因素的探讨中,曾出现过单因素论、三因素论、二因素论、多因素论和综合因素论等比较有影响的观点。观点的变迁反映了人们的兴趣"由争论在影响人发展的诸因素中究竟哪个是决定性的因素,转向研究这些因素各起什么作用、它们之间的相互关系是什么"②。在众多的因素论中,三因素论是对中华人民共和国成立后中国教育学理论影响最为深远的一个基本观点,它在我国教育学中的一致公认地位持续到20世纪80年代初。对三因素论的深入讨论和批判性反思,使得"新的因素论沿着两个方向发展,一个是对因素重新分类和重新界定每一类中所包含的内容;另一个是增添新的因素

---

① 叶澜:《教育概论》,北京:人民教育出版社,1991年,第182页。

② 叶澜:《论影响人发展的诸因素及其与发展主体的动态关系》,《中国社会科学》1986年第3期,第84页。

并进一步研究因素与因素间的相互关系。前者发展成二因素论，后者孕育出各种多因素论”①。这些理论背景构成了使人学意义上的“生命”概念得以建构的问题境况。

第二，可以发现这一概念背后特殊的问题解决策略。上述对问题境况的分析表明，对三因素论的理论态度成为制约新的因素论的发展的关键。无论是二因素论还是多因素论，都可以说是在对三因素论中所提出的因素数量做加减法和局部的修补。叶澜则提出了一种突破性的研究思路，即“以方法论的改变为突破口，对原理论结构做整体改造”②。时隔十四年，叶澜写道：“我自己感到，写这篇文章让我体验到什么叫学术研究。在这之前，我写的都是小文章，都是有感而发，再加一点分析。在这篇文章里，我追求的是从方法论的角度对传统的三因素论的批判性反思，想要把教育学关于人的发展关系的研究提升到人学的水平上，而不是停留在生物学的水平上。”③

作为特殊的问题解决策略，方法论意识构成了“生命·实践”教育学在处理一系列教育理论问题时的思维底色。这种方法论意识不仅体现在叶澜于20世纪80年代同一时期完成的几篇重要论文中，而且体现在叶澜于20世纪90年代和21世纪完成的诸多论著中。在此过程中，对教育研究方法论的重建和反思逐渐发展为一个相对独立的研究领域，并成为“生命·实践”教育学元研究的理论特色。

第三，可以发现人学意义上的“生命”概念的特殊内涵。20世纪80年代初我国哲学界开展了关于异化、人性和人道主义的讨论，使我国哲学进入人学时代。人学一直是我国理论界所关注的焦点之一。人学的主题是以哲学的方式来反思关于人的各种根本性的问题。它所要研究的是人（或作为个体的人）的

---

① 叶澜：《教育概论》，第204页。

② 叶澜：《论影响人发展的诸因素及其与发展主体的动态关系》，《中国社会科学》1986年第3期，第84页。

③ 叶澜：《反思　学习　重建——十五年学术探索的回顾》，《天津市教科院学报》2000年第4期，第5页。

本质、特性、价值、存在和发展等带有根本性的问题。人学不同于那些具体的、经验性的关于人的科学。那些具体的、经验性的关于人的科学所关注和研究的只是人的某一方面的规定性，而人学则是从总体上研究人，研究作为整体的人。

叶澜指出："为了使对影响人发展因素的认识摆脱形而上学的束缚，十分重要的一点是要研究人的发展与其他生命体发展的区别，找出人的发展的特殊性。尽管我们要研究的是影响主体发展的因素，但是主体的性质决定着哪些因素能对他的发展起作用。因此，抓住发展主体本身的特殊性是使对影响因素的研究真正提高到人学水平（相对于生物学水平）的关键。"[1]根据马克思的观点，人与动物的区别首先在于人有意识和自我意识。人的发展的特殊性在于人作为主体的独特能动性和自主性。它具体表现为在人的发展过程中，人已经达到的发展水平和人的生命实践是影响人的发展的重要因素。

第四，可以发现人学意义上的"生命"概念带来了一个重要理论成果，即有关人的发展的二层次三因素论。如前所述，二层次三因素论以对人的发展的影响性质来划分影响人发展的诸因素。它把影响人发展的因素分为两个层次：第一层次被称为"可能性因素"或"条件因素"，它是为人的发展提供可能的因素，包括发展主体自身为发展提供的条件（又分为先天条件与后天条件）和外部环境为发展提供的条件两个因素；第二层次被称为"现实性因素"，它是使人的发展从可能转变为现实的因素，即发展主体从事的各种性质和水平的活动。

二层次三因素论作为认识影响人发展的诸因素及其与发展主体的动态关系的框架，也可以看作人学意义上的"生命"概念所蕴含的生命发展的大框架。在分析个体自身发展水平对人发展的影响时，叶澜强调了它的"个性化涵义"，即环境、事物对不同的人或同一个人不同的发展阶段具有不同的

---

[1]　叶澜：《论影响人发展的诸因素及其与发展主体的动态关系》，《中国社会科学》1986 年第 3 期，第 85 页。

含义,以及它"对人发展的影响随着人的发展水平的提高而逐渐增强。其中关键性的转折点是独立的自我意识和自我控制能力的形成,它使人对自身发展的影响提高到自觉的水平"。[1] 在分析人的生命实践对人发展的影响时,叶澜强调人的"社会实践活动是人之生命活动的最高,也最富有综合性的活动"[2],并提出了研究提高个体生命实践活动对个体的发展效应问题,指出人的生命实践活动对人发展的影响随着目标与主体发展水平的相差度、活动本身的质量与数量、主体在活动中的自主性,以及其活动的成效和对成效的感受等方面的变化而变化。

其中,依据主体对活动的自主程度,可以把人对活动的态度分为三个等级。第一个等级是被动应答,这是人在外界刺激下所做的应答性反应或者在外界指令、压力下的被动式行为;第二个等级是自觉适应,这种活动是由外界情境引起或者由他人提出的,但活动主体接受并理解了活动的任务、要求与意义,从而以积极的态度投入活动,在活动中为完成任务而调动自己的潜在能力;第三个等级是主动创造,即活动的目的、任务是由活动主体为满足自己的需求提出的,活动过程是主体自主的,对主体来说带有一定的探索性与创造性。

从 1991 年开始到 1994 年年初结束,叶澜选择一所小学,以前述理论为基础进行试验,最终形成了有关"基础教育与学生自我教育能力发展"问题较系统的理论认识。叶澜在结题报告中写道:"小学,人生接受系统教育的初始阶段,教育究竟应该给每个接受过小学阶段教育的人留下什么? 在众多的目标中什么是根本的,而且对人的一生具有发展性和再生性价值? 我们的观点是人的自我教育意识与能力。"[3]

---

[1] 叶澜:《论影响人发展的诸因素及其与发展主体的动态关系》,《中国社会科学》1986 年第 3 期,第 90—91 页。

[2] 叶澜:《教育概论》,第 228 页。

[3] 叶澜:《方圆内论道:叶澜教育论文选》,第 127 页。

二、时代学意义上的"生命"概念

叶澜在《世纪初中国教育理论发展的断想》一文中写道："纵观一个世纪的历史,悟出的最大道理是:教育理论的发展与时代有着内在的、直接的、多方面和多层次的关联。在一定意义上,教育理论属于'时代学'之列。"[1]"所谓'时代学'主要指这样一些学科的集合:这些学科的发展需要与条件、方向与内容、研究方法与方法论、研究价值及功能的发挥等,在很大程度上与时代发展状态相关。凡属'时代学'之列的学科,都是与人类和社会发展的实践密切相关的学科。"[2]

时代学意义上的"生命"概念与人学意义上的"生命"概念存在双重关联和区分。其一,如果人学意义上的"生命"概念侧重对教育问题微观层面上的探讨,那么时代学意义上的"生命"概念侧重对教育问题宏观层面上的探讨。人学意义上的"生命"概念把教育与人的发展沟通起来了,而时代学意义上的"生命"概念则在此基础上把教育与人的发展同社会发展沟通起来了。其二,如果人学意义上的"生命"概念侧重对教育问题一般理论的探讨,那么时代学意义上的"生命"概念侧重对教育问题特殊理论的探讨。人学意义上的"生命"概念是从一般理论的角度探讨教育与受教育者个体发展的相互关系问题,而时代学意义上的"生命"概念则在此基础上探讨时代发展与教育理想更新的关系问题。

双重的区分表明,"生命"概念的人学意义与时代学意义具有层次性差异;双重的关联则表明,人学也是时代学,当代的时代学也是人学。之所以说人学也是时代学,是因为 20 世纪 90 年代以来,我国人学研究已不再局限于对异化、人性和人道主义的讨论,而是进入了一个更为广阔的领域,开始关注人的主体

---

[1]　叶澜:《世纪初中国教育理论发展的断想》,《华东师范大学学报》(教育科学版)2001 年第 19 卷第 1 期,第 1 页。

[2]　同上。

性和人的现代化等问题。① 之所以说当代的时代学也是人学,是因为"呼唤人的主体精神,是时代精神中最核心的内容"②。

在"生命·实践"教育学理论中,时代学意义上的"生命"概念出现于1994年,《时代精神与新教育理想的构建——关于我国基础教育改革的跨世纪思考》一文是这一概念诞生的标志。叶澜的理论文章被实际工作者关注就是从这篇论文开始。这篇论文也是其学术能量爆发的一个先导。据不完全统计,从1978年到1993年,叶澜一共发表27篇论文,年均1.7篇;从1986年开始算,到1993年,年均2.4篇;但是从1994年开始,到2007年上半年,共发表49篇,年均3.5篇。显然,1994年以后的年均发文量远远高于之前的年均发文量。

时代学意义上的"生命"概念是如何得以建构的呢? 同前述人学意义上的"生命"概念的阐述路线一样,仍可以从问题境况、方法论意识、概念内涵和具体理论成果四个方面加以阐述。首先,从问题境况来看,可以感受到由教育界就市场经济与教育改革关系问题的讨论所引发的整个社会转型与教育改革的关系问题。叶澜在回顾中写道:

我们正好碰上了这个大时代,1992年邓小平同志视察南方的讲话发表以后,国内开始了一个很有力度的转型时期。这一段我正好在实践中研究,很真切地看到了一个转型期的社会给教育带来的变化。开始看到的是冲击,后来看到了一种本质的新的力量,那就是呼唤独立性;呼唤个体的自主性;呼唤人的主动发展。1993年党的十四届三中全会以后,我对改革认识有了进一步深化,意识到转型时代需要创建新的教育理想和实践,是教育理论、教育实践创新的重要时期。1994

① 邢贲思主编《中国哲学五十年》,沈阳:辽海出版社,1999年,第1022页。
② 叶澜:《时代精神与新教育理想的构建——关于我国基础教育改革的跨世纪思考》,《教育研究》1994年第10期,第4页。

年我发表了题为《时代精神与新教育理想的构建——关于我国基础教育改革的跨世纪思考》的论文。接着就一"发"不可收拾,进入了我的第三个实践的研究。①

其次,从方法论意识来看,叶澜特别关注思想方法的更新。她"深感前一阶段我们有关时代、经济改革与教育改革关系的探讨,出现了两种误差:一种是偏重科学、技术、生产力更新给社会带来的变化,使教育改革依然沿着主智主义的偏向发展,纯科技主义还带来教育上的盲目乐观,对教育改革任务的多面、复杂性缺乏意识;另一种则是偏重经济体制改革对教育带来的冲击,或简单化地要求把市场引进教育、按市场经济规律来办教育,或过多地关注由于市场经济给教育带来的冲击、面上的干扰,出现或忽视乃至否认教育特殊性,或忽视、否认市场经济在深层次上促进教育更新的巨大意义,对未来怀着深深的忧虑的倾向"②。基于前述判断,叶澜认为当代中国教育工作者最重要的使命是全面认识时代变革及其精神实质,以及时代精神究竟对学校培养怎样的人提出了什么要求,并把它转化为教育改革的实践行为,最后让其体现在一代新人的成长上。

再次,就时代学意义上的"生命"概念所特有的内涵而言,最重要的是"确认生命的整体性和人的发展的能动性"③。所谓"生命的整体性",是指人的生命是多层次、多方面的整合体;人的生命有各方面的需要:生理的、心理的、社会的、物质的、精神的、行为的、认知的、价值的和信仰的。任何一次活动,人都以一种完整的生命体的方式参与和投入,而不只是局部地、孤立地、在某一方面参与和投入。所谓"人的发展的能动性",是指人的发展是人的潜在可能性在实践中逐渐转化为现实存在的过程。这一转化的实现,有赖

---

① 叶澜:《反思 学习 重建——十五年学术探索的回顾》,《天津市教科院学报》2000年第4期,第11页。
② 叶澜主编《"新基础教育"探索性研究报告集》,上海:上海三联书店,1999年,第191页。
③ 同上书,第182页。

于人逐渐形成的自我意识,有赖于人的价值观、自主选择及其在实践中的投入和反思能力。

最后,时代学意义上的"生命"概念带来的一个重要理论成果是理想新人的设计。当代中国社会期望培养出的理想新人的主要特征包括:其一,在认知方面,有善于捕捉、组织各种信息和判断各种信息价值的能力;有善于认识自己的各种需求、能力、思维品质与策略、态度、行为等的反思能力,以及在此基础上的自我调控能力;具有立体、结构化、多元统一、动态把握和直觉体悟的思维方式。其二,在道德方面,有积极的人生价值体系来引导人生的方向,有以社会责任感和义务感为核心履行公德的自觉和行为,既有理想和抱负,又能处理好个人与群体的关系。其三,在人的精神力量方面,有自信,有迎接挑战的冲动与勇气,有承受挫折和战胜危机的顽强意志,有追求自我超越和完善的生命态度。①

《时代精神与新教育理想的构建——关于我国基础教育改革的跨世纪思考》一文构成了"新基础教育"探索性研究的理论起点。怀着对时代的认识,对新教育和理想新人整体形象的认识,1994 年 5 月,叶澜选择了一所小学进行试验。以国家级教育科学规划重点课题为平台,从 1995 年开始,"新基础教育"研究实验学校不断扩大,1999 年基本完成探索性研究。同时,《时代精神与新教育理想的构建——关于我国基础教育改革的跨世纪思考》一文表明叶澜在对教育的认识和作为一个教育理论研究者的历史责任感上,有了一个新的起点:"不再满足于抽象地、在一般意义上谈论教育与社会、人的关系,谈论教育目标等理论,而是想要具体地、深入地认识当今中国正在发生,并还将持续几十年的社会重大转型与教育变革的深刻内在关系。"②

---

① 叶澜:《时代精神与新教育理想的构建——关于我国基础教育改革的跨世纪思考》,《教育研究》1994 年第 10 期,第 3—8 页。
② 叶澜:《方圆内论道:叶澜教育论文选》,第 45 页。

三、教育学意义上的"生命"概念

　　2000 年,叶澜在回顾中写道:"教育学的最原始的点是什么? 它跟其他科学、哲学不同的点是什么? 我把它定为'生命'。"①2003 年,在《教育创新呼唤"具体个人"意识》一文中,叶澜指出,教育学的内在核心问题是对人的认识,"在理论上,'人'的问题,既是教育学必须回答的前提性问题,又是教育学建构中不可或缺的核心问题"②。2004 年,在《为"生命·实践教育学派"的创建而努力——叶澜教授访谈录》一文中,叶澜曾作出这样的反思:"《让课堂焕发出生命活力》这篇文章之所以会触动这么多的学校和教师,我想可能是因为它触及了教育的基础性问题、原点性问题,并且与教师的教育体验和生命体验联系在了一起。……教育除了鲜明的社会性之外,还有鲜明的生命性。人的生命是教育的基石,生命是教育学思考的原点。"③她还指出:"从中国教育学的理论更新的角度看,我主张把'生命'作为教育学的原点,把生命体的基本特征作为教育学不能丢失的基点去思考,进而再研究人的生命的独特,提出教育学的人性假设。"④

　　前述访谈录反映出,随着"新基础教育"研究的推进,叶澜提出了教育实践与教育理论两个方面的重建问题,并推动中国教育学研究进入一个深刻的反思期,包括从理论到思想方法的全面反思。而回到原点的思考则是重建体系的出发点。教育学基本理论的突破,需要从对人的认识的反思开始。叶澜指出:"就中国目前教育学理论的现状来看,在有关'人'的认识上,主要缺失的是'具体个人'的意识,需要实现的理论转换是从'抽象的人'向'具体个人'的

---

① 叶澜:《反思　学习　重建——十五年学术探索的回顾》,《天津市教科院学报》2000 年第 4 期,第 7 页。

② 叶澜:《教育创新呼唤"具体个人"意识》,《中国社会科学》2003 年第 1 期,第 91 页。

③ 叶澜、李政涛:《为"生命·实践教育学派"的创建而努力——叶澜教授访谈录》,《教育研究》2004 年第 2 期,第 33 页。

④ 叶澜、李政涛:《为"生命·实践教育学派"的创建而努力——叶澜教授访谈录》,《教育研究》2004 年第 2 期,第 34 页。

转换。否则,教育学理论难以回应和面对呼唤培养人的创新精神和能力的当代教育转型的需求,也难以实现自身发展。"①

叶澜认为,教育学是具有非常丰富的生命灵性的资源的学科。教育学知识的酿成不仅需要观察、思考,还需要体悟,正是体悟把人的生命与人的学问结合在一起思考。因此,教育学内含着生命气韵,这使得教育学的知识品性具有不同于其他学科的独特的生命之灵性。②

教育学意义上的"生命"概念是人学意义上的"生命"概念和时代学意义上的"生命"概念在教育问题上的进一步凝练。"生命"概念从人的生命发展的特殊性,发展到时代精神对人的生命发展的特殊要求,最后走进教育本身的特殊性。相对于人学意义和时代学意义上的"生命"概念,教育学意义上的"生命"概念的存在价值在于教育本身的特殊性。

在"生命·实践"教育学理论中,教育学意义上的"生命"概念经历了三个发展阶段。

第一,教育的生命性。作为一种价值取向,基础教育的生命性"主要针对的是,在现实的基础教育中常常忽视了对象是'人',是具有世界上最大丰富性和主动性的生命,忽视了中小学教育是面对处在人生最重要时期的、具有奠基意义的'发展中的人'——青少年,同时,还忽视教师同样是一个有多种需要和能力、具有发展可能的人,其结果是忽视教育作为精神生命的孕育和发展过程这一重要特质,把注意力集中在知识、手段、操作、工具,把手段异化为目的,丢失了最重要的东西——生命"③。

教育的生命性在学生观上具体化为主动性、潜在性和差异性三个观念。其中,叶澜强调主动发展。她指出:"学生主动性发展的最高水平是能动、自觉地规划自身的发展,成为自己发展的主人,这是我们教育成功的

---

① 叶澜:《教育创新呼唤"具体个人"意识》,《中国社会科学》2003 年第 1 期,第 91 页。
② 叶澜:《教育学知识品性探》,全国教育学博士生论坛专家报告,2004 年 5 月 10 日。
③ 叶澜:《"面向 21 世纪新基础教育"探索性研究结题总报告》,见叶澜主编《"新基础教育"探索性研究报告集》,第 26 页。

重要标志。"①她认为,主动性问题之所以重要,是因为它关涉的是人的生命的基本存在方式,它是人的生命活动的重要本质特征。在前述教育观与学生观的基础上,她把学校教育的培养目标聚焦在培养主动、健康发展的理想新人上。

第二,教育的生命基础。正是以对教育的生命性的感悟、实践和思考为依据,叶澜提出了"教育的生命基础"问题。她认为,教育是直面人的生命、通过人的生命、为了人的生命质量的提高而进行的社会活动。教育的生命基础的含义主要包括三点:(1)生命价值是教育的基础性价值;(2)生命的精神能量是教育转换的基础性构成;(3)生命体的积极投入是学校教育成效的基础性保证。②

第三,教育即"教天地人事,育生命自觉"。2006 年 11 月 8 日,在一份报告中,叶澜把教育的内涵概括为"教天地人事,育生命自觉"③。她认为,生命自觉的价值是人的精神世界的能量可以达到的一种高级水平,它可以使人在与外部世界的沟通、实践中产生主动性,同时还对自我的发展产生影响。一个具有生命自觉的人,无论是在对外部世界的作用中还是自我发展的构建中,都是一个主动的人。因此,在一定意义上,可以把主动不主动作为衡量自己生命自觉程度的标志。

综上所述,教育学意义上的"生命"概念具体表现为教育与生命关系的不同形态。从生命是教育的价值取向,到生命是教育的内在构成,再到育人即育人生命发展之自觉,教育与生命之间的关系经历了从外在到内在,再到同一的过程。

通过前述对"生命·实践"教育学理论中"生命"概念史的探讨,可以发现以下五点:

---

① 叶澜:《更新教育观念,创建面向 21 世纪的新基础教育》,《中国教育学刊》1998 年第 2 期,第 8 页。
② 叶澜主编《教育理论与学校实践》,北京:高等教育出版社,2000 年,第 137—141 页。
③ 叶澜:《教天地人事,育生命自觉——关于"教育"是什么的多维省思》,叶澜教授在华东师范大学闵行校区所作的报告,2006 年 11 月 8 日。

第一，每一种概念都可以找出相对明确的起点，但都没有终点。换言之，这些概念一旦提出，就会产生持续的影响，并在持续过程中不断得到发展和精炼。比如人学意义上的"生命"概念，从1986年提出至今已跨越三十多年；时代学意义上的"生命"概念，从1994年提出至今已近三十年；教育学意义上的"生命"概念，从2000年提出至今已跨越二十多年。

第二，正因为前述的一个特征，三种"生命"概念既表现出一定的阶段性，又表现出一定的交互性，从而显示出层层推进的特征。首先是时代学意义上的"生命"概念丰富和强化了人学意义上的"生命"概念，其次是这两种意义上的"生命"概念在教育学意义上又得到进一步凝练。

第三，就每一种概念自身的提出和演变而言，它们都有自身特有的问题境况、方法论思考、特殊内涵和理论意义。如果人学意义上的"生命"概念沟通了教育与人的发展之间的关系，时代学意义上的"生命"概念进一步沟通了教育、人的发展与社会发展之间的关系，那么教育学意义上的"生命"概念则进一步沟通了教育问题不同的层面和方面，比如理论与实践问题，宏观、中观与微观不同层面上的变革问题，并使中国传统智慧得到彰显。

第四，作为"生命·实践"教育学派的核心词汇，"生命"概念史的相关考察表明，叶澜的为创建"生命·实践"教育学派和中国教育学而努力的设想，是有着深厚的理论与实践积累的。如前所述，不同意义的"生命"概念层层推进，而教育学意义上的"生命"概念则爆发出叶澜全部的学识能量并闪出耀眼的火花，犹如"尖端放电"。

第五，"生命·实践"教育学理论同"新基础教育"研究实践密不可分，但这并不意味着这些研究成果仅适用于基础教育领域。对"生命"概念史的考察表明，无论是人学意义上的"生命"概念、时代学意义上的"生命"概念，还是教育学意义上的"生命"概念，都是一种在双重意义上普遍的教育学基本思想。它可以适用于所有教育实践行动的领域，并且能够得到其他教育学理论和研究领域的承认。

第二节　生命自觉的多维建构

"生命·实践"教育学提出了"教天地人事,育生命自觉"的中国式表达,明晰了当代中国教育学的内涵,蕴含着"生命·实践"教育学派对生命精神和生命发展之道的求索。

一、生命自觉与中国文化

在中西文化交汇的时代,任何对教育的有力思考必须包含对精神家园和文化智慧的追寻,对安身立命之文化根基的追寻。

对教育的思考在中国的文化传统中居于主导性地位。从西汉刘歆(？—23年)的《七略》到清朝《四库全书总目》(1781年),约略可以看出传统学问的积累包含了方方面面,蔚为大观。而朱熹所注"四书",是古代教育的正典,朱熹的用意和影响在传统教育向现代教育转化过程中颇值得玩味。在"四书"中,无论是《大学》《中庸》,还是《论语》,都以对教育的思考开篇,这大概不是巧合吧?《大学》开篇即开宗明义:"大学之道,在明明德,在亲民,在止于至善。"《中庸》开篇即言:"天命之谓性,率性之谓道,修道之谓教。"《论语》首篇为"学而第一",起首即言:"子曰:'学而时习之,不亦说乎?有朋自远方来,不亦乐乎?人不知而不愠,不亦君子乎?'"

在《大学章句序》中,朱熹提出了"复性论"并用来解释教育。他写道:"《大学》之书,古之大学所以教人之法也。盖自天降生民,则既莫不与之以仁义礼智之性矣。然其气质之禀或不能齐,是以不能皆有以知其性之所有而全之也。一有聪明睿智能尽其性者出于其间,则天必命之以为亿兆之君师,使之治而教之,以复其性。"在《中庸章句序》中,朱熹进一步把仁、义、礼、智等性命之正看作道心或天理,把参差不齐的形气之私看作人心或人欲,两者共存于心灵之中。人的觉悟程度不同,有的人不知道如何处理两者的关系,以致人心之私胜;有的人把两者区分得很清楚,并使道心常为一身之主。

复性论的基础是一种人性论。这种人性论可以从两个方面加以说明:一是从静态的结构来看,人性包含表层结构和深层结构,形气是表层结构,性命是深层结构,表层的形气常常扰动不安,深层的性命常常微而不显;二是从能动的主体来看,觉悟和践行是两大关键,这也带来了知与行的关系问题。在中国文化流变中,人性结构论往往成为一种潜意识发挥作用,而人性主体论则被反复强化。在冯友兰的"新理学"理论体系中,曾这样界定人的主体性:

> 人做某事,了解某事是怎样一回事,此是了解,此是解;他于做某事时,自觉其是做某事,此是自觉,此是觉。若问:人是怎样一种东西?我们可以说:人是有觉解底东西,或有较高程度底觉解底东西。若问:人生是怎样一回事?我们可以说,人生是有觉解底生活,或有较高程度底觉解底生活。这是人之所以异于禽兽,人生之所以异于别底动物的生活者。①

这种觉悟的主体性曾经在中国禅宗里得到集中体现。正如冯友兰所说:"禅宗所用教人底方法,大概都是以一当前底经验,使学者对于某名言底知识,得到印证;或者以一名言底知识,使学者对于当前底经验,得到意义。此二者本是一件事的两方面,都可称为'指点'。指点或用简单底言语表示,或用简单底姿态表示,此表示谓之机锋。既有一表示,然后以一棒或一喝,使学者的注意力,忽然集中,往往以此使学者得悟。"②

当然,这一觉悟的主体性首先为儒家学者所重视。"程子曰:'学者须将《论语》中诸弟子问处便作自己问,圣人答处便作今日耳闻,自然有得。虽孔、孟复生,不过以此教人。……'"③但是,儒家并不限于把觉悟作为人的主体性。《中庸》用"尊德性而道问学"具体阐释这一能动的主体性。朱熹是这样解释的:

① 冯友兰:《新原人》,北京:生活·读书·新知三联书店,2007年,第11—12页。
② 同上书,第8—9页。
③ 朱熹集注《四书集注》,长沙:岳麓书社,2004年,第52页。

尊德性，所以存心而极乎道体之大也。道问学，所以致知而尽乎道体之细也。二者修德凝道之大端也。不以一毫私意自蔽，不以一毫私欲自累，涵泳乎其所已知，敦笃乎其所已能，此皆存心之属也。析理则不使有毫厘之差，处事则不使有过不及之谬，理义则日知其所未知，节文则日谨其所未谨，此皆致知之属也。盖非存心无以致知，而存心者又不可以不致知。①

程颐说："涵养须用敬，进学则在致知。"（《二程遗书》）冯友兰解释说："致知即增进其觉解，用敬即用一种功夫，以维持此增进底觉解所使人得到底境界。"②教育包含了致知、用敬这一整套的功夫，所谓"博学之，审问之，慎思之，明辨之，笃行之"（《中庸》）。"学、问、思、辨，所以择善而为知，'学而知'也。笃行，所以固执而为仁，'利而行'也。程子曰：'五者废其一，非学也。'"③

"尊德性而道问学"是一套道德教育的理论。其中所发生的知与行的关系问题实际上是道德知识与道德践履的关系问题：

所谓道德践履是指对既定的道德观念的实行、履行，这至少逻辑上包含了道德知识在道德践履之先。因此这个意义上的知先行后说，主要是指人的知识与人把既有知识付诸行为活动这两者的关系。在这里，"行"不是泛指一切行为，而是指对既有知识的实行。"知"即知识，又指求知。因而，在朱熹哲学中，格物致知虽然是一种行为，但其活动属于明理求知，而不是行理循理，所以格物致知只被看作"知"。可见，朱熹学中"行"的意义较狭，仅指对既有知识之实行，"知"的意义则较宽，包括求知活动在内。④

---

① 朱熹集注《四书集注》，第40—41页。
② 冯友兰：《新原人》，第53页。
③ 朱熹集注《四书集注》，第36页。
④ 陈来：《宋明理学》（第2版），上海：华东师范大学出版社，2004年，第144页。

在中国文化传统中,似乎不曾有过"美德可教吗"的怀疑论,争论在于以何种路径养成美德。换言之,是尊德性经由道问学,还是尊德性而后道问学。南宋淳熙二年(1175年)夏,由吕祖谦邀集,朱熹、陆九渊两派相会于信州(治今江西上饶市西北)鹅湖寺,讨论学术异同,史称"鹅湖之会"。与会者记述其大略:"鹅湖之会,论及教人,元晦之意,欲令人泛观博览,而后归之约。二陆之意,欲先发明人之本心,而后使之博览。朱以陆之教人为太简,陆以朱之教人为支离,此颇不合。"①

实际上,朱熹并非一味地强调道问学,而是希望把尊德性与道问学结合起来。朱子说:"大学物格知至处,便是凡圣之关。物未格,知未至,如何也是凡人。须是物格知至,方能循循不已,而入于圣贤之域。纵有敏钝迟速之不同,头势也都自向那边去了。今物未格,知未至,虽是要过那边去,头势只在这边。如门之有限,犹未过得在。"(《语类》卷十五)又说:"致知诚意,是学者两个关。致知乃梦与觉之关,诚意乃善与恶之关。透得致知之关则觉,不然则梦。透得诚意之关则善,不然则恶。"(《语类》卷十五)

在"新理学"中,冯友兰把梦觉关发挥到极致。他说:"照我们的说法,就觉解方面说,圣人与平常人中间底主要底分别,在于平常人只有觉解,而圣人则觉解其觉解。觉解其觉解底觉解,即是高一层底觉解。只有觉解,比于无觉解,固已是觉不是梦,但比于有高一层底觉解,则仍是梦不是觉。所以有无高一层底觉解,是梦觉关。"②他以觉解的程度为标准,把人的境界从低到高区分为自然境界、功利境界、道德境界与天地境界。他说:"在自然境界及功利境界中底人,对于人之所以为人者,并无觉解。此即是说,他们不知性,无高一层底觉解。所以这两种境界,是在梦觉关的梦的一边底境界。在道德境界及天地境界中底人,知性知天,有高一层底觉解,所以这两种境界,是在梦觉关的觉的一边底境界。"③

---

① 转引自陈来《宋明理学》(第2版),第154页。
② 冯友兰:《新原人》,第33页。
③ 同上书,第50页。

冯友兰说："人对于宇宙人生底觉解的程度,可有不同。因此,宇宙人生,对于人底意义,亦有不同。人对于宇宙人生在某种程度上所有底觉解,因此,宇宙人生对于人所有底某种不同底意义,即构成人所有底某种境界。"①"自然境界的特征是:在此种境界中底人,其行为是顺才或顺习底。"②"功利境界的特征是:在此种境界中底人,其行为是'为利'底。所谓'为利',是为他自己的利。"③"道德境界的特征是:在此种境界中底人,其行为是'行义'底。义与利是相反亦是相成底。求自己的利底行为,是为利底行为;求社会的利底行为,是行义底行为。"④"天地境界的特征是:在此种境界中底人,其行为是'事天'底。在此种境界中底人,了解于社会的全之外,还有宇宙的全,人必于知有宇宙的全时,始能使其所得于人之所以为人者尽量发展,始能尽性。"⑤

在中国文化传统中,只有处于天地境界中的人才是一个理想人物。林语堂说："观测了中国的文学和哲学之后,我得到一个结论:中国文化的最高理想人物,是一个对人生有一种建于明慧悟性上的达观者。这种达观产生宽宏的怀抱,能使人带着温和的讥评心理度过一生,丢开功名利禄,乐天知命地生活。这种达观也产生了自由意识,放荡不羁的爱好,傲骨和漠然的态度。一个人有了这种自由的意识及淡漠的态度,才能深切热烈地享受快乐的人生。"⑥

"教天地人事,育生命自觉"可以看作致知与增进觉解的一种表达,这是一种人性主体论。这种主体论从朱熹到冯友兰,一脉相承。

二、生命自觉与幸福人生

人的发展的自主性是"生命·实践"教育学理论的硬核。"人在一定程度

---

① 冯友兰:《新原人》,第43页。
② 同上书,第45页。
③ 同上书,第47页。
④ 同上。
⑤ 同上书,第48页。
⑥ 林语堂:《生活的艺术》,南京:江苏人民出版社,2014年,第2—3页。

上能控制、影响自身的发展","人通过自己的活动来实现自己的发展"。① 尤其是对"自我意识"概念的强调,仿佛给人的发展上了一根发条,成为人的发展的不竭动力源。"人和其他生命体重要的区别是他形成了自我意识,而一个真正的有发展能力的人,不是只靠别人来影响他,也不是靠遗传给予发展能力,他最终要由自己来形成对本身与社会的认识,寻找到在这个社会中发展的路,在实践中不断地自我超越、不断地成长。只有提升到人学水平上,才有超越。超越的内机制是自我意识和自我追求。正因为如此,在一定意义上,唯有人,才有可能决定自己的命运。"②人的自我意识,核心是意识到自我的需要。真正的人,他一定清醒地意识到了自己的需要,一定会满怀激情地完善自我。在"新基础教育"探索性研究过程中,对人的发展的自主性的强调由基本命题演化为价值律令,即让课堂焕发生命活力,以及把个体精神发展的主动权还给学生。

叶澜把人的外部世界同人的内部世界并举,她把自己的抱负称为"追求教育学另一半的理论的构建和实施"。她说:"教育学也不能停留在研究教师怎样教人认识外部世界,认识自然、人类社会和其他很多科学,都是人之外的一个世界,而忘记了最重要的另一半,就是教师怎样使教育对象认识自己、发展自己,这才是教育学为人、教师为人创造幸福人生的重要问题。"③显然,这两个世界是统一的,正如"教天地人事,育生命自觉"所体现的教育学研究传统,没有无教学的教育,也没有无教育的教学。但人怎样生活,想成为什么样的人,这是根本的问题,也是人的能动性的集中体现。

直接回应这一根本问题就成为教育的根本任务。"如果教育要培养不仅

---

① 叶澜:《论影响人发展的诸因素及其与发展主体的动态关系》,《中国社会科学》1986 年第 3 期,第 86—87 页。
② 叶澜:《反思 学习 重建——十五年学术探索的回顾》,《天津市教科院学报》2000 年第 4 期,第 5 页。
③ 同上。

能认识、把握外部世界,而且能认识和把握自己内部世界的真正能自立的人,
那么,就不能不注意完全意义上的自我教育之意识和能力的培养"①,叶澜把一
个人从接受外界教育逐步过渡到完全意义上的自我教育的发展过程看作一个
连续体,从中区分出四种类型的自我教育,如表2-1所示。

表2-1　自我教育结构的层次与类别②

	表层		深层	
	第一类	第二类	第三类	第四类
直接认识对象	外部世界中已有的知识或新技能等	在改造外部世界中遇到的新事物、新问题	主体外部活动的内部心理过程、状态	主体内部世界(部分或整体状态)
目的	掌握知识与技能	解决实践中的困难与问题,形成经验或理性认识	调节内部状态,发展自己,更好地完成外部活动	认识自己,发展自己,完善自己
承担者	学习主体与教育者"二位一体"	实践主体与教育者"二位一体"	认识主体与认识对象、教育者部分"三位一体"	认识主体与认识对象、教育者"三位一体"
活动主要动机	独立对外在知识或技能由感知、理解到掌握、运用	独立对外部对象进行分析、研究,寻找解决问题的途径	反思与活动相关的心理状态与过程,寻找改善、提高的途径	反思自身的精神和心理世界的状态,寻找发展自我的途径

　　自我教育意识产生的可能以人为满足生命活动需要而进行的对外部世界
的探索活动为基础。换言之,反思内求离不开生命实践。叶澜区分了不同的
引发自我意识的情境与相应的自我意识类型,如表2-2所示。

　　上述理论迁移到教师教育上,就要求认识教师职业的内在尊严与欢乐。
每个人的价值在于他不可缺少、不可替代。叶澜有一次忠告研修班学员:"关

---

① 　叶澜:《方圆内论道:叶澜教育论文选》,第106页。
② 　叶澜主编《教育学原理》,北京:人民教育出版社,2007年,第168页。

表 2-2　不同情境下可能引发的自我意识分类表①

	回溯析因型		现状评价型		未来选择型	
	一	二	三	四	五	六
引发情境	活动受阻，目标未达到或偏离	同一活动与他人比较，结果相异	面临新的复杂任务	是否参与和他人的竞争	对他人职业、生存状态、人格等的认同	面临人生发展中的阶段性转换
中心问题	我为什么没有达到目标	我为什么做得与别人不同	我能不能承担新任务	我能不能胜过竞争对手	我想成为像……那样的人	我应该、可能成为……的人
思维指向	对我已完成的行为过程或目标的慎思	我与他人行为过程的比较	我的现状分析	我的现状与他人状态的比较	自我理想的构建	理想自我的选择，我的现有状态、潜力分析

心一个人就是给一个人内在的力量，让一个人的内在力量生长起来，让他能够独立面对一个纷乱的世界，在不确定性中把握确定性。只有自己生长起来才会有合理决策的可能，才能自己对自己负责，才会有自由，而不是漂浮的人，找不到家园的人。”②苏霍姆林斯基曾说：“就其本来的基础来说，教师的劳动就是一种真正的创造性劳动，它是很接近于科学研究的。这种接近和类似之处，首先在于它们都需要分析事实和有预见性。”③苏霍姆林斯基关于教师劳动具有创造性的论述在我国教育理论和实践领域产生了很大影响，但直到 20 世纪 90 年代后，关于教师职业社会价值的认识仅停留于关注外在工具价值的局限才开始被冲破。“生命·实践”教育学把握这一历史机遇，把作为人生命存在本质方式的“创造”看作教师职业的重要品质，看作教师职业内在尊严与欢

---

① 叶澜：《“新基础教育”论：关于当代中国学校变革的探究与认识》，第 307 页。

② 根据叶澜 2003 年年底讲座的录音转录。

③ ［苏联］苏霍姆林斯基：《给教师的建议》（第 2 版），杜殿坤编译，北京：教育科学出版社，1984年，第 493 页。

乐的源泉。①

叶澜在研修班上就"校长如何学习"作过一次主题发言。她说,"对创造的追求就是对超越的追求","创造就是闪亮"。为了实现认识和发展的需要,校长应该过一个学习的人生、知识人的人生。这同样适用于教师。通过学习,教育者首先应该获得与时代精神相通的教育理念,看到希望。在研修班结业典礼上,她形象地说,当教育者看到希望,心里的火被点燃时,就会有一种力量、冲动,想要去创造。不仅如此,叶澜还把自我意识作为教育学科发展的内机制。

在"新基础教育"发展性研究结题报告中,叶澜把"新基础教育"在班级建设领域中"新"的视角和"新"的重点看作"新基础教育"之"新"的第八义。所谓"新"的视角是指一种新的方法论,即"从发展的意义上把握学生的需要,关注学生在发展不同阶段所呈现的特殊的、与成长相关的需要。这种内在的需要是由学生理的发展、生存环境的氛围、提供的刺激或实践的可能、周边包括同伴和教师的影响力和影响方式、发展主体已有生命史的积累等内外因素综合交互作用的产物。它既反映发展可能性所指向的领域,也包含着学生在不同发展阶段必须跨越的领域";所谓"新"的重点是指"强调班级建设的实践行为,应建立在对不同年级、班级学生发展状态和成长需要研究的基础上。在研究中我们还尝试分析有关中国当代小学和初中学生成长发展需要的演化路线"。②

这一新的创造集中体现为李晓文的心理学研究成果——潜能发展观。这一理论是她的自我心理学研究的延续和更新。在《学生自我发展之心理学探究》一书中,她从自我的多种发展线索入手分析自我发展的一般过程和有关规律,并围绕学校教育的主题解析促进学生自我发展的问题与途径。她强调:"自我的本质是进行自我调节。而自我肯定或自尊的需要是自我调节与发展

① 叶澜:《变革中生成:叶澜教育报告集》,第97页。
② 叶澜主编《"新基础教育"发展性研究报告集》,北京:中国轻工业出版社,2004年,第26页。

的基点与轴心,这一基点与轴心的存在,决定了自我调节与发展的特征及其形成机制的丰富、复杂性。自我主要根据对事物的主观意义理解产生自我调节行为。在自我发展过程中,会在各种途径下形成不同的主观意义体验,从而产生不同水平的自我调节。"①

潜能发展观延续了自我心理学研究的基本观点,并基于发展的文化心理学方法论进行了新的探索。其核心观点是:"发展应该是朝向未来的。发展研究不仅仅要研究已经存在的发展之客观现象,更要研究尚未出现但通过引导和互动过程能够产生的发展,即致力于引发潜能的发展。"②发展潜能表现为发展的势头,核心是发展主体的内在成长需要,而拓展性的文化活动是建构学生发展的重要途径。潜能发展观的具体成果是提炼出学生成长的阶段性特征(其中自我发展在年级特征中居于轴心地位),以及相关的工作要点和策略,如表2-3所示。

表2-3 学生成长需要与学生工作改革③

年级	学生自我成长状态与发展潜能	成长机制与发展脉络	学校文化建构
一年级	认为自己是出色的、了不起的、最有能耐 直接用行动表现自己的情绪、感受,用直接、简单的方式表达自己的自尊、需求 教师尤其是班主任,是给学生嘉奖的最具权威性的人,引起教师的关注、赞扬是最引以为傲的事和积极自我表现最有力的动力 不仅喜欢教师赞扬自己,而且喜欢听教师表扬同学 喜欢活络筋骨、锻炼身体的游戏活动,喜欢有游戏色彩的学习 规则意识和良好行为的培养成为学生发展最紧要的一个目标	掌握规则,超越当下,追求合规则评价优势	神圣化阶段:形成基本规范 规范培养性的评价和组织 扬好奇心向,育兴趣自信 扬参与意向,创集体氛围 扬烂漫童心,育神圣德性

① 李晓文:《学生自我发展之心理学探究》,北京:教育科学出版社,2001年,《前言》第2页。
② 李晓文:《青少年发展研究与学校文化生态建设》,第8页。
③ 表2-3的具体内容主要引自李晓文《青少年发展研究与学校文化生态建设》,第121—352页。

年级	学生自我成长状态与发展潜能	成长机制与发展脉络	学校文化建构
二年级	从遵从权威评价、注重和追求外在评价开始的规则内化 教师对学生学习成绩的重视对学生的行为选择影响很大 在班级里担任干部和承担岗位工作的积极性最高 最喜欢的同学的主要特征是学习成绩好、经常受到老师表扬 最喜欢的教师的主要特征是教学耐心、严格要求 追求好评、争取在群体中获得优势等成为目标明确的行为动力 有融入集体、参与集体管理的需要和可能，集体规则评价具有占据优势的价值 小队合作是学生亟待开发的潜能 想象力是可以开发的重要潜能，学生仍处在喜欢童话、善于拟人化想象的阶段，更适合展开渗透体育、音乐、美术和童话色彩的合作活动，可以进行包含童话、诗歌和游戏的合作性创造活动		
三年级	规则开始内化，开始由掌握了规则的"我"来自主判断，进入朝向整合的自我同一性状态发展的初始状态 个体意识产生，并且以强烈的自我表现欲望显示出来，表现得聪明，让别人认可"我"聪明，成为学生自我表现的主要目标和发展动力 一方面希望脱离依赖，另一方面行事能力很弱，非常需要师长的支持和帮助，特别适合建立具有双重性质的关系：平等和能够给予支持的大朋友 最容易受到激励，表扬容易对学生形成发展性的学习目标产生影响 性别归属意识开始强烈，寻求性别角色定位，男生、女生的分化明显表现出来 喜欢介于现实和想象之间的状态，容易接受理性和非理性、幻想和推理交织的事物，科幻故事、英雄类神话传说受到学生的喜爱	选择规则评价，显现个体意识	合理性阶段：引导主动自我调节 扶持主动性的评价和组织 扬"牛犊"心劲，奠自信根基 扬聪明意向，育合理有效 借交往变格，育人生内在价值 彰显学长身份，拓展发展潜能

（续表）

年级	学生自我成长状态与发展潜能	成长机制与发展脉络	学校文化建构
四年级	有了比较稳定的自我认识和判断，外界影响力居优的状态开始转变，自己感受的支配作用开始上升，有了对能力的自我判断和自我定位支配行为的选择 无论学习生活还是集体活动，需要开拓新的具有一定挑战性的内容 班级里非正式群体明显增多，学生开始建立比较密切的同伴关系 情感体验能力是学生一触即发的潜能，如果创造条件，学生会借着内生的驱动力，形成友谊、感情、精神丰富性成长的起步	超越自我表现，选择分群定位	
五年级	产生了内在的发展性的自我调节，有了比较自觉的自我发展要求，有了具有相对延续性的目标导向的努力 进入一个比较纯粹、比较完全的认同集体规则的状态，处于一种新的沉浸状态，沉浸在根据规则推理选择的发展取向中 会主动进行自我发展的目标选择，针对性地采取行动，投入改变自己的不足的努力 与教师建立密切的关系，变得善解人意，与师长之间关系的性质转向具有平等性的关系，不愿意家长和教师仍然把自己当小孩对待 真正的朋友关系开始出现，为朋友的成败而高兴或难过 抽象思维能力提升为学生参与文化活动的潜能，他们具备从社会文化资源中获取教育影响和参与策划校园文化活动的内在基础	整合多重观点，形成目标导向	
六年级	环境的变化给学生带来争取自我提升的机会，他们对环境变化的积极意义十分敏感，积极投入努力的行动又促成了自我概念的重新选择和积极建构 积极的自我表现是学生发展的重要潜势，需要重视这一潜势，为使自我积极表现的愿望转化为现实的发展创造条件，这对于小学阶段处于弱势的学生尤其重要 进入新的环境，需要建立新的集体，所有让人能够融入集体活动和参与新集体的能力都是产生新的发展的可依赖的条件和潜能	超越自我表现，建构同龄人文化	人格审美阶段：滋润立体化人格引导独立性的评价和组织扬结伴求胜，育大气向上扬性别角色意向，育潇洒交往智慧

（续表）

年级	学生自我成长状态与发展潜能	成长机制与发展脉络	学校文化建构
七年级	注意自己的个性，认为学习不是唯一的成长任务，自我定位的着眼点逐渐从单一的学生视角转向多重观点 建立朋友关系是学生生活中的主要需求 广泛进入异性交往的敏感状态，开始了性别角色化的阶段 一旦集体建构的活动成为学生的主要生存状态，就会孕育和引导他们进一步发展。如果集体没有凝聚力，班级就以自由组合的小群体为主要存在方式，班级的组织作用便会弱化 伙伴的交往、交流构成学生亚文化，喜欢同伴交流、关注社会流行文化、性别角色意识明显成为学生以后的主要发展潜势		扬求美时尚，育审美品位 解困惑压力，拓人生境界
八年级至九年级	人际交往风格明显变化，更多纳入同伴的交流，整合同学之间传递的信息，注意到同学交往中不同的状态和观点，以及同学对教师和成人的观点。这一横向撒开的交往网络经验的吸取和整合，使得他们在人际交往关系中有了进一步独立平等的定位，自我调节的规则突破了相对狭隘的课堂学习和学校规范，进入了社会，具有了某种程度的世俗，开始向社会人过渡 无论是读书还是看电视，流行文化为学生所瞩目 不再完全赞同正统教育中的积极价值取向，接受了社会上一些比较消极的说法，比较赞同轻松自在的生活价值取向 脱离孩子气，变得成熟和富有个性是八年级学生的发展潜势 克服压力，有效投入紧张的升学准备，是对九年级学生的一个严峻的挑战	吸收多渠道经验，浮现立体化自我	

三、生命自觉与生命整体

　　"生命·实践"教育学旨在发展人的生命活力，正是这种内在力量不断促使人在生活中开启可能性、面对可能性和把握可能性，并反过来在这一过程中不断得到滋养。

人的生命活力显现在周围世界、人际世界和自我世界三种存在方式之中。周围世界是一个自然世界或物质世界,在现代社会更是一个信息世界和客观知识世界。① 人际世界是一个人与人的关系世界和交往世界,人总是处在同类或同胞之中。自我世界是人的内在世界和自我意识世界,它是看待和把握真实世界的基础。

这三种存在方式虽然同时存在,但具有不同的性质,因而要求人的多方面内在素质的成长。在周围世界的维度上,与身体活力和创造活力有关的勇气成为人的显著存在特征;在人际世界的维度上,感受他人处境和与他人建立联系的爱成为人的显著存在特征;在自我世界的维度上,包含自主选择、自我认识与自我塑造的自主成为人的显著存在特征。

人的整体存在和发展是人的多方面内在素质的协调存在和发展。正如人的三种存在方式相互关联、互为条件,作为人的显著存在特征的勇气、爱和自主也相互关联、互为条件,并且总是同时存在。罗洛·梅曾指出:"如果没有一个关于周围世界的恰当概念,爱就会变得没有活力,而且如果没有自我世界,它就会缺少力量和能力来使自己富有成效。"②他认为,爱需要勇气,爱是让人实现人的存在价值的一种由衷的喜悦。爱相当于他所谈论的道德勇气和社会勇气。同样,没有爱和自主,勇气就会退化为残忍和暴力;缺少勇气和爱,人就无法实现自己的潜能。

---

① 英国科学哲学家卡尔·波普尔(Karl Raimund Popper)认为,世界至少包括三个在本体上泾渭分明的次世界:"世界一"是物质世界,"世界二"是感觉、信念和意识的世界,"世界三"是明确表达在命题中的客观知识的世界。客观知识包括自在的理论及其逻辑关系、自在的论据、自在的问题境况等。问题境况由问题及其背景(甚或连同其他第三世界客体)组成,"这背景至少包括一种语言,语言在其用法结构之中总是混合了许多理论(比如像本杰明·利·沃尔夫所强调指出的那样),这背景还包括许多其他理论的假定,至少暂时还未引起争议的假定。……另外一些第三世界客体可以是(各理论之间、各问题之间、猜测的各方面之间、各解释之间以及各哲学观点之间的)竞争和冲突;可以是比较、对比或类推"。[英]卡尔·波普尔:《客观知识:一个进化论的研究》,舒炜光等译,上海:上海译文出版社,1987年,第175页。
② [美]罗洛·梅:《存在之发现》,方红、郭本禹译,北京:中国人民大学出版社,2008年,第140页。

第三节　生命自觉与学习生态

上学是中小学生的基本职责。但中小学生的学习不限于在校学习,还包含在家学习、社区学习和远游学习及其间的多重关联。

一、在校学习

学校是一个多重系统。第一,学校是一个物理和物质系统,这是校园意义上的学校。校园里的自然事物受着自然节律的调节。第二,学校是一个教育教学系统,这是制度意义上的学校。根据 2021 年 4 月 29 日第十三届全国人民代表大会常务委员会第二十八次会议《关于修改〈中华人民共和国教育法〉的决定》第三次修正的《中华人民共和国教育法》第三章第二十七条之规定,"设立学校及其他教育机构,必须具备下列基本条件:(一)有组织机构和章程;(二)有合格的教师;(三)有符合规定标准的教学场所及设施、设备等;(四)有必备的办学资金和稳定的经费来源"①。根据该法规,组织实施教育教学活动是学校的基本权利;贯彻国家的教育方针,执行国家教育教学标准,保证教育教学质量是学校的基本义务。第三,学校不是一个封闭系统,而是一个复杂的开放系统。其开放性不仅体现为现实世界中各种要素的投入和产出,而且体现为虚拟世界中信息和知识的流动。

"新基础教育"研究实验学校具有上述学校的一般特性,又在某些方面有着自己的个性。例如,作为教育教学系统,"新基础教育"研究包含学校领导与管理、学科教学和学生工作两个层次三个领域。相应地,"新基础教育"研究实验学校的学生在班级层面不仅经历着学科教学中的学习,而且经历着学生工作中的学习。

---

① 全国人民代表大会:《中华人民共和国教育法》,1995 年 3 月 18 日。

就学科教学而言,基于生命的整体性和人的发展的能动性,叶澜指出,"不只是学科有育人价值,而且课堂教学本身内含着育人价值,教师需要提升与学生一起创造丰富而有意义的课堂生活的自觉。……教学生活是师生为自身发展共同创造的生活,不是为别人的展示和演出。真实是课堂生活的灵魂,师生在过程中的成长是其最动人、悠长的旋律"①。

学生工作是学校工作中直接与学生在校生活质量提升相关的教育实践领域。学生工作包含班级建设、年级组和学校学生工作、学生工作与学科教学整合、学校同社会与家庭的连接等不同层面。主题班队会是学生工作中具有集中性的班级教育活动。"'新基础教育'重视班级活动的开展。因为经验已经证明成功的活动犹如生活中的浪花、记忆中的亮点,在学生的生命发展历程中会留下鲜明的痕迹,在关键的时期还可能成为学生发展阶段转换的敏锐触发点。"②

可以把班级教室看作中小学生的基地空间,这是他们开展学科学习和班级活动的地方,他们的日常校园活动围绕该基地空间展开。基地空间不仅是一种具体的物理空间,而且是一种心理空间,通常能得到中小学生的强烈认同。因此,可以把班级教室看作"家",把邻近的户外空间作为具有"前廊"或"前后院"特征的地方。在这些班级教室之外,是真正的校园空间。如果将班级教室附近的空间视为住家的邻近空间,校园建筑之间的公共区域就可以被看作城市的街道和公园。这些公共空间不是班级教室的附属领地。校园里的公共空间包括校园入口、广场、绿地和操场等。"应该尽可能地创造可命名的空间,这不仅可以强化公共空间的空间结构,而且可以赋予这个地方以特定含义。另外,还应利用连贯的标志系统来加强校园的空间结构。"③

---

① 叶澜:《课堂教学过程再认识:功夫重在论外》,《课程·教材·教法》2013年第33卷第5期,第12页。

② 叶澜:《"新基础教育"论:关于当代中国学校变革的探究与认识》,第319—320页。

③ [美]克莱尔·库珀·马库斯、卡罗琳·弗朗西斯编著:《人性场所:城市开放空间设计导则》,俞孔坚等译,北京:中国建筑工业出版社,2001年,第175页。

扬·盖尔(Jan Gehl)指出："经大大简化,公共空间中的户外活动可以划分为三种类型:必要性活动、自发性活动和社会性活动。每一种活动类型对于物质环境的要求都大不相同。"①必要性活动包括那些多少让人有点不由自主的活动,比如上课、等人和递送材料等,这是人们在不同程度上都要参与的所有活动,大多与步行有关。这些活动是必要的,它们的发生很少受到物质构成的影响,一年四季在各种条件下都可以进行,相对来说与外部环境的关系不大,参与者没有选择的余地。自发性活动包括散步、呼吸新鲜空气、驻足观望有趣的事情和坐下来晒太阳等,只有在人们有参与的意愿,并且在时间、地点可能的情况下才会发生。大部分适合户外的娱乐消遣活动属于这一范畴,这些活动特别有赖于外部的物质条件。社会性活动指的是在公共空间中有赖于他人参与的各种活动,包括儿童游戏、互相打招呼、交谈、各类公共活动和最广泛的社会活动——被动式接触,即仅以视听来感受他人。这些活动可以称为"连锁性活动",因为在大多数情况下,它们都是由另外两类活动发展而来的。人们在同一空间中徜徉、流连,就会自然引发各种社会性活动。这就意味着只要改善公共空间中必要性活动和自发性活动的条件,就会间接地促成社会性活动。三类活动的交织融会和共同作用使得公共空间变得富有生气与魅力。

叶澜在谈到校园环境美时强调,环境美不是各种要素的相加,而是融为一体。她用生气、人气和文气来概括校园环境美的特征。生气是生命的气息,由花草、小路等自然事物体现。校园里不必有奇花异草,但要能看到普通的草和花。人气体现为师生的精神美和朝气。文气是校园文化的具象化。生气、人气和文气相互作用,只有在一个有生气的环境中,才会有人气和文气。

研究者注意到空间质量和儿童行为之间的相关性。他们发现,经过精心设计和组织的空间能促进合作和建设性的行为,减少违纪问题和破坏行为;同

---

① [丹麦]扬·盖尔:《交往与空间》(第4版),何人可译,北京:中国建筑工业出版社,2002年,第13页。

样,随着游戏环境的丰富,更多样的机会和舒适的条件使得游戏行为本身变得更富有活力、更多彩、更有效。①

以上主要存在于班级层面的学科教学中的学习和学生工作中的学习,是一种发生在经过精心设计的环境中的有目的、有计划的学习。相对于这种结构化的学习活动,学校里还存在着大量自我导向的、无计划的非结构化学习活动。这种非结构化的学习活动在班级层面表现在师生之间、同伴之间的个性化交往活动中,在学校层面则表现在同自然物理环境和社会文化氛围的互动过程中。相对于结构化学习的正式性和显在制度性,非结构化学习是一种非正式和隐性的学习活动。

如果把学生个体同环境的关系作为线索,则可以发现学生在学校里同时生活在周围世界、人际世界和自我世界中。“第一个是周围世界,字面意思是‘围绕世界的’;这指的是生物的世界,在我们这个时代通常被称为‘环境’。第二个是人际世界,字面意思是‘和世界的’,这指的是与某人种类相同的存在的世界,某人的同胞的世界。第三个是自我世界,即‘自己的世界’,指的是个人与自己的关系的世界。”②相对于周围世界和人际世界的客观存在性,自我世界是一个主观体验的世界。因为自我世界的存在,学校里相对客观的周围世界和人际世界被转换成一个多姿多彩的可变体,每个学生可以从中获得不同的营养和建构出不尽相同的意义。

二、在家学习

中小学生不仅是学校生活的参与者,还是社区组织、邻里和家庭生活的重要参与者。而且学生的家庭、邻里、社区参与同在校生活和学习质量息息相关。对中小学生而言,家庭不仅是日常生活所需的提供者,而且是初级社会化的重要场所。

---

① ［美］克莱尔·库珀·马库斯、卡罗琳·弗朗西斯编著:《人性场所:城市开放空间设计导则》,第 242 页。

② ［美］罗洛·梅:《存在之发现》,第 135 页。

就前一个方面而言,上学是中小学生的基本职责,就像士兵冲锋陷阵一样,家庭则负责提供后勤保障。这种后勤保障不限于物质生活方面的满足,还包含强有力的情感、社会和智力支持等。其支持愈深、广,其背后的期待愈深切。学生常常背负着家庭的未来和希望。因此,亲子关系首先是一种休戚与共的命运共同体。以一所"新基础教育"研究实验学校三年级某班级的班会活动为例,该次班会的主题是"说一说我们的爸爸妈妈",活动中学生通过照片介绍自己的爸爸妈妈,现场还来了不少学生家长现身说法。家长所从事的职业有建筑工人、导购员、工地技术员、装修工人、驾驶员、水果商贩、厨师、交易员、监控员、废品收购者和工厂负责人等,还有辞职在家专门带孩子的妈妈。三年级学生已经具有换位思考的能力,通过这次亲子沟通,能够真切地理解家长对自身成长的全力支持。

家庭不仅是学生在校学习的延续和支持系统,还承担着独特的社会化教育责任。虽然家庭的结构和规模在现代化过程中经历着重大变化,但是家庭的社会化教育责任一直被认为是理所当然的。在儿童学习社会规则、文化习俗、思想和情感等方面,家庭被认为是相应学习成效的来源和动因。[①] 在上述实验学校二年级某班级的一次班会活动中,活动主题是"爸爸妈妈我想对你说"。学生大多一方面关注家长"每天都抽烟、喝酒"、"光看手机、电脑"、"每天都要上班,上到很晚"、"老是对我凶"、吵架等,以致"没时间陪我玩""休息时也不陪我""不陪我学习";另一方面关注"我说吃什么就做什么""有时会给我买些玩具""暑假总是带我出去玩"等。这些表述既是二年级学生仍处于自我中心阶段的表征,也说明了家长的言传身教与学校教育之间的冲突。联系前述该校三年级某班级的班会活动情况,也说明了代际学习的复杂性。家长既是孩子学习的积极榜样,也可能成为孩子学习的消极榜样。

约翰·杜威认为:"教育哲学必须解决的一个最重要的问题,就是要在非正规的和正规的、偶然的和有意识的教育形式之间保持恰当的平衡。……一

---

① Allison James, *Socialising Children*. Basingstoke: Palgrave Macmillan, 2013, p. 49.

种是人们自觉地学得的知识，因为他们知道这是通过特殊的学习任务学会的，另一种是他们不自觉地学得的知识，因为他们通过和别人的交往，吸取他们的知识，养成自己的品性。避免这两种知识之间的割裂，成为发展专门的学校教育的一个越来越难以处理的任务。"①学生不仅是学校教育和家庭教育的承受者，还是学校教育和家庭教育的重要参与者。作为学校与家庭联系时的中介，在发挥学校教育的长处、弥补家庭教育的缺憾上，中小学生是不可忽视的力量。反之，在发挥家庭教育的长处、弥补学校教育的缺憾上，中小学生也是不可忽视的力量。"新基础教育"研究把培养主动、健康发展的一代理想新人作为教育的共同价值取向，相应地可以提出中小学生如何以自身的主动、健康发展带动周围同伴和师长主动、健康发展的课题。

三、社区学习

家庭和学校无法涵盖中小学生学习时空的全部。在家庭和学校之外，还有接近两者的社区。社区包括邻里空间和组织，以及开放或半开放的公共空间和组织，比如公园、图书馆、博物馆、动物园、社区活动中心和其他社区组织与机构等。社区范围的大小常常与出行工具的便捷正相关。以步行和自行车为主，社区则限于家庭和学校附近；以公交车为主，社区则扩展至公交各站点附近。当今相对便捷的交通工具是汽车，以汽车为交通工具，社区的半径则延伸至汽车可以到达的各条道路沿线。

社区是人与自然、人与人，以及人与自我或灵性等进行交往的场合。若家庭或学校不自由，社区则成为一个怀抱。反之亦然，社区交往不自由，学生则会躲在家里或学校内。社区学习、在家学习和在校学习之间的交互作用，是中小学生学习活动的交响乐。

由于家庭、社区和学校之间的交互作用，学生的学习活动不仅是对家庭和学校生活的适应，还包括对社区生活的适应。适应的速率常常与不同类型

---

① ［美］约翰·杜威：《民主主义与教育》，王承绪译，北京：人民教育出版社，1990年，第10页。

生活的节律和性质以及学生的问题解决能力相关。家庭生活的节律是日出而作、日落而息,每天循环往复,但学生的成长节律也是家庭生活的重要节律。在家学习是学生学习的底色,在这一底色之上的是在校学习和社区学习的亮片。学校生活和家庭生活在每天的节律上多是交错的,又和社区生活在每周的节律上是交错的。学校生活的节律是以每天循环为基础的,但周、月、季、半年、年乃至多年也是学校生活的重要节律。社区生活的节律是以每周循环为基础的,但有些社区活动是以月、季或年为节律的,节庆活动则是每年循环的。

家庭生活是最易适应的,但那些与人生成长相关的家庭节律则需要用一生去适应。学校生活是最有挑战性的,往往是学生学习和发展的聚焦点,每日、每周、每月、每季等都有一些特殊问题需要去应对。社区生活是日常生活中最具自由性的,学生和家长的意愿强度与社区生活质量直接相关。

此外,中小学生的学习活动不仅涉及家庭、学校和社区三个方面,还包含这三个方面之间的统整。他们不能只是单单适应其中一个方面,而是牵一发而动全身,并包含与更大的各种系统的连接。适应也不仅是一个起点,而且包含过程中的磨合和在更高水平上的再适应。

四、远游学习

学校、家庭和社区是中小学生最为切近的生活场所,是他们学习和发展的最为体己的生态圈,是他们朝夕不可离的社会丛林。这个生态圈与较大的生态圈无法切割。学生最为切近的生活场所、最为体己的生态圈或朝夕不可离的社会丛林,往往悬挂在较大的生态圈上,并组成这个较大的生态圈。远游是进入其他人的社会丛林的方式,也是在较大的生态圈上游走的方式。通过远游,其他人的日常生活成为中小学生的非日常生活,他们也得以一窥较大的生态圈的奇异之处。

学生的学习活动常常也是沉浸和远离日常生活的往复过程。沉浸日常生活,可得知足常乐的安全感和确定性状态;远离日常生活,可得从家庭、学校和社区中解脱之感。沉浸与远离日常生活是中小学生学习活动的呼吸运动,也是其学习活动的聚变和裂变过程。

远游学习可以成为在校学习、在家学习和社区学习的新起点。相对于中小学生的在校学习、在家学习和社区学习,远游学习既是对前者的扩展,也是对前者的检验。通过远游学习,学习时空得以转换,远游学习能够成为重新认识周围日常学习的契机。如同自我认识与认识他人存在互动关系一样,学生对远游学习的体验,可以丰富和转化对在校学习、在家学习和社区学习的体验,反之亦然。

以上以中小学生在校学习为切入点,对学生的在家学习、社区学习和远游学习,以及其间的多重关联进行了分析。从上述分析中可以形成以下认识:

第一,每种学习活动都具有不可替代的价值,中小学教育责任相关者应尽可能为中小学生创设学习时空转换的各种机会。以社区学习为例,约翰·杜威指出,"虽然我们说尽家庭和邻里组织的所有不足之处,但是,它们永远是培养民众精神的首要组织。借助于家庭和邻里组织,公民性格得以稳步地形成,公民特有的草根思想得以逐步地确立"①。换言之,民主必须始于公民的家园,而这个家园就是我们邻里的社区。因此,中小学生的社区参与和社区学习具有不可替代的教育价值。相关理论基础涉及约翰·杜威的教育哲学、教育社会学和学习科学等。约翰·杜威的教育哲学和教育社会学主要关注教育与社会、学校与社区的关系,新近的学习科学主要关注学习与参与的关系。在此基础上,需要进一步研究中小学生社区参与和社区学习的组织模型和项目设计。

第二,中小学教育责任相关者应重视各种学习活动之间联结的质量。从生态学的角度来看,不仅要研究中小学生学习活动的多样性,而且要研究这些学习活动之间是如何相互锁定和建构的。D. A. 库伯认为,体验学习过程是一

---

① 转引自［美］理查德·C. 博克斯《公民治理:引领 21 世纪的美国社区》(第 2 版),孙柏瑛等译,北京:中国人民大学出版社,2013 年,第 5 页。

个四阶段的循环过程,其中涉及四个相应的学习环节——具体体验、反思观察、抽象概括和行动应用。① 从学习者的即时具体体验开始,搜集、观察学习者的体验实践,之后对这些资料加以分析,再将结论反馈给学习者,继续为他们的实践所用,以修正他们的行为并选择新的体验,将有效地促进学习者的学习、变化与成长。基于问题的社区学习、社区服务学习、社区公民学习、社区环境教育,基于乡土的教育,基于学科的社区学习、综合性学习,等等,这些学习项目都意在为学生创设一个完整的学习体验过程。

第三,中小学教育责任相关者应尽可能发挥自身教育的优势和中小学生的能动性。如前所述,每种学习活动既有自身的优势,也有劣势。中小学教育责任相关者通过尽可能发挥自身教育的优势,可以把各种优质教育资源联结和整合起来,形成学生学习和发展的优质教育资源圈。优质教育资源生成的路径不仅可以通过教育责任相关者的努力来创建,而且可以通过中小学生的积极能动性来转化生成。在有意义的活动过程中,学生是主体,他们使用头脑,探究观念,解决问题,并应用所学。从参与的程度来看,可以将学生分为三类:(1)主动参与型。这类学生在活动中表现积极,经常发起活动,主动探索,不仅能够努力达到教育责任相关者的要求,而且能够对自己提出更高的要求。(2)被动参与型。这类学生能够努力按照教育责任相关者的要求行动,但缺乏主动性,很少自己发起活动。(3)不参与型。这类学生是活动的旁观者,既不主动,也不努力,甚至经常干扰活动。② 让中小学生进行有意义的参与,目的在于把不参与型或被动参与型学生转化为主动参与型学生,形成学生主动、健康发展的意识与能力,以改变教育责任相关者和学生自身的存在方式。

---

① ［美］D. A. 库伯:《体验学习:让体验成为学习和发展的源泉》,第35页。
② 陈向明编著:《在参与中学习与行动:参与式方法培训指南》,北京:教育科学出版社,2003年,第121页。

第三章　家校社协同的现状

基于"生命·实践"教育学构建教育责任共生体的基本理论,通过实地调研,可以掌握"新基础教育"研究生态区开展家校社协同的实然状态,把握家校社协同中的重点和难点。目前,"生命·实践"教育学派共计在十个生态区开展"新基础教育"研究,其中上海市闵行生态区和江苏省常州生态区是持续开展"新基础教育"研究的两大生态区,至今已有二十多年的研究历史。在这两个老牌生态区中,江苏省常州生态区涉及全市范围,包含了中心城区、城郊和农村三类区域。本章基于在江苏省常州生态区开展的问卷调查呈现"新基础教育"研究生态区开展家校社协同的实然状态。

第一节　家校社协同的生态区现状

对江苏省常州生态区的实地调研包含问卷调查和案例研究等。其中,问卷调查以学校为单位开展抽样调查,以江苏省常州市"新基础教育"研究生态区为抽样范围,选取中心城区、城郊、农村三类区域,每一类中分别选择2—3所"生命·实践"教育学合作研究学校和"新基础教育"研究基地学校①,共计14

---

① "新基础教育"研究实验学校在研究开展初期被称为"联系校",进行了三年左右的研究且通过基地学校评估的学校会被挂牌为"基地校"(全称为"全国'新基础教育'研究基地学校"),之后再经过三年左右的研究并通过评估后会被挂牌为"合作校"(全称为"全国'生命·实践'教育学合作研究学校")。

所学校,如表 3－1 所示;每所学校在最高年级中选取 3 个班级,分别对学生、家长和班主任进行问卷调查(问卷调查材料包见附录)。问卷调查自 2019 年 5 月 29 日开始,2019 年 7 月 1 日完成问卷回收。

一、总体情况

问卷调查在江苏省常州生态区 14 所学校展开,包括 7 所"新基础教育"研究基地学校,7 所"生命·实践"教育学合作研究学校,涉及常州市天宁区、钟楼区、武进区和新北区 4 个市辖区。① 7 所"新基础教育"研究基地学校分别是虹景小学、北郊小学、朝阳新村第二小学、丁堰小学、潞城小学、小河中心小学和西夏墅中心小学。7 所"生命·实践"教育学合作研究学校分别是西新桥实验小学、局前街小学、第二实验小学、戚墅堰东方小学、龙虎塘实验小学、新桥实验小学和薛家中心小学。

表 3－1　常州生态区家校社协同问卷调查抽样情况

	中心城区					城郊				农村			
	合作研究学校			基地学校			合作研究学校		基地学校		合作研究学校		基地学校	
学校数	3 所			3 所			2 所		2 所		2 所		2 所	
学校名称	局前街小学	第二实验小学	西新桥实验小学	虹景小学	朝阳新村第二小学	北郊小学	戚墅堰东方小学	龙虎塘实验小学	丁堰小学	潞城小学	薛家中心小学	新桥实验小学	西夏墅中心小学	小河中心小学
挂牌时间	2012年	2012年	2015年	2014年	2016年	2016年	2015年	2018年	2016年	2016年	2015年	2015年	2015年	2015年
"新基础教育"研究起始时间	2005年	1999年	2007年	2012年	2012年	2012年	2007年	2009年	2012年	2012年	2007年	2007年	2009年	2009年
学校所在区域	天宁区	天宁区	钟楼区	天宁区	天宁区	天宁区	武进区	新北区	武进区	武进区	新北区	新北区	新北区	新北区

---

① 调研期间,常州市共计下辖 5 个区,代管 1 个县级市。

(一)学生的基本情况

本次调查共回收问卷 3 704 份,其中学生问卷 1 851 份、家长问卷 1 811 份、班主任问卷 42 份。全部为有效问卷。①

1. 学生性别和家庭结构

学生性别和家庭结构完整数据 1 797 个,缺失值 54 个。在完整数据中(如表 3 - 2 所示),就性别结构而言,男生 927 人,占 51.59%;女生 870 人,占 48.41%。男生比例略高于女生,与常州市第七次全国人口普查常住人口性别比例十分接近。②

家庭结构可以从两个方面来看,一是横向的同辈结构,二是纵向的代际结构。从同辈结构来看,有独生子女与非独生子女之别。其中,学生中非独生子女多于独生子女。独生子女 867 人,其中男生 488 人,占 56.29%,女生 379 人,占 43.71%;非独生子女 930 人,其中男生 439 人,占 47.20%,女生 491 人,占 52.80%。由此可见,来自非独生子女家庭的学生数多于来自独生子女家庭的学生数。其中,男生更可能来自独生子女家庭,女生更可能来自非独生子女家庭。

表 3 - 2　常州生态区学校学生性别和家庭同辈结构情况

同辈结构	男	女	总计
独生子女	488 人	379 人	867 人
非独生子女	439 人	491 人	930 人

从代际结构来看,如图 3 - 1 所示,来自父母、孩子两代人共同生活的家庭

---

① 第三章中的统计数据部分有缺失的情况。有缺失数据的问卷并非无效问卷。一般以漏答总题数的 2/3 为准,例如有 10 个题项却漏答 6 题以上者即为无效问卷。本次调查中漏答的总题数较少,而且各题项漏答率均较低。

② 常州市第七次全国人口普查公报显示,全市常住人口中,男性人口为 2 711 786 人,占 51.38%;女性人口为 2 566 335 人,占 48.62%。常州市总人口性别比(以女性为 100,男性对女性的比例)由 2010 年常州市第六次全国人口普查的 103.99 上升为 105.67。参见常州市统计局《常州市第七次全国人口普查公报》,2021 年 5 月 20 日。

的学生共 1 280 人,占 68.56%;来自祖辈、父母、孩子三代人共同生活的家庭的学生共 548 人,占 29.35%;来自不与父母任何一方居住,单独与祖辈或亲戚共同生活的家庭的学生共 39 人,占 2.09%。

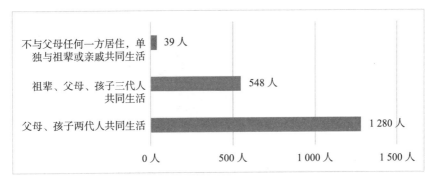

图 3-1　常州生态区学校学生家庭代际结构分布①

2. 学生户籍

学生户籍有非农业与农业、本地与外地之别。如表 3-3 所示,学生户籍以本地非农业居民户籍、外地农业居民户籍居多,分别占总数的 50.11% 和 31.20%。本地户籍学生以非农业居民户籍为主,占 75.80%;外地户籍学生以农业居民户籍为主,占 92.10%。

表 3-3　常州生态区学校学生户籍情况

地域	非农业居民户籍	农业居民户籍	总计
本地	880 人	281 人	1 161 人
外地	47 人	548 人	595 人

(二) 家长的基本情况

1. 家长问卷填写者身份

如图 3-2 所示,家长问卷大部分由学生父母填写,其中父亲 741 人,占

---

① 此题在作答过程中存在多选情况,后文中心城区、城郊、农村学校学生家庭代际结构分布统计数据也存在此类情况。

40.92%;母亲 1 024 人,占 56.54%;没有祖辈填写的情况;由其他亲戚填写的有
8 人;另外有 38 人的问卷未标注填写者身份。

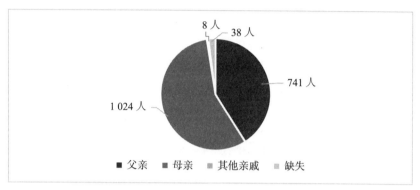

图 3 - 2 常州生态区学校家长问卷填写者身份

2. 学生父母职业和文化程度

就学生父母职业而言,如表 3 - 4 所示,父亲职业占比较多的依次为个体
户、企业/公司一般工作人员和企业/公司中高级管理人员,分别占 23.30%、
17.89% 和 16.45%;母亲职业占比较多的依次为企业/公司一般工作人员、个体
户、生产与制造业一般工作人员。

表 3 - 4 常州生态区学校学生父母职业分布①

职业类型	父亲	母亲	父亲比例	母亲比例
国家机关事业单位领导	15 人	12 人	0.83%	0.66%
国家机关事业单位一般工作人员	67 人	49 人	3.70%	2.71%
企业/公司中高级管理人员	298 人	139 人	16.45%	7.68%
企业/公司一般工作人员	324 人	434 人	17.89%	23.96%
教师、工程师、医生、律师	82 人	89 人	4.53%	4.91%

① 此题在作答过程中存在少量多选或漏答情况,后文中心城区、城郊、农村学校学生父母职业分
布统计数据也存在此类情况。

（续表）

职业类型	父亲	母亲	父亲比例	母亲比例
技术工人（司机等）	183 人	51 人	10.10%	2.82%
生产与制造业一般工作人员	225 人	271 人	12.42%	14.96%
商业与服务业一般工作人员	183 人	51 人	10.10%	2.82%
个体户	422 人	345 人	23.30%	19.05%
农民	33 人	45 人	1.82%	2.48%
无业、失业、下岗	25 人	114 人	1.38%	6.29%
其他	5 人	15 人	0.28%	0.83%

就学生父母文化程度而言，如表 3－5 所示，父母双方学历的分布比较一致，初中学历比例分别为 33.85% 和 34.95%；高中和中专学历比例分别为 29.21% 和 25.90%；硕士研究生及以上学历比例仅分别为 2.26% 和 1.27%。

表 3－5 常州生态区学校学生父母文化程度分布①

文化程度	父亲	母亲	父亲比例	母亲比例
小学	69 人	155 人	3.81%	8.56%
初中	613 人	633 人	33.85%	34.95%
高中和中专	529 人	469 人	29.21%	25.90%
大专	295 人	313 人	16.29%	17.28%
本科	249 人	198 人	13.75%	10.93%
硕士研究生及以上	41 人	23 人	2.26%	1.27%

3. 学生家庭人均年收入和学生家庭教育经费投入

就学生家庭人均年收入而言，如表 3－6 所示，学生家庭人均年收入在 5 万元及以上的占 43.79%。

---

① 此题在作答过程中存在少量多选或漏答情况，后文中心城区、城郊、农村学校学生父母文化程度分布统计数据也存在此类情况。

表3-6 常州生态区学校学生家庭人均年收入分布

学生家庭人均年收入	家庭数	比例
1万元以下	104 个	5.74%
1万元及以上—2万元以下	136 个	7.51%
2万元及以上—3万元以下	148 个	8.17%
3万元及以上—4万元以下	196 个	10.82%
4万元及以上—5万元以下	282 个	15.57%
5万元及以上	793 个	43.79%

就学生家庭教育经费投入而言,如表3-7所示,43.24%的学生家庭将收入的10%—20%投入子女教育,24.08%的学生家庭将收入的20%—30%投入子女教育。家长在子女教育方面的投资力度较大。

表3-7 常州生态区学校学生家庭教育经费投入情况

比例区间	家庭数	比例
10%以下	269 个	14.85%
10%—20%(不包含20%)	783 个	43.24%
20%—30%(不包含30%)	436 个	24.08%
30%—40%(不包含40%)	113 个	6.24%
40%—50%(不包含50%)	49 个	2.71%
50%及以上	1 个	0.06%

二、学生的调查结果

(一)学业情况

主要针对学生每日作业完成情况进行调查。如表3-8所示,大部分学生每日完成作业时间在0.5—1小时,占49.00%。

表 3-8 常州生态区学校学生每日完成作业时间分布

每日完成作业时间	学生数	比例
少于 0.5 小时	103 人	5.56%
0.5—1 小时(不包含 1 小时)	907 人	49.00%
1—1.5 小时(不包含 1.5 小时)	482 人	26.04%
1.5—2 小时(不包含 2 小时)	209 人	11.29%
2 小时及以上	114 人	6.16%

如表 3-9 所示,34.04%的家长很少陪伴孩子做作业,31.12%的家长从不陪伴孩子做作业,只有 8.05%的家长每次都会陪伴孩子做作业。这可能与家长的职业或孩子的作业独立性有关。

表 3-9 常州生态区学校家长陪伴孩子做作业情况

陪伴做作业情况	学生数	比例
从不	576 人	31.12%
很少	630 人	34.04%
经常	463 人	25.01%
全部	149 人	8.05%

如表 3-10 所示,当学生做作业遇到问题时,请教家长是学生的第一选择,占 41.33%,也有 31.28%的学生选择自己解决。学生求助的对象比较有限。

表 3-10 常州生态区学校学生做作业时求助对象分布

求助对象	学生数	比例
自己解决	579 人	31.28%
请教家长	765 人	41.33%
请教其他人	338 人	18.26%
求助软件或网络	101 人	5.46%

(二)情绪体验

在学生的心理状况自我评估中(可以多选),选取了快乐、抑郁和焦虑三个指标来反映学生日常的情绪体验。如表 3-11 所示,学生对快乐情绪体验得较多,对抑郁和焦虑情绪体验得较少,整体心理状况良好。对抑郁和焦虑情绪体验得较多的学生,教师要予以重点关注。

表 3-11 常州生态区学校学生情绪体验分布

频率	快乐	抑郁	焦虑
从不	24 人	1 040 人	783 人
很少	66 人	473 人	555 人
有时	239 人	178 人	292 人
经常	558 人	50 人	87 人
总是	907 人	30 人	63 人

(三)自我期待

1. 学生的学习成绩期待

如表 3-12 所示,学生普遍对学习成绩有较高的期待,超过 70% 的学生期望自己的学习成绩超过班级平均水平,其中 31.28% 的学生期望自己能排班级前五名,47.06% 的学生期望自己能达到班级中上水平。

表 3-12 常州生态区学校学生学习成绩期待分布

学习成绩期待	学生数	比例
班级前五名	579 人	31.28%
班级中上水平	871 人	47.06%
班级平均水平	340 人	18.37%
没有要求	29 人	1.57%

2. 学生的最高学历期待

就学生的最高学历期待而言,如表 3-13 所示,只有 15.88% 的学生选择本

科以下（包括初中、高中、中专/技校/职业高中、大专）作为最高学历期待，
35.33%的学生选择本科作为最高学历期待，27.17%的学生选择博士研究生作
为最高学历期待。

表 3-13　常州生态区学校学生最高学历期待分布

最高学历期待	学生数	比例
本科以下	294 人	15.88%
本科	654 人	35.33%
硕士研究生	335 人	18.10%
博士研究生	503 人	27.17%
无所谓	20 人	1.08%
缺失	5 人	0.27%

3. 学生的职业期待

就学生的职业期待而言，如表 3-14 所示，占比较多的依次为教师、工程
师、医生、律师，占 37.93%；企业/公司中高级管理人员或一般工作人员，占
22.53%；其他和国家机关事业单位，分别占 14.64% 和 13.88%。

表 3-14　常州生态区学校学生职业期待分布

职业期待	学生数	比例
国家机关事业单位	257 人	13.88%
企业/公司中高级管理人员或一般工作人员	417 人	22.53%
教师、工程师、医生、律师	702 人	37.93%
技术工人（司机等）	40 人	2.16%
生产与制造业从业者	23 人	1.24%
商业与服务业从业者	49 人	2.65%
个体户	49 人	2.65%
其他	271 人	14.64%

对比学生父母的职业和文化程度,学生的职业期待和最高学历期待与之反差较大。如前所述,亲子关系是一种休戚与共的命运共同体,学生是家庭的未来和希望。

4. 学生的工作地域期待

就学生的工作地域期待而言,如表 3－15 所示,60.67%的学生选择北京、上海、广州等大城市,16.64%和15.02%的学生分别选择中小城市与国外。

表 3－15 常州生态区学校学生工作地域期待分布

工作地域期待	学生数	比例
农村	14 人	0.76%
中小城市	308 人	16.64%
北京、上海、广州等大城市	1 123 人	60.67%
国外	278 人	15.02%
无所谓	75 人	4.05%
缺失	13 人	0.70%

（四）亲子关系

在亲子关系方面,主要调查了家长和孩子之间的沟通与陪伴情况。根据学生的问卷回答情况,如表 3－16 所示,63.59%的家长经常采纳孩子的建议,只有 2.11%的家长从不采纳孩子的建议。

表 3－16 常州生态区学校家长对孩子建议的采纳情况

采纳情况	学生数	比例
从不	39 人	2.11%
很少	361 人	19.50%
经常	1 177 人	63.59%
全部	243 人	13.13%

在学生遇到问题寻求倾诉对象时(可以多选),如表 3－17 所示,20.37%的

学生表示无人可以倾诉,49.54%的学生选择母亲,远高于选择父亲的比例(35.71%)和祖辈的比例(19.34%)。可以看出,父亲同孩子的沟通有待加强,父亲陪伴孩子的质量有待进一步提升。

表 3-17　常州生态区学校学生平时的倾诉对象分布

倾诉对象	学生数	比例
无人	377 人	20.37%
母亲	917 人	49.54%
父亲	661 人	35.71%
兄弟姐妹	420 人	22.69%
祖辈	358 人	19.34%
其他人	266 人	14.37%

(五)学生课外班情况

1. 学生课外班数量

在课外班数量上,如表 3-18 所示,大多数学生是 1—2 个。

表 3-18　常州生态区学校学生课外班数量分布

课外班数量	学生数	比例
1 个	593 人	32.04%
2 个	396 人	21.39%
3 个	281 人	15.18%
4 个	174 人	9.40%
5 个	82 人	4.43%
超过 5 个	81 人	4.38%

2. 学生课外班类型

在可以多选的课外班类型上,如表 3-19 所示,61.26%的学生课外班类型为学科类(语文、数学、英语等)课外班,特长类课外班类型集中在运动与绘画。

表 3-19　常州生态区学校学生课外班类型分布

课外班类型	学生数	比例
棋类	97 人	5.24%
书法	150 人	8.10%
绘画	358 人	19.34%
音乐	265 人	14.32%
舞蹈	170 人	9.18%
运动	368 人	19.88%
学科类(语文、数学、英语等)	1 134 人	61.26%
其他	209 人	11.29%

2021 年 7 月 24 日,中共中央办公厅、国务院办公厅印发《关于进一步减轻义务教育阶段学生作业负担和校外培训负担的意见》。2021 年 8 月,国务院教育督导委员会办公室印发专门通知,拟对各省"双减"工作落实进度每半月通报一次。近两年来,按照中共中央、国务院决策部署,各地深入开展减轻义务教育阶段学生作业负担和校外培训负担(以下简称"双减")工作,取得了积极成效。由于"双减"政策的实施,学生的课外班情况有了很大改观。

3. 学生课外班时间

在每周课外班时间上,如表 3-20 所示,花费 1—4 小时参加课外班的学生占 45.33%。如表 3-21 所示,持续参加课外班时间在 0.5—1 年的学生也占 45.33%。基本没有学生在学龄前参加课外班,学生参加课外班集中开始于小学中高年段。

表 3-20　常州生态区学校学生每周课外班时间分布

每周课外班时间	学生数	比例
少于 1 小时	188 人	10.16%
1—4 小时	839 人	45.33%
5—9 小时	370 人	19.99%
超过 9 小时	179 人	9.67%

表 3－21　常州生态区学校学生持续参加课外班时间分布

持续参加课外班时间	学生数	比例
少于 0.5 年	188 人	10.16%
0.5—1 年(不包含 1 年)	839 人	45.33%
1—3 年(不包含 3 年)	370 人	19.99%
3—5 年(不包含 5 年)	179 人	9.67%
5 年及以上	3 人	0.16%
缺失值	232 人	12.53%

4. 学生课外班形式和家长陪伴情况

在可以多选的课外班形式上,如表 3－22 所示,大部分学生通过社会教育培训机构参加课外班,占 66.18%;而网络在线学习作为新兴的课外班形式,占 14.10%。

表 3－22　常州生态区学校学生课外班形式分布

课外班形式	学生数	比例
家里	104 人	5.62%
亲戚/邻居家	64 人	3.46%
学校	356 人	19.23%
社会教育培训机构	1 225 人	66.18%
网络在线学习	261 人	14.10%
其他	135 人	7.29%

如表 3－23 所示,50.62%的学生独自上课外班,并没有家长陪伴。这也和学生进入高年级,有一定的自主能力和生活自理能力相关。

表 3－23　常州生态区学校学生参加课外班家长陪伴情况

课外班家长陪伴情况	学生数	比例
独自	937 人	50.62%
父亲	638 人	34.47%

（续表）

课外班家长陪伴情况	学生数	比例
母亲	789 人	42.63%
祖辈	241 人	13.02%
其他人	94 人	5.08%

5. 学生课外班质量

如前所述,学生参与学科类(语文、数学、英语等)课外班的比例要远高于其他课外班类型。而在可以多选的学生喜爱的课外班类型中,如表 3-24 所示,学科类(语文、数学、英语等)课外班受学生喜爱的程度也相对突出。

表 3-24 常州生态区学校学生喜爱的课外班类型分布

课外班类型	学生数	比例
棋类	139 人	7.51%
书法	101 人	5.46%
绘画	376 人	20.31%
音乐	315 人	17.02%
舞蹈	173 人	9.35%
运动	381 人	20.58%
学科类(语文、数学、英语等)	484 人	26.15%
其他	144 人	7.78%

在对参加课外班的效果进行评价时(可以多选),就学生收获最多的课外班类型而言,如表 3-25 所示,选择学科类(语文、数学、英语等)课外班的学生数明显较多,占 48.78%。

表 3-25 常州生态区学校学生收获最多的课外班类型分布

课外班类型	学生数	比例
棋类	83 人	4.48%
书法	106 人	5.73%

（续表）

课外班类型	学生数	比例
绘画	270 人	14.59%
音乐	203 人	10.97%
舞蹈	111 人	6.00%
运动	230 人	12.43%
学科类（语文、数学、英语等）	903 人	48.78%
其他	115 人	6.21%

（六）社区与同伴活动

在学生与同伴的活动内容调查中（可以多选），如表 3－26 所示，选择活动内容为游玩的比例偏高，占 52.57%；其后依次为运动，占 36.25%；做作业，占 30.15%；看课外书，占 23.34%；艺术活动，占 16.32%。

表 3－26　常州生态区学校学生与同伴的活动内容分布

学生与同伴的活动内容	学生数	比例
看课外书	432 人	23.34%
艺术活动	302 人	16.32%
游玩	973 人	52.57%
运动	671 人	36.25%
做作业	558 人	30.15%
其他	302 人	16.32%

三、家长的调查结果

（一）家长的期待

1. 家长对孩子学习成绩的期待

如表 3－27 所示，家长对孩子学习成绩的期待与学生自己对学习成绩的期待分布趋势类似，但期望孩子能达到班级中上水平的家长比例多于学生比例约 8 个百分点(家长比例为 55.05%,学生比例为 47.06%)。总体上来讲,无论是学生还是家长,对学习成绩的期待都是较高的。

表 3 - 27　常州生态区学校家长对孩子学习成绩期待的分布

学习成绩期待	家长数	比例
班级前五名	542 人	29.93%
班级中上水平	997 人	55.05%
班级平均水平	206 人	11.37%
没有要求	33 人	1.82%

2. 家长对孩子最高学历的期待

对比学生自己对最高学历的期待,家长对孩子最高学历的期待更加现实。如表 3 - 28 所示,50.14% 的家长期望孩子能拿到本科学历;家长对孩子最高学历期待为硕士研究生的比例相比学生有上升,为 22.36%;家长对孩子最高学历期待为博士研究生的比例相比学生有下降,为 16.07%。

表 3 - 28　常州生态区学校家长对孩子最高学历期待的分布

最高学历期待	家长数	比例
本科以下	170 人	9.39%
本科	908 人	50.14%
硕士研究生	405 人	22.36%
博士研究生	291 人	16.07%
无所谓	16 人	0.88%

3. 家长对孩子职业的期待

家长对孩子职业的期待与学生自己对职业的期待也比较相似。如表 3 - 29 所示,期望孩子以后当教师、工程师、医生、律师的家长占 51.68%;与学生对自己职业的期待中排名第二的是企业/公司中高级管理人员或一般工作人员不同,家长对孩子职业的期待中排名第二的是国家机关事业单位,占21.26%。

表3-29　常州生态区学校家长对孩子职业期待的分布

职业期待	家长数	比例
国家机关事业单位	385人	21.26%
企业/公司中高级管理人员或一般工作人员	243人	13.42%
教师、工程师、医生、律师	936人	51.68%
技术工人(司机等)	33人	1.82%
生产与制造业从业者	22人	1.21%
商业与服务业从业者	29人	1.60%
个体户	41人	2.26%
其他	91人	5.02%

4. 家长对孩子工作地域的期待

就家长对孩子工作地域的期待而言,如表3-30所示,排名第一的工作地域是北京、上海、广州等大城市,与学生自己对工作地域的期待排名相同,但家长的比例明显下降,为44.56%;家长对孩子工作地域的期待是中小城市的比例相比学生明显上升,为32.74%;家长对孩子工作地域的期待是国外的比例相比学生明显下降,为3.87%;值得注意的是,有15.90%的家长对孩子工作地域的期待是无所谓,可能是尊重孩子的意愿。

表3-30　常州生态区学校家长对孩子工作地域期待的分布

工作地域期待	家长数	比例
农村	4人	0.22%
中小城市	593人	32.74%
北京、上海、广州等大城市	807人	44.56%
国外	70人	3.87%
无所谓	288人	15.90%

（二）家长的态度与行为

1. 教育焦虑

如表 3－31 所示,27.72% 的家长表示比较焦虑,15.07% 的家长表示非常焦虑,显著高于比较不焦虑和非常不焦虑的家长的比例。

表 3－31　常州生态区学校家长教育焦虑情况

教育焦虑	家长数	比例
非常不焦虑	129 人	7.12%
比较不焦虑	249 人	13.75%
一般	609 人	33.63%
比较焦虑	502 人	27.72%
非常焦虑	273 人	15.07%

2. 家长对参与孩子教育的理解

在家长对参与孩子教育的理解上,如表 3－32 所示,76.75% 的家长认为既要在家管教孩子,又要与学校联系;仅有 2.98% 的家长认为参与孩子教育只要家长在家管教孩子。

表 3－32　常州生态区学校家长对参与孩子教育的理解情况

家长对参与孩子教育的理解	家长数	比例
家长在家管教孩子	54 人	2.98%
家长与学校要联系、合作	331 人	18.28%
家长既要在家管教孩子,又要与学校联系	1 390 人	76.75%
不清楚	8 人	0.44%

3. 家长对教育角色的认知

在家长对教育角色的认知上,如表 3－33 所示,74.32% 的家长认为学习方面教师担负主要责任,其他方面家长担负主要责任。这说明在家长的心中,孩子的学习主要是教师的责任。家长在孩子学习方面的参与度需要进一步提升。

表 3 - 33 常州生态区学校家长对教育角色的认知情况

家长对教育角色的认知	家长数	比例
家长担负主要责任,教师次之	391 人	21.59%
教师担负主要责任,家长次之	35 人	1.93%
学习方面教师担负主要责任, 其他方面家长担负主要责任	1 346 人	74.32%

4. 家长的参与程度

从家长与不同对象的互动程度调查数据(如表 3 - 34 所示)可以看出,家长与孩子的互动最多,其中家长与孩子互动较多的比例为 50.58%;而与其他家长的互动则最少,92.49% 的家长很少与其他家长互动。

表 3 - 34 常州生态区学校家长参与程度分布

参与程度	与学校互动	比例	与孩子互动	比例	与其他家长互动	比例	与社会互动	比例
没有	23 人	1.27%	2 人	0.11%	6 人	0.33%	41 人	2.26%
很少	316 人	17.45%	13 人	0.72%	1 675 人	92.49%	352 人	19.44%
一般	741 人	40.92%	174 人	9.61%	599 人	33.08%	752 人	41.52%
较多	520 人	28.71%	916 人	50.58%	712 人	39.32%	501 人	27.66%
非常频繁	164 人	9.06%	659 人	36.39%	271 人	14.96%	117 人	6.46%

由学生参观场馆活动的调查数据(如表 3 - 35 所示)可以看出,学生在半年内(2019 年 1—6 月)进行的场馆参观和学习活动多由学校组织或者家长带领;家长没有陪伴学生参观外地场馆的比例为 29.77%。

从家长对社区活动和家校合作的态度来看,如表 3 - 36 所示,家长对家校合作的热情要远远高于对社区活动的热情,愿意参与家校合作的家长占 66.76%,愿意参与社区活动的家长占 47.98%。社区活动的类型需要改变,社区活动的吸引力需要进一步提升。

表 3-35 常州生态区学校学生半年内(2019 年 1—6 月)参观场馆数分布

场馆数	学校组织	比例	家长陪伴-本地	比例	家长陪伴-外地	比例
0	130 人	7.02%	311 人	16.80%	551 人	29.77%
1	260 人	14.05%	155 人	8.37%	291 人	15.72%
2	515 人	27.82%	256 人	13.83%	290 人	15.67%
3	381 人	20.58%	326 人	17.61%	219 人	11.83%
4	122 人	6.59%	182 人	9.83%	98 人	5.29%
5	58 人	3.13%	103 人	5.56%	64 人	3.46%
5 个以上	321 人	17.34%	480 人	25.93%	285 人	15.40%

表 3-36 常州生态区学校家长对社区活动和家校合作的态度分布

意愿程度	对社区活动的态度	比例	对家校合作的态度	比例
愿意参与	869 人	47.98%	1 209 人	66.76%
比较愿意参与	467 人	25.79%	458 人	25.29%
一般	421 人	23.25%	112 人	6.18%
不愿意参与	20 人	1.10%	0 人	0.00%
非常不愿意参与	7 人	0.39%	5 人	0.27%

家长委员会是家校合作的重要纽带。如表 3-37 所示,参与家长委员会的家长数偏少,只占 9.39%。在家校合作的程度与活动丰富性上,需要更多思考和设计。

表 3-37 常州生态区学校家长参与家长委员会情况

是否参与	家长数	比例
否	1 460 人	80.62%
是	170 人	9.39%

第二节　家校社协同的区域现状

对江苏省常州生态区的问卷调查包含了中心城区、城郊、农村三类区域，每一类中分别选择 2—3 所"生命·实践"教育学合作研究学校和"新基础教育"研究基地学校，其中中心城区的学校 6 所，城郊和农村的学校各 4 所。

一、中心城区学校现状

在常州生态区中心城区，调研了 6 所学校，包括 3 所"新基础教育"研究基地学校，分别是虹景小学、朝阳新村第二小学和北郊小学；3 所"生命·实践"教育学合作研究学校，分别是局前街小学、第二实验小学和西新桥实验小学。

（一）总体情况

本次调查共回收中心城区学校问卷 1 583 份，其中学生问卷 786 份、家长问卷 779 份、班主任问卷 18 份。

1. 学生的基本情况

（1）学生性别和家庭结构

学生性别和家庭结构完整数据 778 个，缺失值 8 个。在完整数据中（如表 3-38 所示），就性别结构而言，男生 404 人，占 51.93%；女生 374 人，占 48.07%。在家庭结构方面，就同辈结构而言，独生子女 457 人，其中男生 246 人，占 53.83%，女生 211 人，占 46.17%；非独生子女 321 人，其中男生 158 人，占 49.22%，女生 163 人，占 50.78%。不同于常州生态区层面学校学生同辈结构分布，中心城区学校来自独生子女家庭的学生数明显多于来自非独生子女家庭的学生数。这种情况在虹景小学和北郊小学以外的 4 所学校中均存在。

从代际结构来看，如图 3-3 所示，来自父母、孩子两代人共同生活的家庭的学生共 526 人，占 66.92%；来自祖辈、父母、孩子三代人共同生活的家庭的学

表 3－38 中心城区学校学生性别和家庭同辈结构情况

同辈结构	男	女	总计
独生子女	246 人	211 人	457 人
非独生子女	158 人	163 人	321 人

生共 248 人,占 31.55%;来自不与父母任何一方居住,单独与祖辈或亲戚共同生活的家庭的学生共 12 人,占 1.53%。

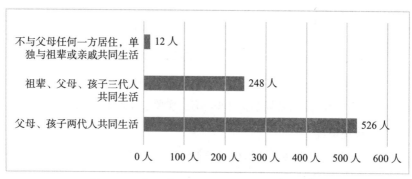

图 3－3 中心城区学校学生家庭代际结构分布

（2）学生户籍

就中心城区学校学生户籍而言,如表 3－39 所示,学生户籍仍以本地非农业居民户籍和外地农业居民户籍为主,分别占总数的 69.88% 和 22.03%。相比常州生态区层面学校,中心城区学校本地非农业居民户籍学生比例比外地非农业居民户籍学生比例高出近 20 个百分点。本地户籍以非农业居民户籍为主,占 92.57%;外地户籍以农业居民户籍为主,占 89.89%。具体而言,3 所合作研究学校学生的户籍集中于本地非农业居民户籍,3 所基地学校学生的户籍集中于本地非农业居民户籍和外地农业居民户籍。

2. 家长的基本情况

（1）家长问卷填写者身份

如图 3－4 所示,家长问卷大部分由学生父母填写,其中父亲 293 人,占

表 3 - 39　中心城区学校学生户籍情况

地域	非农业居民户籍	农业居民户籍	总计
本地	536 人	43 人	579 人
外地	19 人	169 人	188 人

37.61%；母亲 472 人，占 60.59%；没有祖辈填写的情况；由其他亲戚填写的有 3 人；另外有 11 人的问卷未标注填写者身份。

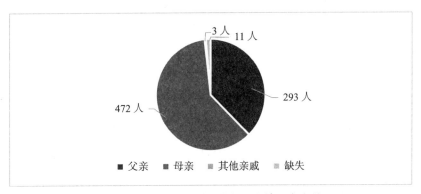

图 3 - 4　中心城区学校家长问卷填写者身份

（2）学生父母职业和文化程度

就中心城区学校学生父母职业而言，如表 3 - 40 所示，父亲职业占比较多的依次为个体户、企业/公司中高级管理人员和企业/公司一般工作人员，分别占 24.90%、21.05% 和 17.84%；母亲职业占比较多的依次为企业/公司一般工作人员和个体户，分别占 23.88% 和 22.98%。

表 3 - 40　中心城区学校学生父母职业分布

职业类型	父亲	母亲	父亲比例	母亲比例
国家机关事业单位领导	11 人	9 人	1.41%	1.16%
国家机关事业单位一般工作人员	49 人	33 人	6.29%	4.24%
企业/公司中高级管理人员	164 人	78 人	21.05%	10.01%

(续表)

职业类型	父亲	母亲	父亲比例	母亲比例
企业/公司一般工作人员	139 人	186 人	17.84%	23.88%
教师、工程师、医生、律师	52 人	61 人	6.68%	7.83%
技术工人(司机等)	62 人	15 人	7.96%	1.93%
生产与制造业一般工作人员	46 人	51 人	5.91%	6.55%
商业与服务业一般工作人员	62 人	15 人	7.96%	1.93%
个体户	194 人	179 人	24.90%	22.98%
农民	6 人	12 人	0.77%	1.54%
无业、失业、下岗	11 人	43 人	1.41%	5.52%
其他	2 人	3 人	0.26%	0.39%

就中心城区学校学生父母文化程度而言,如表3-41所示,父母双方学历的分布大致相同,初中学历比例分别为26.32%和26.83%;高中和中专学历比例分别为25.29%和26.06%;硕士研究生及以上学历仅分别占4.88%和2.57%。相比常州生态区层面学校学生父母,中心城区学校学生父母大专及以上文化程度占比明显提高。具体而言,基地学校家长文化程度集中于初中学历、高中和中专学历,合作研究学校家长文化程度集中于本科学历和大专学历。

表3-41 中心城区学校学生父母文化程度分布

文化程度	父亲	母亲	父亲比例	母亲比例
小学	16 人	40 人	2.05%	5.13%
初中	205 人	209 人	26.32%	26.83%
高中和中专	197 人	203 人	25.29%	26.06%
大专	166 人	165 人	21.31%	21.18%
本科	155 人	138 人	19.90%	17.72%
硕士研究生及以上	38 人	20 人	4.88%	2.57%

（3）学生家庭人均年收入和学生家庭教育经费投入

就中心城区学校学生家庭人均年收入而言,如表3-42所示,有将近一半学生家庭人均年收入在5万元及以上,占48.52%。

表3-42 中心城区学校学生家庭人均年收入分布

学生家庭人均年收入	家长数	比例
1万元以下	27人	3.47%
1万元及以上—2万元以下	43人	5.52%
2万元及以上—3万元以下	50人	6.42%
3万元及以上—4万元以下	54人	6.93%
4万元及以上—5万元以下	98人	12.58%
5万元及以上	378人	48.52%

就中心城区学校学生家庭教育经费投入而言,如表3-43所示,40.18%的学生家庭将收入的10%—20%投入子女教育,21.05%的学生家庭将收入的20%—30%投入子女教育。家长在子女教育方面的投资力度较大。

表3-43 中心城区学校学生家庭教育经费投入情况

比例区间	家长数	比例
10%以下	101人	12.97%
10%—20%(不包含20%)	313人	40.18%
20%—30%(不包含30%)	164人	21.05%
30%—40%(不包含40%)	48人	6.16%
40%—50%(不包含50%)	20人	2.57%
50%及以上	0人	0.00%

（二）学生的调查结果

1. 学业情况

中心城区学校学生的学业情况调查主要针对每日作业完成情况来进行。

如表 3 - 44 所示,大部分学生每日完成作业时间在 0.5—1 小时,占 59.41%,比常州生态区层面学校学生比例提高 10 个百分点。

表 3 - 44　中心城区学校学生每日完成作业时间分布

每日完成作业时间	学生数	比例
少于 0.5 小时	41 人	5.22%
0.5—1 小时(不包含 1 小时)	467 人	59.41%
1—1.5 小时(不包含 1.5 小时)	182 人	23.16%
1.5—2 小时(不包含 2 小时)	66 人	8.40%
2 小时及以上	21 人	2.67%

如表 3 - 45 所示,中心城区学校 32.70% 的家长很少陪伴孩子做作业,32.57% 的家长从不陪伴孩子做作业,只有 10.18% 的家长每次都会陪伴孩子做作业。这可能与家长的职业或孩子的作业独立性有关。

表 3 - 45　中心城区学校家长陪伴孩子做作业情况

陪伴做作业情况	学生数	比例
从不	256 人	32.57%
很少	257 人	32.70%
经常	186 人	23.66%
全部	80 人	10.18%

如表 3 - 46 所示,当中心城区学校学生做作业遇到问题时,请教家长是他们的第一选择,占 44.40%,其次有 31.68% 的学生选择自己解决。学生求助的对象比较有限。

2. 情绪体验

在中心城区学校学生的心理状况自我评估中(可以多选),选取了快乐、抑郁和焦虑三个指标来反映学生日常的情绪体验。如表 3 - 47 所示,中心城区

表 3-46　中心城区学校学生做作业时求助对象分布

求助对象	学生数	比例
自己解决	249 人	31.68%
请教家长	349 人	44.40%
请教其他人	141 人	17.94%
求助软件或网络	38 人	4.83%

学校学生对快乐情绪体验得较多,对抑郁和焦虑情绪体验得较少,整体心理状况良好。对抑郁和焦虑情绪体验得较多的学生,教师要予以重点关注。

表 3-47　中心城区学校学生情绪体验分布

频率	快乐	抑郁	焦虑
从不	5 人	507 人	406 人
很少	22 人	171 人	201 人
有时	67 人	53 人	101 人
经常	190 人	18 人	33 人
总是	489 人	12 人	23 人

3. 自我期待

(1) 学生的学习成绩期待

如表 3-48 所示,中心城区学校学生普遍对学习成绩有较高的期待,超过 80% 的学生期望自己的学习成绩超过班级平均水平,其中 36.01% 的学生期望自己能排班级前五名,47.71% 的学生期望自己能达到班级中上水平。相比常州生态区层面学校学生,中心城区学校学生对学习成绩的期待更高。

(2) 学生的最高学历期待

就中心城区学校学生的最高学历期待而言,如表 3-49 所示,11.20% 的学生选择本科以下(包括初中、高中、中专/技校/职业高中、大专)作为最高学历

表 3－48　中心城区学校学生学习成绩期待分布

学习成绩期待	学生数	比例
班级前五名	283 人	36.01%
班级中上水平	375 人	47.71%
班级平均水平	115 人	14.63%
没有要求	7 人	0.89%

期待,34.22%的学生选择博士研究生作为最高学历期待,29.90%的学生选择本科作为最高学历期待。相比常州生态区层面学校学生,中心城区学校学生对最高学历的期待更高。

表 3－49　中心城区学校学生最高学历期待分布

最高学历期待	学生数	比例
本科以下	88 人	11.20%
本科	235 人	29.90%
硕士研究生	174 人	22.14%
博士研究生	269 人	34.22%
无所谓	6 人	0.76%

（3）学生的职业期待

就中心城区学校学生的职业期待而言,如表 3－50 所示,学生对教师、工程师、医生、律师职业的期待占 38.17%,学生对企业/公司中高级管理人员或一般工作人员职业的期待占 23.28%,学生对其他职业和国家机关事业单位职业的期待分别占 15.90%和 14.38%。

表 3－50　中心城区学校学生职业期待分布

职业期待	学生数	比例
国家机关事业单位	113 人	14.38%
企业/公司中高级管理人员或一般工作人员	183 人	23.28%

（续表）

职业期待	学生数	比例
教师、工程师、医生、律师	300 人	38.17%
技术工人（司机等）	13 人	1.65%
生产与制造业从业者	8 人	1.02%
商业与服务业从业者	15 人	1.91%
个体户	17 人	2.16%
其他	125 人	15.90%

（4）学生的工作地域期待

就中心城区学校学生的工作地域期待而言，如表 3-51 所示，64.76% 的学生选择北京、上海、广州等大城市，12.47% 和 17.94% 的学生分别选择中小城市与国外，2.93% 的学生认为工作地域无所谓，只有 0.13% 的学生选择农村。

表 3-51　中心城区学校学生工作地域期待分布

工作地域期待	学生数	比例
农村	1 人	0.13%
中小城市	98 人	12.47%
北京、上海、广州等大城市	509 人	64.76%
国外	141 人	17.94%
无所谓	23 人	2.93%

4. 亲子关系

在亲子关系方面，主要调查了家长和孩子之间的沟通与陪伴情况。根据中心城区学校学生的问卷回答情况，如表 3-52 所示，65.52% 的家长经常采纳孩子的建议，只有 1.02% 的家长从不采纳孩子的建议。

表 3－52　中心城区学校家长对孩子建议的采纳情况

采纳情况	学生数	比例
从不	8 人	1.02%
很少	122 人	15.52%
经常	515 人	65.52%
全部	135 人	17.18%

在中心城区学校学生遇到问题寻求倾诉对象时(可以多选),如表 3－53 所示,15.78% 的学生表示无人可以倾诉,52.54% 的学生选择母亲,远高于选择父亲的比例(39.31%)和祖辈的比例(19.59%)。可以看出,父亲同孩子的沟通有待加强,父亲陪伴孩子的质量有待进一步提升。

表 3－53　中心城区学校学生平时的倾诉对象分布

倾诉对象	学生数	比例
无人	124 人	15.78%
母亲	413 人	52.54%
父亲	309 人	39.31%
兄弟姐妹	156 人	19.85%
祖辈	154 人	19.59%
其他人	82 人	10.43%

5. 学生课外班情况

(1) 学生课外班数量

就中心城区学校学生课外班数量而言,如表 3－54 所示,大多数学生课外班数量为 1—2 个。相比常州生态区层面学校学生课外班数量,中心城区学校学生参加 1 个课外班的比例较低,参加 2 个课外班的比例相当,参加 3 个及以上课外班的比例较高。具体而言,基地学校学生课外班数量大多是 1—2 个;合作研究学校学生课外班数量大多是 1—4 个,其中局前街小学参加 3 个及以上课外班的学生比例超过 80%。

表 3 - 54 中心城区学校学生课外班数量分布

课外班数量	学生数	比例
1 个	197 人	25.06%
2 个	169 人	21.50%
3 个	127 人	16.16%
4 个	99 人	12.60%
5 个	55 人	7.00%
超过 5 个	62 人	7.89%

(2)学生课外班类型

在中心城区学校学生课外班类型上(可以多选),如表 3 - 55 所示,67.68% 的学生选择学科类(语文、数学、英语等)课外班,相比常州生态区层面学校学生,比例更高;特长类课外班类型集中在绘画与运动。

表 3 - 55 中心城区学校学生课外班类型分布

课外班类型	学生数	比例
棋类	39 人	4.96%
书法	71 人	9.03%
绘画	197 人	25.06%
音乐	143 人	18.19%
舞蹈	77 人	9.80%
运动	171 人	21.76%
学科类(语文、数学、英语等)	532 人	67.68%
其他	116 人	14.76%

（3）学生课外班时间

在中心城区学校学生每周课外班时间上,如表3-56所示,花费1—4小时参加课外班的学生占44.02%。其中,局前街小学的学生每周花费5—9个小时参加课外班的比例为39.68%。如表3-57所示,44.02%的学生持续参加课外班的时间为0.5—1年。基本没有学生在学龄前参加课外班,学生参加课外班集中开始于小学中高年段。

表3-56 中心城区学校学生每周课外班时间

每周课外班时间	学生数	比例
少于1小时	67人	8.52%
1—4小时	346人	44.02%
5—9小时	182人	23.16%
超过9小时	103人	13.10%

表3-57 中心城区学校学生持续参加课外班时间

持续参加课外班时间	学生数	比例
少于0.5年	67人	8.52%
0.5—1年(不包含1年)	346人	44.02%
1—3年(不包含3年)	182人	23.16%
3—5年(不包含5年)	103人	13.10%
5年及以上	1人	0.13%
缺失值	80人	10.18%

（4）学生课外班形式和家长陪伴情况

在中心城区学校学生课外班形式上(可以多选),如表3-58所示,大部分学生通过社会教育培训机构参加课外班,比例达到了75.45%,与社会普遍现状较为一致;而网络在线学习作为新兴的课外班形式,目前有20.87%的中心城区学校学生采用。

表 3-58 中心城区学校学生课外班形式分布

课外班形式	学生数	比例
家里	54 人	6.87%
亲戚/邻居家	20 人	2.54%
学校	156 人	19.85%
社会教育培训机构	593 人	75.45%
网络在线学习	164 人	20.87%
其他	49 人	6.23%

如表 3-59 所示,中心城区学校 52.93%的学生独自参加课外班,并没有家长陪伴。这也和学生进入高年级,有一定的自主能力和生活自理能力相关。

表 3-59 中心城区学校学生参加课外班家长陪伴情况

课外班家长陪伴情况	学生数	比例
独自	416 人	52.93%
父亲	315 人	40.08%
母亲	397 人	50.51%
祖辈	131 人	16.67%
其他人	29 人	3.69%

(5) 学生课外班质量

如前所述,中心城区学校学生参加学科类(语文、数学、英语等)课外班的比例要远高于其他课外班类型。而在可以多选的学生喜爱的课外班类型中,如表 3-60 所示,学科类(语文、数学、英语等)课外班受中心城区学校学生喜爱的程度也相对比较突出。

表 3 - 60　中心城区学校学生喜爱的课外班类型分布

课外班类型	学生数	比例
棋类	49 人	6.23%
书法	41 人	5.22%
绘画	184 人	23.41%
音乐	140 人	17.81%
舞蹈	72 人	9.16%
运动	148 人	18.83%
学科类(语文、数学、英语等)	236 人	30.03%
其他	75 人	9.54%

在对中心城区学校学生参加课外班的效果进行评价时(可以多选),就学生收获最多的课外班类型而言,如表 3 - 61 所示,选择学科类(语文、数学、英语等)课外班的学生数明显较多,占 55.60%。

表 3 - 61　中心城区学校学生收获最多的课外班类型分布

课外班类型	学生数	比例
棋类	29 人	3.69%
书法	53 人	6.74%
绘画	130 人	16.54%
音乐	92 人	11.70%
舞蹈	45 人	5.73%
运动	87 人	11.07%
学科类(语文、数学、英语等)	437 人	55.60%
其他	60 人	7.63%

6. 社区与同伴活动

在中心城区学校学生与同伴的活动内容调查中(可以多选),如表 3 - 62 所示,选择活动内容为游玩的比例偏高,占48.47%;其后依次为运动,占37.02%;做作业,占33.59%;看课外书,占27.74%;艺术活动,占21.12%;其他,占21.12%。

表3-62　中心城区学校学生与同伴的活动内容分布

与同伴的活动内容	学生数	比例
看课外书	218 人	27.74%
艺术活动	166 人	21.12%
游玩	381 人	48.47%
运动	291 人	37.02%
做作业	264 人	33.59%
其他	166 人	21.12%

（三）家长的调查结果

1. 家长的期待

（1）家长对孩子学习成绩的期待

如表3-63所示,中心城区学校家长对孩子学习成绩的期待与学生自己对学习成绩的期待分布趋势类似,但期望孩子能达到班级中上水平的家长比例多于学生比例10个百分点（家长比例为58.02%,孩子比例为47.71%）。总体上来讲,无论是学生还是家长,对学习成绩的期待都是较高的。

表3-63　中心城区学校家长对孩子学习成绩期待的分布

学习成绩期待	家长数	比例
班级前五名	232 人	29.78%
班级中上水平	452 人	58.02%
班级平均水平	76 人	9.76%
没有要求	14 人	1.80%

（2）家长对孩子最高学历的期待

对比中心城区学校学生自己对最高学历的期待,中心城区学校家长对孩子最高学历的期待更加现实。如表 3 - 64 所示,47.88% 的家长期望孩子能拿到本科学历,家长对孩子最高学历期待为硕士研究生和博士研究生的比例分别是 29.01% 和 16.94%。

表 3 - 64　中心城区学校家长对孩子最高学历期待的分布

最高学历期待	家长数	比例
本科以下	36 人	4.62%
本科	373 人	47.88%
硕士研究生	226 人	29.01%
博士研究生	132 人	16.94%
无所谓	9 人	1.16%

(3) 家长对孩子职业的期待

中心城区学校家长对孩子职业的期待与学生自己对职业的期待比较相似。如表 3 - 65 所示,期望孩子以后当教师、工程师、医生、律师的家长比例超过半数,达到了 52.63%;与学生自己对职业的期待中排名第二的是企业/公司中高级管理人员或一般工作人员不同,家长对孩子职业的期待中排名第二的是国家机关事业单位,占 20.28%。

表 3 - 65　中心城区学校家长对孩子职业期待的分布

职业期待	家长数	比例
国家机关事业单位	158 人	20.28%
企业/公司中高级管理人员或一般工作人员	113 人	14.51%
教师、工程师、医生、律师	410 人	52.63%
技术工人(司机等)	5 人	0.64%
生产与制造业从业者	5 人	0.64%
商业与服务业从业者	13 人	1.67%
个体户	12 人	1.54%
其他	54 人	6.93%

（4）家长对孩子工作地域的期待

就中心城区学校家长对孩子工作地域的期待而言,如表3-66所示,排名第一的工作地域是北京、上海、广州等大城市,与学生自己对工作地域的期待排名相同,但家长的比例明显下降,为47.63%;家长对孩子工作地域的期待是中小城市的比例相比学生明显上升,为30.68%;家长对孩子工作地域的期待是国外的比例相比学生明显下降,为4.49%;值得注意的是,有16.17%的家长对孩子工作地域的期待是无所谓,可能是家长尊重孩子的意愿。

表3-66　中心城区学校家长对孩子工作地域期待的分布

工作地域期待	家长数	比例
农村	1人	0.13%
中小城市	239人	30.68%
北京、上海、广州等大城市	371人	47.63%
国外	35人	4.49%
无所谓	126人	16.17%

2. 家长的态度与行为

（1）教育焦虑

如表3-67所示,中心城区学校28.63%的家长表示比较焦虑,12.84%的家长表示非常焦虑,只有8.47%的家长表示非常不焦虑。

表3-67　中心城区学校家长教育焦虑情况

教育焦虑	家长数	比例
非常不焦虑	66人	8.47%
比较不焦虑	104人	13.35%
一般	276人	35.43%
比较焦虑	223人	28.63%
非常焦虑	100人	12.84%

(2) 家长对参与孩子教育的理解

在中心城区学校家长对参与孩子教育的理解上,如表 3-68 所示,80.10% 的家长认为既要在家管教孩子,又要与学校联系;仅有 1.41% 的家长认为参与孩子教育只要家长在家管教孩子。

表 3-68 中心城区学校家长对参与孩子教育的理解情况

家长对参与孩子教育的理解	家长数	比例
家长在家要管教孩子	11 人	1.41%
家长与学校要联系、合作	137 人	17.59%
家长既要在家管教孩子,又要与学校联系	624 人	80.10%
不清楚	2 人	0.26%

(3) 家长对教育角色的认知

在中心城区学校家长对教育角色的认知上,如表 3-69 所示,70.35% 的家长认为学习方面教师担负主要责任,其他方面家长担负主要责任。这说明在家长的心中,孩子的学习主要是教师的责任。家长在孩子学习方面的参与度需要进一步提升。

表 3-69 中心城区学校家长对教育角色的认知情况

家长对教育角色的认知	家长数	比例
家长担负主要责任,教师次之	209 人	26.83%
教师担负主要责任,家长次之	13 人	1.67%
学习方面教师担负主要责任,其他方面家长担负主要责任	548 人	70.35%

(4) 家长的参与程度

从中心城区学校家长与不同对象的互动程度调查数据(如表 3-70 所示)可以看出,家长与孩子的互动最多,其中家长与孩子互动较多的比例达到了 51.86%;而与其他家长的互动则最少,95.89% 的家长很少与其他家长互动。

表 3 - 70　中心城区学校家长参与程度分布

参与 程度	与学校 互动	比例	与孩子 互动	比例	与其他 家长互动	比例	与社会 互动	比例
没有	9 人	1.16%	1 人	0.13%	1 人	0.13%	6 人	0.77%
很少	128 人	16.43%	0 人	0.00%	747 人	95.89%	129 人	16.56%
一般	308 人	39.54%	63 人	8.09%	232 人	29.78%	336 人	43.13%
较多	239 人	30.68%	404 人	51.86%	348 人	44.67%	245 人	31.45%
非常频繁	89 人	11.42%	306 人	39.28%	139 人	17.84%	58 人	7.45%

如表 3 - 71 所示,中心城区学校学生在半年内(2019 年 1—6 月)进行的场馆参观和学习活动多由学校组织或者家长带领;家长没有陪伴学生参观外地场馆的比例达到了 27.74%。

表 3 - 71　中心城区学校学生半年内(2019 年 1—6 月)参观场馆数分布

参观场 馆数	学校 组织	比例	家长陪伴- 本地	比例	家长陪伴- 外地	比例
0 个	54 人	6.87%	116 人	14.76%	218 人	27.74%
1 个	110 人	13.99%	60 人	7.63%	131 人	16.67%
2 个	162 人	20.61%	98 人	12.47%	129 人	16.41%
3 个	199 人	25.32%	127 人	16.16%	93 人	11.83%
4 个	59 人	7.51%	87 人	11.07%	32 人	4.07%
5 个	9 人	1.15%	30 人	3.82%	16 人	2.04%
5 个以上	171 人	21.76%	252 人	32.06%	151 人	19.21%

从中心城区学校家长对社区活动和家校合作的态度来看,如表 3 - 72 所示,家长对家校合作的热情要远远高于对社区活动的热情,愿意参与家校合作的家长占 69.70%,愿意参与社区活动的家长占 44.67%。社区活动的类型需要改变,社区活动的吸引力需要进一步提升。

表3-72 中心城区学校家长对社区活动和家校合作的态度分布

意愿程度	对社区活动的态度	比例	对家校合作的态度	比例
愿意参与	348 人	44.67%	543 人	69.70%
比较愿意参与	209 人	26.83%	193 人	24.78%
一般	203 人	26.06%	34 人	4.36%
不愿意参与	9 人	1.16%	0 人	0.00%
非常不愿意参与	4 人	0.51%	1 人	0.13%

家长委员会是家校合作的重要纽带。如表3-73所示,中心城区学校家长参与家长委员会的人数偏少,只占10.78%。但是不同学校之间差异很大,比例最少的仅有2.22%。北郊小学家长参与家长委员会的比例相对较大,占21.77%。

表3-73 中心城区学校家长参与家长委员会情况

是否参与	家长数	比例
否	641 人	82.28%
是	84 人	10.78%

二、城郊学校现状

在常州生态区城郊,调研了4所学校,包括2所"新基础教育"研究基地学校,分别是丁堰小学和潞城小学;2所"生命·实践"教育学合作研究学校,分别是戚墅堰东方小学和龙虎塘实验小学。

(一)总体情况

本次调查共回收城郊学校问卷1 040份,其中学生问卷520份、家长问卷508份、班主任问卷12份。

1. 学生的基本情况

(1)学生性别和家庭结构

学生性别和家庭结构完整数据507个,缺失值13个。在完整数据中(如表

3－74 所示），就性别结构而言，男生 249 人，占 49.11%；女生 258 人，占 50.89%。在家庭结构方面，就同辈结构而言，独生子女 205 人，其中男生 118 人，占 57.56%，女生 87 人，占 42.44%；非独生子女 302 人，其中男生 131 人，占 43.38%，女生 171 人，占 56.62%。相比中心城区学校，城郊学校来自非独生子女家庭的学生数明显多于来自独生子女家庭的学生数，并且来自独生子女家庭的男生与来自非独生子女家庭的女生比例相当，来自非独生子女家庭的男生与来自独生子女家庭的女生比例相当。具体而言，除了戚墅堰东方小学，潞城小学、丁堰小学和龙虎塘实验小学的非独生子女数量远多于独生子女数量。

表 3－74　城郊学校学生性别和家庭同辈结构情况

同辈结构	男	女	总计
独生子女	118 人	87 人	205 人
非独生子女	131 人	171 人	302 人

从代际结构来看，如图 3－5 所示，来自父母、孩子两代人共同生活的家庭的学生共 405 人，占 77.88%；来自祖辈、父母、孩子三代人共同生活的家庭的学生共 106 人，占 20.38%；来自不与父母任何一方居住，单独与祖辈或亲戚共同生活的家庭的学生共 9 人，占 1.73%。相比中心城区学校学生家庭，城郊学校学生家庭代际结构中两代人共同生活的比例更高，而三代人共同生活的比例更低。

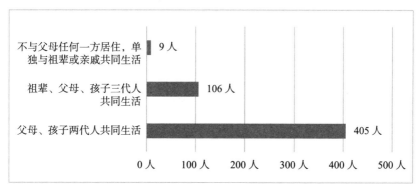

图 3－5　城郊学校学生家庭代际结构分布

（2）学生户籍

就城郊学校学生户籍而言,如表 3 - 75 所示,学生户籍以本地非农业居民户籍和外地农业居民户籍为主,分别占总数的 46.34% 和 40.85%。本地户籍以非农业居民户籍为主,占 82.01%;外地户籍以农业居民户籍为主,占 93.93%。相比常州生态区层面学校和中心城区学校,城郊学校本地非农业居民户籍学生比例与外地农业居民户籍学生比例比较接近。具体而言,潞城小学和丁堰小学本地非农业居民户籍学生数少于外地农业居民户籍学生数,戚墅堰东方小学和龙虎塘实验小学本地非农业居民户籍学生数多于外地农业居民户籍学生数。

表 3 - 75 城郊学校学生户籍情况

地域	非农业居民户籍	农业居民户籍	总计
本地	228 人	50 人	278 人
外地	13 人	201 人	214 人

2. 家长的基本情况

（1）家长问卷填写者身份

如图 3 - 6 所示,家长问卷大部分由学生父母填写,其中父亲 226 人,占 44.49%;母亲 271 人,占 53.35%;没有祖辈填写的情况;由其他亲戚填写的有 4 人;另外有 7 人的问卷未标注填写者身份。

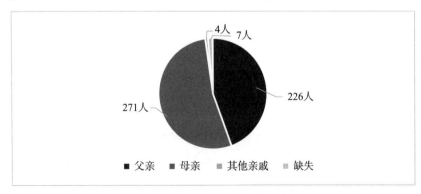

图 3 - 6 城郊学校家长问卷填写者身份

（2）学生父母职业和文化程度

就城郊学校学生父母职业而言,如表 3–76 所示,父母双方职业分布比较一致,占比最多的职业均为生产与制造业一般工作人员,分别占 18.90% 与 25.20%;其次为企业/公司一般工作人员,分别占 17.72% 与 22.83%;再次为个体户,分别占 17.13% 与 13.19%。相比中心城区学校学生父母,城郊学校学生父母职业中的生产与制造业一般工作人员比例明显上升,而企业/公司中高级管理人员比例退出前三名。

表 3–76　城郊学校学生父母职业分布

职业类型	父亲	母亲	父亲比例	母亲比例
国家机关事业单位领导	3 人	2 人	0.59%	0.39%
国家机关事业单位一般工作人员	11 人	8 人	2.17%	1.57%
企业/公司中高级管理人员	71 人	31 人	13.98%	6.10%
企业/公司一般工作人员	90 人	116 人	17.72%	22.83%
教师、工程师、医生、律师	16 人	12 人	3.15%	2.36%
技术工人(司机等)	72 人	21 人	14.17%	4.13%
生产与制造业一般工作人员	96 人	128 人	18.90%	25.20%
商业与服务业一般工作人员	72 人	21 人	14.17%	4.13%
个体户	87 人	67 人	17.13%	13.19%
农民	9 人	9 人	1.77%	1.77%
无业、失业、下岗	6 人	32 人	1.18%	6.30%
其他	2 人	4 人	0.39%	0.79%

就城郊学校学生父母文化程度而言,如表 3–77 所示,父母双方学历的分布大致相同,初中学历比例分别为 41.34% 和 41.54%;高中和中专学历比例分别为 29.53% 和 23.03%。相比中心城区学校学生父母,城郊学校学生父母文化程度明显较低。

表 3 - 77 城郊学校学生父母文化程度分布

文化程度	父亲	母亲	父亲比例	母亲比例
小学	30 人	70 人	5.91%	13.78%
初中	210 人	211 人	41.34%	41.54%
高中和中专	150 人	117 人	29.53%	23.03%
大专	66 人	77 人	12.99%	15.16%
本科	46 人	29 人	9.06%	5.71%
硕士研究生及以上	3 人	1 人	0.59%	0.20%
缺失	3 人	3 人	0.59%	0.59%

(3)学生家庭人均年收入和学生家庭教育经费投入

就城郊学校学生家庭人均年收入而言,如表 3 - 78 所示,38.19%的学生家庭人均年收入在 5 万元及以上。相比中心城区学校学生家庭,城郊学校学生家庭人均年收入在 5 万元及以上的比例降低约 10 个百分点。

表 3 - 78 城郊学校学生家庭人均年收入分布

学生家庭人均年收入	家长数	比例
1 万元以下	40 人	7.87%
1 万元及以上—2 万元以下	50 人	9.84%
2 万元及以上—3 万元以下	60 人	11.81%
3 万元及以上—4 万元以下	70 人	13.78%
4 万元及以上—5 万元以下	81 人	15.94%
5 万元及以上	194 人	38.19%

就城郊学校学生家庭教育经费投入而言,如表 3 - 79 所示,44.69%的学生

家庭将收入的 10%—20% 投入子女教育,26.97% 的学生家庭将收入的 20%—30% 投入子女教育。家长在子女教育方面的投资力度较大。

表 3-79　城郊学校学生家庭教育经费投入情况

比例区间	家长数	比例
10% 以下	83 人	16.34%
10%—20%(不包含 20%)	227 人	44.69%
20%—30%(不包含 30%)	137 人	26.97%
30%—40%(不包含 40%)	30 人	5.91%
40%—50%(不包含 50%)	16 人	3.15%
50% 及以上	0 人	0.00%

(二)学生的调查结果

1. 学业情况

城郊学校学生的学业情况调查主要针对每日作业完成情况来进行。如表 3-80 所示,大部分学生每日完成作业时间在 0.5—1 小时,占 37.88%。

表 3-80　城郊学校学生每日完成作业时间分布

每日完成作业时间	学生数	比例
少于 0.5 小时	23 人	4.42%
0.5—1 小时(不包含 1 小时)	197 人	37.88%
1—1.5 小时(不包含 1.5 小时)	157 人	30.19%
1.5—2 小时(不包含 2 小时)	79 人	15.19%
2 小时及以上	52 人	10.00%

如表 3-81 所示,城郊学校 28.46% 的家长从不陪伴孩子做作业,38.27% 的家长很少陪伴孩子做作业,只有 5.19% 的家长每次都会陪伴孩子做作业。

这可能与家长的职业或者孩子的作业独立性有关。

表 3-81 城郊学校家长陪伴孩子做作业情况

陪伴做作业情况	学生数	比例
从不	148 人	28.46%
很少	199 人	38.27%
经常	137 人	26.35%
全部	27 人	5.19%

如表 3-82 所示,当城郊学校学生做作业遇到问题时,38.08%的学生选择自己解决;请教家长是他们的第二选择,占 36.54%;17.31%的学生选择请教其他人。其中,戚墅堰东方小学的学生选择自己解决的比例高达 50%。相比常州生态区层面学校学生和中心城区学校学生,城郊学校学生做作业时的求助对象前两名排序明显不同。

表 3-82 城郊学校学生做作业时求助对象分布

求助对象	学生数	比例
自己解决	198 人	38.08%
请教家长	190 人	36.54%
请教其他人	90 人	17.31%
求助软件或网络	26 人	5.00%

2. 情绪体验

在城郊学校学生的心理状况自我评估中(可以多选),选取了快乐、抑郁和焦虑三个指标来反映学生日常的情绪体验。如表 3-83 所示,城郊学校学生对快乐情绪体验得较多,对抑郁和焦虑情绪体验得较少,整体心理状况良好。对抑郁和焦虑情绪体验得较多的学生,教师要予以重点关注。

表 3‑83　城郊学校学生情绪体验分布

频率	快乐	抑郁	焦虑
从不	8 人	271 人	183 人
很少	19 人	153 人	182 人
有时	82 人	63 人	98 人
经常	180 人	14 人	25 人
总是	220 人	6 人	18 人

3. 自我期待

（1）学生的学习成绩期待

如表 3‑84 所示,城郊学校学生普遍对学习成绩有较高的期待,大多数学生期望自己的学习成绩超过班级平均水平,其中 28.85% 的学生期望自己能排班级前五名,48.85% 的学生期望自己能达到班级中上水平。相比常州生态区层面学校学生和中心城区学校学生,城郊学校学生期望自己能排班级前五名的比例较低。

表 3‑84　城郊学校学生学习成绩期待分布

学习成绩期待	学生数	比例
班级前五名	150 人	28.85%
班级中上水平	254 人	48.85%
班级平均水平	92 人	17.69%
没有要求	12 人	2.31%

（2）学生的最高学历期待

就城郊学校学生的最高学历期待而言,如表 3‑85 所示,15.00% 的学生选择本科以下(包括初中、高中、中专/技校/职业高中、大专)作为最高学历期待,38.65% 的学生选择本科作为最高学历期待,25.96% 的学生选择博士研究生作为最高学历期待。城郊学校学生对最高学历的期待与常州生态区层面学校学生较为一致。

表 3-85   城郊学校学生最高学历期待分布

最高学历期待	学生数	比例
本科以下	78 人	15.00%
本科	201 人	38.65%
硕士研究生	87 人	16.73%
博士研究生	135 人	25.96%
无所谓	9 人	1.73%

（3）学生的职业期待

就城郊学校学生的职业期待而言，如表 3-86 所示，学生对教师、工程师、医生、律师职业的期待占 35.77%，学生对企业/公司中高级管理人员或一般工作人员职业的期待占 21.73%。城郊学校学生对职业的期待与中心城区学校学生较为一致。

表 3-86   城郊学校学生职业期待分布

职业期待	学生数	比例
国家机关事业单位	76 人	14.62%
企业/公司中高级管理人员或一般工作人员	113 人	21.73%
教师、工程师、医生、律师	186 人	35.77%
技术工人（司机等）	13 人	2.50%
生产与制造业从业者	6 人	1.15%
商业与服务业从业者	10 人	1.92%
个体户	17 人	3.27%
其他	87 人	16.73%
缺失	0 人	0.00%

（4）学生的工作地域期待

就城郊学校学生的工作地域期待而言,如表 3 - 87 所示,56.92% 的学生选择北京、上海、广州等大城市,选择中小城市与国外的学生分别占 19.81% 和 12.50%。

表 3 - 87　城郊学校学生工作地域期待分布

工作地域期待	学生数	比例
农村	4 人	0.77%
中小城市	103 人	19.81%
北京、上海、广州等大城市	296 人	56.92%
国外	65 人	12.50%
无所谓	37 人	7.12%

4. 亲子关系

在亲子关系方面,主要调查了家长和孩子之间的沟通与陪伴情况。根据城郊学校学生的问卷回答情况,如表 3 - 88 所示,64.62% 的家长经常采纳孩子的建议,只有 2.50% 的家长从不采纳孩子的建议。

表 3 - 88　城郊学校家长对孩子建议的采纳情况

采纳情况	学生数	比例
从不	13 人	2.50%
很少	114 人	21.92%
经常	336 人	64.62%
全部	47 人	9.04%

在城郊学校学生遇到问题寻求倾诉对象时(可以多选),如表 3 - 89 所示,26.73% 的学生表示无人可以倾诉,44.81% 的学生选择母亲,远高于选择父亲的比例(30.96%)和祖辈的比例(17.50%)。可以看出,父亲同孩子的沟通有待加强,父亲陪伴孩子的质量有待进一步提升。

表 3－89　城郊学校学生平时的倾诉对象分布

倾诉对象	学生数	比例
无人	139 人	26.73%
母亲	233 人	44.81%
父亲	161 人	30.96%
兄弟姐妹	126 人	24.23%
祖辈	91 人	17.50%
其他人	92 人	17.69%

5. 学生课外班情况

（1）学生课外班数量

就城郊学校学生课外班数量而言，如表 3－90 所示，大多数学生课外班数量为 1—2 个。相比中心城区学校学生课外班数量，城郊学校学生参加 1 个课外班的比例高了近 10 个百分点。

表 3－90　城郊学校学生课外班数量分布

课外班数量	学生数	比例
1 个	187 人	35.96%
2 个	114 人	21.92%
3 个	75 人	14.42%
4 个	40 人	7.69%
5 个	13 人	2.50%
超过 5 个	7 人	1.35%

（2）学生课外班类型

在城郊学校学生课外班类型上（可以多选），如表 3－91 所示，55.77%的学生选择学科类（语文、数学、英语等）课外班，特长类课外班类型集中在运动与绘画。

表 3-91　城郊学校学生课外班类型分布

课外班类型	学生数	比例
棋类	23 人	4.42%
书法	37 人	7.12%
绘画	84 人	16.15%
音乐	56 人	10.77%
舞蹈	44 人	8.46%
运动	103 人	19.81%
学科类(语文、数学、英语等)	290 人	55.77%
其他	47 人	9.04%

（3）学生课外班时间

在城郊学校学生每周课外班时间上，如表 3-92 所示，花费 1—4 小时参加课外班的学生占 48.08%。如表 3-93 所示，同样比例的学生持续参加课外班的时间为 0.5—1 年。基本没有学生在学龄前参加课外班，学生参加课外班集中开始于小学中高年段。

表 3-92　城郊学校学生每周课外班时间

每周课外班时间	学生数	比例
少于 1 小时	58 人	11.15%
1—4 小时	250 人	48.08%
5—9 小时	84 人	16.15%
超过 9 小时	24 人	4.62%

表 3-93　城郊学校学生持续参加课外班时间

持续参加课外班时间	学生数	比例
少于 0.5 年	58 人	11.15%
0.5—1 年(不包含 1 年)	250 人	48.08%

(续表)

持续参加课外班时间	学生数	比例
1—3 年(不包含 3 年)	84 人	16.15%
3—5 年(不包含 5 年)	24 人	4.62%
5 年及以上	1 人	0.19%

(4)学生课外班形式和家长陪伴情况

在城郊学校学生课外班形式上(可以多选),如表 3-94 所示,大部分学生通过社会教育培训机构参加课外班,比例达到了 56.54%;而网络在线学习作为新兴的课外班形式,目前有 10.58%的城郊学校学生采用。相比中心城区学校学生,城郊学校学生的这两个数据均相对较低,前者降低近 20 个百分点,后者降低约 10 个百分点。

表 3-94　城郊学校学生课外班形式分布

课外班形式	学生数	比例
家里	21 人	4.04%
亲戚/邻居家	18 人	3.46%
学校	122 人	23.46%
社会教育培训机构	294 人	56.54%
网络在线学习	55 人	10.58%
其他	50 人	9.62%

如表 3-95 所示,城郊学校 50.38%的学生独自参加课外班,并没有家长陪伴。这也和学生进入高年级,有一定的自主能力和生活自理能力相关。

表 3-95　城郊学校学生参加课外班家长陪伴情况

课外班家长陪伴情况	学生数	比例
独自	262 人	50.38%
父亲	161 人	30.96%

（续表）

课外班家长陪伴情况	学生数	比例
母亲	188 人	36.15%
祖辈	43 人	8.27%
其他人	37 人	7.12%

（5）学生课外班质量

如前所述，城郊学校学生参加学科类（语文、数学、英语等）课外班的比例要远高于其他课外班类型。而在可以多选的学生喜爱的课外班类型中，如表3-96所示，学科类（语文、数学、英语等）课外班受城郊学校学生喜爱的程度并不突出，略低于运动。

表3-96 城郊学校学生喜爱的课外班类型分布

课外班类型	学生数	比例
棋类	39 人	7.50%
书法	29 人	5.58%
绘画	104 人	20.00%
音乐	85 人	16.35%
舞蹈	44 人	8.46%
运动	124 人	23.85%
学科类（语文、数学、英语等）	120 人	23.08%
其他	40 人	7.69%

在对城郊学校学生参加课外班的效果进行评价时（可以多选），就学生收获最多的课外班类型而言，如表3-97所示，选择学科类（语文、数学、英语等）课外班的学生数明显较多，比例达到了40.77%。这一比例相比常州生态区层面学校学生和中心城区学校学生均较低，低于中心城区学校学生近15个百分点。

表 3-97　城郊学校学生收获最多的课外班类型分布

课外班类型	学生数	比例
棋类	23 人	4.42%
书法	23 人	4.42%
绘画	74 人	14.23%
音乐	57 人	10.96%
舞蹈	28 人	5.38%
运动	74 人	14.23%
学科类(语文、数学、英语等)	212 人	40.77%
其他	30 人	5.77%

6. 社区与同伴活动

在城郊学校学生与同伴的活动内容调查中(可以多选),如表 3-98 所示,选择活动内容为游玩、运动的比例较高,分别为 57.12% 与 40.38%。这两个数据均高于常州生态区层面学校学生和中心城区学校学生。

表 3-98　城郊学校学生与同伴的活动内容分布

与同伴的活动内容	学生数	比例
看课外书	123 人	23.65%
艺术活动	76 人	14.62%
游玩	297 人	57.12%
运动	210 人	40.38%
做作业	180 人	34.62%
其他	76 人	14.62%

(三) 家长的调查结果

1. 家长的期待

(1) 家长对孩子学习成绩的期待

如表 3-99 所示,城郊学校家长对孩子学习成绩的期待与学生自己对学习成绩的期待分布趋势类似,但期望孩子能达到班级中上水平的家长比例略高于学生自己对学习成绩的期待的比例(家长比例为53.35%,学生比例为48.85%)。总体上来讲,无论是学生还是家长,对学习成绩的期待都是较高的。

表3-99 城郊学校家长对孩子学习成绩期待的分布

学习成绩期待	家长数	比例
班级前五名	161 人	31.69%
班级中上水平	271 人	53.35%
班级平均水平	59 人	11.61%
没有要求	8 人	1.57%

(2)家长对孩子最高学历的期待

对比城郊学校学生自己对最高学历的期待,城郊学校家长对孩子最高学历的期待与之相似。如表3-100所示,48.62%的家长期望孩子能拿到本科学历,家长对孩子最高学历期待为硕士研究生和博士研究生的比例分别为19.88%和17.13%。

表3-100 城郊学校家长对孩子最高学历期待的分布

最高学历期待	家长数	比例
本科以下	63 人	12.40%
本科	247 人	48.62%
硕士研究生	101 人	19.88%
博士研究生	87 人	17.13%
无所谓	1 人	0.20%

(3)家长对孩子职业的期待

城郊学校家长对孩子职业的期待与学生自己对职业的期待有不同之处。如表3-101所示,期望孩子以后当教师、工程师、医生、律师的家长比例为52.76%;与学生自己对职业的期待中排名第二的是企业/公司中高级管理人员或一般工作人员不同,家长对孩子职业的期待中排名第二的是国家机关事业单位,占21.06%。城郊学校家长对孩子职业的期待与常州生态区层面学校家长和中心城区学校家长较为一致。

表3-101 城郊学校家长对孩子职业期待的分布

职业期待	家长数	比例
国家机关事业单位	107人	21.06%
企业/公司中高级管理人员或一般工作人员	65人	12.80%
教师、工程师、医生、律师	268人	52.76%
技术工人(司机等)	17人	3.35%
生产与制造业从业者	4人	0.79%
商业与服务业从业者	5人	0.98%
个体户	10人	1.97%
其他	21人	4.13%

(4)家长对孩子工作地域的期待

就城郊学校家长对孩子工作地域的期待而言,如表3-102所示,排名第一的工作地域与学生自己对工作地域的期待相同,为北京、上海、广州等大城市,但比例明显下降,为45.47%;家长对孩子工作地域的期待是中小城市的比例相比学生明显上升,为34.65%;值得注意的是,有13.98%的家长对孩子工作地域的期待是无所谓,可能是家长尊重孩子的意愿。

表3-102 城郊学校家长对孩子工作地域期待的分布

工作地域	家长数	比例
农村	2人	0.39%
中小城市	176人	34.65%
北京、上海、广州等大城市	231人	45.47%
国外	12人	2.36%
无所谓	71人	13.98%

2. 家长的态度与行为

（1）教育焦虑

如表3－103所示，城郊学校28.35%的家长表示比较焦虑，14.76%的家长表示非常焦虑，只有5.71%的家长表示非常不焦虑。

表3－103　城郊学校家长教育焦虑情况

教育焦虑	家长数	比例
非常不焦虑	29 人	5.71%
比较不焦虑	86 人	16.93%
一般	159 人	31.30%
比较焦虑	144 人	28.35%
非常焦虑	75 人	14.76%

（2）家长对参与孩子教育的理解

在城郊学校家长对参与孩子教育的理解上，如表3－104所示，74.02%的家长认为既要在家管教孩子，又要与学校联系；18.50%的家长认为参与孩子教育只要家长与学校联系、合作。

表3－104　城郊学校家长对参与孩子教育的理解情况

家长对参与孩子教育的理解	家长数	比例
家长在家要管教孩子	30 人	5.91%
家长与学校要联系、合作	94 人	18.50%
家长既要在家管教孩子，又要与学校联系	376 人	74.02%
不清楚	5 人	0.98%

（3）家长对教育角色的认知

在城郊学校家长对教育角色的认知上，如表3－105所示，77.95%的家长认为学习方面教师担负主要责任,其他方面家长担负主要责任。相比中心城区学校家长,城郊学校家长更强调教师的责任。

表3-105 城郊学校家长对教育角色的认知情况

家长对教育角色的认知	家长数	比例
家长担负主要责任,教师次之	96 人	18.90%
教师担负主要责任,家长次之	10 人	1.97%
学习方面教师担负主要责任, 其他方面家长担负主要责任	396 人	77.95%

（4）家长的参与程度

从城郊学校家长与不同对象的互动程度调查数据(如表3-106所示)可以看出,家长与孩子的互动最多,其中家长与孩子互动较多的比例达到了50.39%;而与其他家长的互动则最少,88.78%的家长很少与其他家长互动。

表3-106 城郊学校家长参与程度分布

参与程度	与学校互动	比例	与孩子互动	比例	与其他家长互动	比例	与社会互动	比例
没有	7 人	1.38%	0 人	0.00%	3 人	0.59%	16 人	3.15%
很少	85 人	16.73%	5 人	0.98%	451 人	88.78%	101 人	19.88%
一般	199 人	39.17%	49 人	9.65%	186 人	36.61%	213 人	41.93%
较多	148 人	29.13%	256 人	50.39%	168 人	33.07%	117 人	23.03%
非常频繁	44 人	8.66%	173 人	34.06%	62 人	12.20%	35 人	6.89%

如表3-107所示,城郊学校学生在半年内(2019年1—6月)进行的场馆参观和学习活动多由学校组织,数量以2—3个居多;家长没有陪伴学生参观本地场馆的比例达到了18.27%,家长没有陪伴学生参观外地场馆的比例达到了33.65%,这两项数据均高于中心城区学校。

表 3－107　城郊学校学生半年内(2019 年 1—6 月)参观场馆数分布

参观场馆数	学校组织	比例	家长陪伴-本地	比例	家长陪伴-外地	比例
0 个	32 人	6.15%	95 人	18.27%	175 人	33.65%
1 个	83 人	15.96%	41 人	7.88%	79 人	15.19%
2 个	175 人	33.65%	75 人	14.42%	73 人	14.04%
3 个	87 人	16.73%	101 人	19.42%	64 人	12.31%
4 个	33 人	6.35%	47 人	9.04%	29 人	5.58%
5 个	23 人	4.42%	34 人	6.54%	16 人	3.08%
5 个以上	74 人	14.23%	122 人	23.46%	71 人	13.65%

从城郊学校家长对社区活动和家校合作的态度来看,如表 3－108 所示,家长对家校合作的热情要略高于对社区活动的热情,愿意参与家校合作的家长占 66.14%,愿意参与社区活动的家长占 55.31%。相比中心城区学校,社区活动对城郊学校家长更有吸引力。

表 3－108　城郊学校家长对社区活动和家校合作的态度分布

意愿程度	对社区活动的态度	比例	对家校合作的态度	比例
愿意参与	281 人	55.31%	336 人	66.14%
比较愿意参与	131 人	25.79%	131 人	25.79%
一般	86 人	16.93%	37 人	7.28%
不愿意参与	7 人	1.38%	0 人	0.00%
非常不愿意参与	1 人	0.20%	1 人	0.20%

家长委员会是家校合作的重要纽带。如表 3－109 所示,城郊学校家长参与家长委员会的人数偏少,只占 6.30%。这一比例低于常州生态区层面学校和中心城区学校。在城郊学校家校合作的程度与活动丰富性上,需要更多思考和设计。

表 3 - 109　城郊学校家长参与家长委员会情况

是否参与	家长数	比例
否	422 人	83.07%
是	32 人	6.30%

三、农村学校现状

在常州生态区农村,调研了 4 所学校,包括 2 所"新基础教育"研究基地学校,分别是小河中心小学和西夏墅中心小学;2 所"生命·实践"教育学合作研究学校,分别是新桥实验小学和薛家中心小学。

(一) 总体情况

本次调查共回收农村学校问卷 1 081 份,其中学生问卷 545 份、家长问卷 524 份、班主任问卷 12 份。

1. 学生的基本情况

(1) 学生性别和家庭结构

学生性别和家庭结构完整数据 512 个,缺失值 33 个。在完整数据中(如表 3 - 110 所示),就性别结构而言,男生 274 人,占 53.52%;女生 238 人,占 46.48%。在家庭结构方面,就同辈结构而言,独生子女 205 人,其中男生 124 人,占 60.49%,女生 81 人,占 39.51%;非独生子女 307 人,其中男生 150 人,占 48.86%,女生 157 人,占 51.14%。其中,西夏墅中心小学和薛家中心小学独生子女学生与非独生子女学生比例接近,新桥实验小学和小河中心小学非独生子女学生比例偏高。和城郊学校一致,农村学校来自非独生子女家庭的学生数明显多于来自独生子女家庭的学生数。值得注意的是,来自独生子女家庭的男生与女生比例相差二十多个百分点,而来自非独生子女家庭的男生与女生比例相当。

从代际结构来看,如图 3 - 7 所示,来自父母、孩子两代人共同生活的家庭的学生共 349 人,占 62.21%;来自祖辈、父母、孩子三代人共同生活的家庭的学

表 3 - 110　农村学校学生性别和家庭同辈结构情况

同辈结构	男	女	总计
独生子女	124 人	81 人	205 人
非独生子女	150 人	157 人	307 人

生共 194 人,占 34.58%;来自不与父母任何一方居住,单独与祖辈或亲戚共同生活的家庭的学生共 18 人,占 3.21%。其中,新桥实验小学与薛家中心小学来自父母、孩子两代人共同生活的家庭的学生比例都在 70% 以上。不同于城郊学校学生家庭,农村学校学生家庭代际结构分布与中心城区学校学生家庭比较接近。

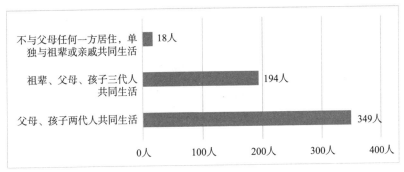

图 3 - 7　农村学校学生家庭代际结构分布

(2) 学生户籍

就农村学校学生户籍而言,如表 3 - 111 所示,学生户籍以本地农业居民户籍和外地农业居民户籍为主,分别占总数的 37.83% 和 35.81%。本地户籍中农业居民户籍占 61.84%,外地户籍中农业居民户籍占 92.23%。相比中心城区学校学生和城郊学校学生,农村学校学生以本地农业居民户籍为主。其中,新桥实验小学外地籍学生比例与本地户籍学生比例相当。通观中心城区、城郊、农村三类区域,中心城区学校学生本地户籍比例最高,农村学校次之,最后为城郊学校;反过来,城郊学校学生外地户籍比例最高,农村学校次之,最后为中心城区学校。

表 3－111　农村学校学生户籍情况

地域	非农业居民户籍	农业居民户籍	总计
本地	116 人	188 人	304 人
外地	15 人	178 人	193 人

2. 家长的基本情况

（1）家长问卷填写者身份

如图 3－8 所示，家长问卷大部分由学生父母填写，其中父亲 222 人，占 42.37%；母亲 281 人，占 53.63%；没有祖辈填写的情况；由其他亲戚填写的有 1 人；另外有 20 人的问卷未标注填写者身份。

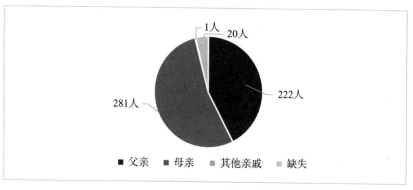

图 3－8　农村学校家长问卷填写者身份

（2）学生父母职业和文化程度

就农村学校学生父母职业而言，如表 3－112 所示，父亲职业占比较多的依次为个体户、企业/公司一般工作人员、生产与制造业一般工作人员，分别占 26.91%、18.13%、15.84%；母亲职业占比较多的与父亲职业相同，只是前两个职业排序调换了。农村学校学生父母职业占比最高的前三个与城郊学校学生父母相同，但排序不同，其中父亲职业排序正好相反。

就农村学校学生父母文化程度而言，如表 3－113 所示，父母双方学历的分布大致相同，初中学历比例分别为 37.79% 和 40.65%；高中和中专学历比例分别为 34.73% 和 28.44%。农村学校学生父母文化程度与城郊学校学生父母相一致。

表 3 - 112 农村学校学生父母职业分布

职业类型	父亲	母亲	父亲比例	母亲比例
国家机关事业单位领导	1 人	1 人	0.19%	0.19%
国家机关事业单位一般工作人员	7 人	8 人	1.34%	1.53%
企业/公司中高级管理人员	63 人	30 人	12.02%	5.73%
企业/公司一般工作人员	95 人	132 人	18.13%	25.19%
教师、工程师、医生、律师	14 人	16 人	2.67%	3.05%
技术工人（司机等）	49 人	15 人	9.35%	2.86%
生产与制造业一般工作人员	83 人	92 人	15.84%	17.56%
商业与服务业一般工作人员	49 人	15 人	9.35%	2.86%
个体户	141 人	99 人	26.91%	18.89%
农民	18 人	24 人	3.44%	4.58%
无业、失业、下岗	8 人	39 人	1.53%	7.44%
其他	1 人	8 人	0.19%	1.53%

表 3 - 113 农村学校学生父母文化程度分布

文化程度	父亲	母亲	父亲比例	母亲比例
小学	23 人	45 人	4.39%	8.59%
初中	198 人	213 人	37.79%	40.65%
高中和中专	182 人	149 人	34.73%	28.44%
大专	63 人	71 人	12.02%	13.55%
本科	48 人	31 人	9.16%	5.92%
硕士研究生及以上	0 人	2 人	0.00%	0.38%

（3）学生家庭人均年收入和学生家庭教育经费投入

如表 3-114 所示,农村学校学生家庭人均年收入在 5 万元及以上的占
42.18%。这一数据介于中心城区学校学生家庭与城郊学校学生家庭之间。

表 3-114　农村学校学生家庭人均年收入分布

学生家庭人均年收入	家长数	比例
1 万元以下	37 人	7.06%
1 万元及以上—2 万元以下	43 人	8.21%
2 万元及以上—3 万元以下	38 人	7.25%
3 万元及以上—4 万元以下	72 人	13.74%
4 万元及以上—5 万元以下	103 人	19.66%
5 万元及以上	221 人	42.18%

就农村学校学生家庭教育经费投入而言,和城郊学校学生家庭相一致。
如表 3-115 所示,46.37% 的学生家庭将收入的 10%—20% 投入子女教育,
25.76% 的学生家庭将收入的 20%—30% 投入子女教育。家长在子女教育方面
的投资力度较大。

表 3-115　农村学校学生家庭教育经费投入情况

比例区间	家长数	比例
10% 以下	85 人	16.22%
10%—20%（不包含 20%）	243 人	46.37%
20%—30%（不包含 30%）	135 人	25.76%
30%—40%（不包含 40%）	35 人	6.68%
40%—50%（不包含 50%）	13 人	2.48%
50% 及以上	1 人	0.19%

（二）学生的调查结果

1. 学业情况

农村学校学生的学业情况调查主要针对每日作业完成情况来进行。如表3-116所示，大部分学生每日完成作业时间在0.5—1小时，占44.59%。这一数据介于中心城区学校学生与城郊学校学生之间。

表3-116 农村学校学生每日完成作业时间分布

每日完成作业时间	学生数	比例
少于0.5小时	39人	7.16%
0.5—1小时(不包含1小时)	243人	44.59%
1—1.5小时(不包含1.5小时)	143人	26.24%
1.5—2小时(不包含2小时)	64人	11.74%
2小时及以上	41人	7.52%

如表3-117所示，农村学校31.56%的家长从不陪伴孩子做作业，31.93%的家长很少陪伴孩子做作业，只有7.71%的家长每次都会陪伴孩子做作业。这种情况更接近中心城区学校家长。通观中心城区、城郊、农村三类区域，城郊学校家长从不陪伴孩子做作业的比例较低。

表3-117 农村学校家长陪伴孩子做作业情况

陪伴做作业情况	学生数	比例
从不	172人	31.56%
很少	174人	31.93%
经常	140人	25.69%
全部	42人	7.71%

如表3-118所示，当农村学校学生做作业遇到问题时，请教家长是他们的第一选择，占41.47%，其次有24.22%的学生选择自己解决。学生求助的

对象比较有限。这种情况比较接近中心城区学校学生。

表3-118 农村学校学生做作业时求助对象分布

求助对象	学生数	比例
自己解决	132 人	24.22%
请教家长	226 人	41.47%
请教其他人	107 人	19.63%
求助软件或网络	37 人	6.79%

2. 情绪体验

在农村学校学生的心理状况自我评估中(可以多选),选取了快乐、抑郁和焦虑三个指标来反映学生日常的情绪体验。如表3-119所示,农村学校学生对快乐情绪体验得较多,对抑郁和焦虑情绪体验得较少,整体心理状况良好。对抑郁和焦虑情绪体验得较多的学生,教师要予以重点关注。

表3-119 农村学校学生情绪体验分布

频率	快乐	抑郁	焦虑
从不	11 人	262 人	194 人
很少	25 人	149 人	172 人
有时	90 人	62 人	93 人
经常	188 人	18 人	29 人
总是	198 人	12 人	22 人

3. 自我期待

(1) 学生的学习成绩期待

如表3-120所示,农村学校学生普遍对学习成绩有较高的期待,44.40%的学生期望自己能达到班级中上水平,26.79%的学生期望自己能排班级前五名,24.40%的学生期望自己能达到班级平均水平,只有1.83%的学生对学习成绩没有要求。通观中心城区、城郊、农村三类区域，相比中心城区学校学生和城郊学校学生，农村学校学生对学习成绩的期待相对较低。

表 3－120　农村学校学生学习成绩期待分布

学习成绩期待	学生数	比例
班级前五名	146 人	26.79%
班级中上水平	242 人	44.40%
班级平均水平	133 人	24.40%
没有要求	10 人	1.83%

（2）学生的最高学历期待

就农村学校学生的最高学历期待而言，如表 3－121 所示，23.49% 的学生选择本科以下（包括初中、高中、中专/技校/职业高中、大专）作为最高学历期待，40.00% 的学生选择本科作为最高学历期待，18.17% 的学生选择博士研究生作为最高学历期待，0.92% 的学生的最高学历期待为无所谓。通观中心城区、城郊、农村三类区域，相比中心城区学校学生和城郊学校学生，农村学校学生对最高学历的期待相对较低。

表 3－121　农村学校学生最高学历期待分布

最高学历期待	学生数	比例
本科以下	128 人	23.49%
本科	218 人	40.00%
硕士研究生	74 人	13.58%
博士研究生	99 人	18.17%
无所谓	5 人	0.92%

（3）学生的职业期待

就农村学校学生的职业期待而言，如表 3－122 所示，学生对教师、工程师、医生、律师职业的期待占 39.63%,学生对企业/公司中高级管理人员或一般工作人员职业的期待占 22.20%,学生对国家机关事业单位职业的期待占 12.48%。通观中心城区、城郊、农村三类区域,学生对职业的期待较为一致。

表 3–122 农村学校学生职业期待分布

职业期待	学生数	比例
国家机关事业单位	68 人	12.48%
企业/公司中高级管理人员或一般工作人员	121 人	22.20%
教师、工程师、医生、律师	216 人	39.63%
技术工人(司机等)	14 人	2.57%
生产与制造业从业者	9 人	1.65%
商业与服务业从业者	24 人	4.40%
个体户	15 人	2.75%
其他	59 人	10.83%

(4)学生的工作地域期待

就农村学校学生的工作地域期待而言,如表 3–123 所示,58.35%的学生选择北京、上海、广州等大城市,19.63%和13.21%的学生分别选择中小城市和国外。通观中心城区、城郊、农村三类区域,农村学校学生对工作地域的期待与城郊学校学生较为一致。

表 3–123 农村学校学生工作地域期待分布

工作地域期待	学生数	比例
农村	9 人	1.65%
中小城市	107 人	19.63%
北京、上海、广州等大城市	318 人	58.35%
国外	72 人	13.21%
无所谓	15 人	2.75%

4. 亲子关系

在亲子关系方面,主要调查了家长和孩子之间的沟通与陪伴情况。根据农村学校学生的问卷回答情况,如表 3-124 所示,59.82%的家长经常采纳孩子的建议,只有 3.30%的家长从不采纳孩子的建议。

表 3-124　农村学校家长对孩子建议的采纳情况

采纳情况	学生数	比例
从不	18 人	3.30%
很少	125 人	22.94%
经常	326 人	59.82%
全部	61 人	11.19%

在农村学校学生遇到问题寻求倾诉对象时(可以多选),如表 3-125 所示,20.92%的学生表示无人可以倾诉。49.72%的学生选择母亲,远高于选择父亲的比例(35.05%)和祖辈的比例(20.73%)。学生选择母亲的比例较高的原因可能是传统家庭分工的影响,父亲更多是提供经济方面的支持。

表 3-125　农村学校学生平时的倾诉对象分布

倾诉对象	学生数	比例
无人	114 人	20.92%
母亲	271 人	49.72%
父亲	191 人	35.05%
兄弟姐妹	138 人	25.32%
祖辈	113 人	20.73%
其他人	92 人	16.88%

5. 学生课外班情况

(1) 学生课外班数量

就农村学校学生课外班数量而言,如表 3-126 所示,大多数学生课外班数量为1—2个。通观中心城区、城郊、农村三类区域,农村学校学生课外班数量更接近城郊学校学生。

表3-126 农村学校学生课外班数量分布

课外班数量	学生数	比例
1个	209人	38.35%
2个	113人	20.73%
3个	79人	14.50%
4个	35人	6.42%
5个	14人	2.57%
超过5个	12人	2.20%

(2)学生课外班类型

在农村学校学生课外班类型上(可以多选),如表3-127所示,57.25%的学生选择学科类(语文、数学、英语等)课外班,特长类课外班类型集中在运动与绘画。这种情况和城郊学校学生较为一致。

表3-127 农村学校学生课外班类型分布

课外班类型	学生数	比例
棋类	35人	6.42%
书法	42人	7.71%
绘画	77人	14.13%
音乐	66人	12.11%
舞蹈	49人	8.99%
运动	94人	17.25%
学科类(语文、数学、英语等)	312人	57.25%
其他	46人	8.44%

（3）学生课外班时间

在农村学校学生每周课外班时间上，如表3－128所示，花费1—4小时参加课外班的学生占44.59%。如表3－129所示，同样比例的学生持续参加课外班的时间为0.5—1年。基本没有学生在学龄前参加课外班，学生参加课外班集中开始于小学中高年段。

表3－128　农村学校学生每周课外班时间

每周课外班时间	学生数	比例
少于1小时	63人	11.56%
1—4小时	243人	44.59%
5—9小时	104人	19.08%
超过9小时	52人	9.54%

表3－129　农村学校学生持续参加课外班时间

持续参加课外班时间	学生数	比例
少于0.5年	63人	11.56%
0.5—1年(不包含1年)	243人	44.59%
1—3年(不包含3年)	104人	19.08%
3—5年(不包含5年)	52人	9.54%
5年及以上	1人	0.18%
缺失值	61人	11.19%

（4）学生课外班形式和家长陪伴情况

在农村学校学生课外班形式上(可以多选)，如表3－130所示，大部分学生通过社会教育培训机构参加课外班，比例达到了62.02%；而网络在线学习作为新兴的课外班形式，目前只有7.71%的农村学校学生采用。这种情况更接近城郊学校学生。

表3-130 农村学校学生课外班形式分布

课外班形式	学生数	比例
家里	29 人	5.32%
亲戚/邻居家	26 人	4.77%
学校	78 人	14.31%
社会教育培训机构	338 人	62.02%
网络在线学习	42 人	7.71%
其他	36 人	6.61%

如表3-131所示,农村学校47.52%的学生独自参加课外班,并没有家长陪伴。这也和学生进入高年级,有一定的自主能力和生活自理能力相关。

表3-131 农村学校学生参加课外班家长陪伴情况

课外班家长陪伴情况	学生数	比例
独自	259 人	47.52%
父亲	162 人	29.72%
母亲	204 人	37.43%
祖辈	67 人	12.29%
其他人	28 人	5.14%

(5)学生课外班质量

如前所述,农村学校学生参加学科类(语文、数学、英语等)课外班的比例要高于其他课外班类型。而在可以多选的学生喜爱的课外班类型中,如表3-132所示,学科类(语文、数学、英语等)课外班受农村学校学生喜爱的程度并没有非常突出,占23.49%。

表3－132　农村学校学生喜爱的课外班类型分布

课外班类型	学生数	比例
棋类	51 人	9.36%
书法	31 人	5.69%
绘画	88 人	16.15%
音乐	90 人	16.51%
舞蹈	57 人	10.46%
运动	109 人	20.00%
学科类(语文、数学、英语等)	128 人	23.49%
其他	29 人	5.32%

在对农村学校学生参加课外班的效果进行评价时(可以多选),就学生收获最多的课外班类型而言,如表3－133所示,选择学科类(语文、数学、英语等)课外班的学生数明显较多,占46.61%。这一数据介于中心城区学校学生与城郊学校学生之间。学生对学科类(语文、数学、英语等)课外班喜爱的程度与获得收获的程度的反差也使我们深入思考校外教育的价值和定位。

表3－133　农村学校学生收获最多的课外班类型分布

课外班类型	学生数	比例
棋类	31 人	5.69%
书法	30 人	5.50%
绘画	66 人	12.11%
音乐	54 人	9.91%
舞蹈	38 人	6.97%
运动	69 人	12.66%
学科类(语文、数学、英语等)	254 人	46.61%
其他	25 人	4.59%

6. 社区与同伴活动

在农村学校学生与同伴的活动内容调查中(可以多选),如表3-134所示,选择活动内容为游玩的学生数尤其突出,占54.13%。

表3-134 农村学校学生与同伴的活动内容分布

与同伴的活动内容	学生数	比例
看课外书	91人	16.70%
艺术活动	60人	11.01%
游玩	295人	54.13%
运动	170人	31.19%
做作业	114人	20.92%
其他	60人	11.01%

(三)家长的调查结果

1. 家长的期待

(1)家长对孩子学习成绩的期待

如表3-135所示,农村学校家长对孩子学习成绩的期待与学生自己对学习成绩的期待分布趋势类似,但期望孩子能达到班级中上水平的家长比例要高于学生自己对学习成绩的期待的比例(家长比例为52.29%,学生比例为44.40%)。总体上来讲,无论是学生还是家长,对学习成绩的期待都是较高的。

表3-135 农村学校家长对孩子学习成绩期待的分布

学习成绩期待	家长数	比例
班级前五名	149人	28.44%
班级中上水平	274人	52.29%
班级平均水平	71人	13.55%
没有要求	11人	2.10%

（2）家长对孩子最高学历的期待

对比农村学校学生自己对最高学历的期待,农村学校家长对孩子最高学历的期待更加现实。如表3－136所示,54.96%的家长期望孩子能拿到本科学历,家长对孩子最高学历期待为硕士研究生和博士研究生的比例分别为14.89%和13.74%。通观中心城区、城郊、农村三类区域,相比中心城区学校家长和城郊学校家长,农村学校家长对孩子最高学历的期待较低。

表 3－136　农村学校家长对孩子最高学历期待的分布

最高学历期待	家长数	比例
本科以下	71 人	13.55%
本科	288 人	54.96%
硕士研究生	78 人	14.89%
博士研究生	72 人	13.74%
无所谓	6 人	1.15%

（3）家长对孩子职业的期待

农村学校家长对孩子职业的期待与学生自己对职业的期待有较大的不同。如表3－137所示,期望孩子以后当教师、工程师、医生、律师的家长比例达到了49.24%;与学生自己对职业的期待中排名第二的是企业/公司中高级管理人员或一般工作人员不同,家长对孩子职业的期待中排名第二的是国家机关事业单位,占22.90%。

表 3－137　农村学校家长对孩子职业期待的分布

职业期待	家长数	比例
国家机关事业单位	120 人	22.90%
企业/公司中高级管理人员或一般工作人员	65 人	12.40%
教师、工程师、医生、律师	258 人	49.24%

(续表)

职业期待	家长数	比例
技术工人(司机等)	11 人	2.10%
生产与制造业从业者	13 人	2.48%
商业与服务业从业者	11 人	2.10%
个体户	19 人	3.63%
其他	16 人	3.05%

(4) 家长对孩子工作地域的期待

就农村学校家长对孩子工作地域的期待而言,如表 3-138 所示,排名第一的工作地域与学生自己对工作地域的期待相同,为北京、上海、广州等大城市,但比例明显下降,为 39.12%;家长对孩子工作地域的期待是中小城市的比例相比学生明显上升,为 33.97%;家长对孩子工作地域的期待是国外的比例相比学生明显下降,为 4.39%;值得注意的是,有 17.37% 的家长对孩子工作地域的期待是无所谓,可能是家长尊重孩子的意愿。

表 3-138 农村学校家长对孩子工作地域期待的分布

工作地域期待	家长数	比例
农村	1 人	0.19%
中小城市	178 人	33.97%
北京、上海、广州等大城市	205 人	39.12%
国外	23 人	4.39%
无所谓	91 人	17.37%

2. 家长的态度与行为

(1) 教育焦虑

如表 3-139 所示,农村学校家长存在教育焦虑的情况较为普遍,25.76%

的家长表示比较焦虑;18.70%的家长表示非常焦虑;6.49%的家长表示非常不焦虑,可能与好的教育方法有关。

表 3-139　农村学校家长教育焦虑情况

教育焦虑	家长数	比例
非常不焦虑	34 人	6.49%
比较不焦虑	59 人	11.26%
一般	174 人	33.21%
比较焦虑	135 人	25.76%
非常焦虑	98 人	18.70%

（2）家长对参与孩子教育的理解

在农村学校家长对参与孩子教育的理解上,如表 3-140 所示,74.43%的家长认为既要在家管教孩子,又要与学校联系;19.08%的家长认为参与孩子教育只要家长与学校联系、合作。

表 3-140　农村学校家长对参与孩子教育的理解情况

家长对参与孩子教育的理解	家长数	比例
家长在家要管教孩子	13 人	2.48%
家长与学校要联系、合作	100 人	19.08%
家长既要在家管教孩子,又要与学校联系	390 人	74.43%
不清楚	1 人	0.19%

（3）家长对教育角色的认知

在农村学校家长对教育角色的认知上,如表 3-141 所示,76.72%的家长认为学习方面教师担负主要责任,其他方面家长担负主要责任。通观中心城区、城郊、农村三类区域,农村学校家长对教育角色的认知比较接近城郊学校家长,更加强调教师的责任。

表 3-141　农村学校家长对教育角色的认知情况

家长对教育角色的认知	家长数	比例
家长担负主要责任,教师次之	86 人	16.41%
教师担负主要责任,家长次之	12 人	2.29%
学习方面教师担负主要责任,其他方面家长担负主要责任	402 人	76.72%

（4）家长的参与程度

从农村学校家长与不同对象的互动程度调查数据(如表 3-142 所示)可以看出,家长与孩子的互动最多,其中家长与孩子互动较多的比例达到了48.85%;而与其他家长的互动则最少,91.03%的家长很少与其他家长互动。

表 3-142　农村学校家长参与程度分布

参与程度	与学校互动	比例	与孩子互动	比例	与其他家长互动	比例	与社会互动	比例
没有	7 人	1.34%	1 人	0.19%	2 人	0.38%	19 人	3.63%
很少	103 人	19.66%	8 人	1.53%	477 人	91.03%	122 人	23.28%
一般	234 人	44.66%	62 人	11.83%	181 人	34.54%	203 人	38.74%
较多	133 人	25.38%	256 人	48.85%	196 人	37.40%	139 人	26.53%
非常频繁	31 人	5.92%	180 人	34.35%	70 人	13.36%	24 人	4.58%

如表 3-143 所示,农村学校学生在半年内(2019 年 1—6 月)进行的场馆参观和学习活动多由学校组织,数量多为 2—3 个;家长没有陪伴学生参观本地场馆的比例达到了 18.35%,家长没有陪伴学生参观外地场馆的比例达到了 28.99%。

表 3-143　农村学校学生半年内(2019 年 1—6 月)参观场馆数分布

参观场馆数	学校组织	比例	家长陪伴-本地	比例	家长陪伴-外地	比例
0 个	44 人	8.07%	100 人	18.35%	158 人	28.99%
1 个	67 人	12.29%	54 人	9.91%	81 人	14.86%

（续表）

参观场馆数	学校组织	比例	家长陪伴-本地	比例	家长陪伴-外地	比例
2个	178人	32.66%	83人	15.23%	88人	16.15%
3个	95人	17.43%	98人	17.98%	62人	11.38%
4个	30人	5.50%	48人	8.81%	37人	6.79%
5个	26人	4.77%	39人	7.16%	32人	5.87%
5个以上	76人	13.94%	106人	19.45%	63人	11.56%

　　从农村学校家长对社区活动和家校合作的态度来看,如表3-144所示,家长对家校合作的热情要远远高于对社区活动的热情,愿意参与家校合作的家长占62.98%,愿意参与社区活动的家长占45.80%。农村学校家长对社区活动的态度更接近中心城区学校家长,而和城郊学校家长有明显的差异。

表3-144　农村学校家长对社区活动和家校合作的态度分布

意愿程度	对社区活动的态度	比例	对家校合作的态度	比例
愿意参与	240人	45.80%	330人	62.98%
比较愿意参与	127人	24.24%	134人	25.57%
一般	132人	25.19%	41人	7.82%
不愿意参与	4人	0.76%	0人	0.00%
非常不愿意参与	2人	0.38%	3人	0.57%

　　家长委员会是家校合作的重要纽带。如表3-145所示,农村学校家长参与家长委员会的人数偏少,只占10.31%。这一数据和中心城区学校比较接近。

表3-145　农村学校家长参与家长委员会情况

是否参与	家长数	比例
否	397人	75.76%
是	54人	10.31%

第三节 家校社协同的学生视角

在家校社协同的人际层面,教育工作者和研究者更多关注家长和教师等成人参与者的状态,容易忽视学生这一青少年参与者的状态。这种状况显然不利于青少年参与者的赋权增能,也使得家校社协同相对缺少基于学生视角的研究支撑。如果家校社协同的基本价值在于促进学生主动、健康发展,那么就需要通过赋权增能不断拓展和提升学生主体的活动空间和活动质量。相应地,家校社协同实践和研究也需要越来越重视学生视角。

针对学生的调查问卷中设置了两道开放题,分别是"周围人对你最常说的一句话"和"你最想对周围人说的一句话",涉及学生与家长、班主任、好朋友之间的互动。在调查问卷数据分析过程中,基于学生视角分别对亲子互动、师生互动和同伴互动三个方面从输入、输出和关系三个维度进行编码,辅之以词频分析与词云。在此基础上,进行统计描述,并结合其他变量进行相关分析。

一、亲子互动的学生视角[①]

亲子关系是家庭教育的基础,良好的亲子关系的建立所依靠的重要方式是语言交流。语言是表达思想和情感的重要工具,个体使用的语言在很大程度上反映了说话者的学识、态度和目的等。课题组利用词频统计法制作词云图,采取质性研究编码的方式对学生眼中的亲子互动进行研究。

制作词云图的网站为微词云。将所要分析的数据保存为文本格式,然后在网页上点击在线导入和创建词云。分析时选择词频数量大和词性为实词的词语,设置一定的参数后生成词云图,通过词云图可以了解数据的主要

---

① 本部分由课题组成员、华东师范大学教育学部硕士研究生王梦娟撰写初稿。

内容。

　　对数据用三种编码方式做进一步分析:一是关注语义内容的编码;二是关注语用的编码,即说话人表达特定内容的深层次目的;三是关注感情色彩与语言学特点的编码。每种类型的编码都包括两个步骤:第一步进行开放式编码,不区分编码的类属、属性与维度,对拿到的材料进行分析和归类,得到尽可能多的概念标签,用到的概念词语或短语一般为所搜集的答案语句的关键词。通过这一步能够发现数据内部的联系与区别,为此应做到广泛搜集概念,例如:(1)离目标还有一步之遥,多努力(条件、目标、努力);(2)今天在学校表现得怎么样(今天、学校、表现);(3)我们不要求你太多,只要求你把作业写完(要求、作业);(4)认真点,不要粗心(粗心、态度)。第二步进行轴心式编码,即聚类分析,形成一个轴。得到尽可能多的概念之后,将相同条件或类属的概念进行聚类,比如将话语中出现的上课、听讲、复习、考试、成绩、初中等归纳为学校教育要素,将饮食、休息、运动等归纳为身体健康。具体编码如表 3–146、表 3–147 所示。

表 3–146　亲子互动输入编码

选择式编码	轴心式编码	开放式编码
内容	学校	学习(比如好好学习、努力学习、认真学习)、学校教育要素(比如上课、考试、成绩)、作业等
	家庭	身体健康(比如饮食、休息、睡眠、安全)、情感鼓励等
	态度和学习习惯	学习态度(比如坚持、专心、仔细),学习习惯(比如时间管理、拖延)
条件	当日或最近	关心、监督作业、了解学习和学校生活等
	考试前后或突发事件	批评/鼓励、交流、指导等
表达方式和感情色彩	正向,情绪高涨	肯定、鼓励;感叹句
	负向,情绪较低或不稳定	批评与质疑;疑问句、否定句等
	中性,情绪平稳	要求与说明;陈述句、祈使句等

表 3-147 亲子互动输出编码

选择式编码	轴心式编码	开放式编码
内容	爱与感谢	感恩(比如养育、照顾、辛苦),爱,祝福,报答
	表达期望	休息(比如玩、放松、运动),陪伴,理解
	正面应答	学习、作业、成绩等
目的	使父母安心	会的、一定、好的、放心等
	解释或否定	不要、你以为、我觉得、我可以等
	满足需求	态度(催、唠叨),休息(压力、放松、自由等),陪伴(手机、团结),理解(倾听、尊重、建议等)
表达方式和感情色彩	正向	用于许诺;陈述句、感叹句等
	负向	用于质疑、否定和期望;疑问句、反问句、祈使句等
	中性	用于简单的正面回答;肯定句等

(一) 亲子互动输入编码分析

依据编码表对 1 702 条数据进行分析,与学校教育相关的内容(含作业)占 78.40%,强调态度和学习习惯的占 9.10%,涉及家庭生活与教养的占 10.40%,其他(学生理解题目错误或未能识别)的占 2.10%。参与调查的学生大都即将面临小升初考试,所以家长对其学习成绩的强调和重视在情理之中。

在关于学习的交流中,家长最关心孩子的作业和考试情况,其次为上课听讲和学习态度,很少提到具体科目的学习或方法。谈到学习时,许多家长将其与上大学、好工作、未来的成功、生活的幸福等联系在一起。除了学习,仅有十分之一的家长经常讨论孩子的生活或其他关于成长的内容。其中,体现家长对孩子支持和关怀的态度的有 63 条,关心孩子身体健康与安全的有 56 条,表达家长对孩子的爱的有 6 条,关心孩子的性格或品格发展的有 22 条(涉及真诚、负责、诚实、宽容、勇敢和谦虚等主题),还有 1 位家长明确要求孩子全面发展。这说明部分家长在对孩子进行教育时注意引导其处理好与同伴的关系,树立正确的人生观和价值观。家长是孩子的第一监护人,对他们在家里的生活与成长承担主要责任。家长不仅要关心和指导孩子学习,还要培养他们良好的习惯和品格。

信息输入的条件和时间可以分为两类:一是平日的关心、交流和事务的督促等,比如"今天过得开心吗""作业写完了吗""吃饭了";二是特殊情况,例如临近升学、犯错误、有明显进步等,父母对这些新的刺激作出和平时不同的反应。调查结果表明,家长教育孩子时所采取的方式有奖励、惩罚、要求或命令、说理等。多数家长利用俗语、谚语、逻辑关系等对孩子进行劝诫。"少壮不努力,老大徒伤悲""加油,继续努力""你是最棒的""我相信你可以的"等是常见的话语,语句简短,但未体现与孩子的深入沟通。

家长对孩子进行教育时,语言的感情色彩以中性的数量为最多,是日常学习指导的常用语气;其次为正面鼓励,多用于肯定或夸奖;数量最少的是批评与质疑,比如全盘否定孩子的成果,将其与他人进行对比等。

(二) 亲子互动输出编码分析

学生输出语句的内容分为三类:一是对父母作出正向的回应、简单的应答或表示爱与感谢等;二是负向的,诉说自己的难处,对父母表示否定或质疑;三是正向的,表达自己的希望,包括对父母身体等的关心和自身的愿望,比如尊重自己的隐私等。输出语句的数据较多,内容是孩子最想表达给父母的话,能够反映日常亲子互动的不足,值得我们认真思考。选取数据中出现≥4次的学生需求进行统计,得到图3-9的结果(其中不包括提醒父母注意身体)。根据马斯洛需要层次论,孩子的需求主要涉及生理需要、归属与爱的需要和尊重的需要三个层次。

在语言的表达上,孩子的语句多带有"请""希望""可不可以"等词语,相比家长的"一定要"显得尤为客气。但对家长表示质疑的孩子也不少,比如"成绩不重要,重要的是过程""光学习不玩耍,聪明的孩子也会变傻""你们能先做好榜样吗""我会学习,但并不会举手,永远不(绝对的)""其实学习不是唯一的出路"⋯⋯这些话语值得我们思考,家长应以平等和尊重的态度跟孩子交

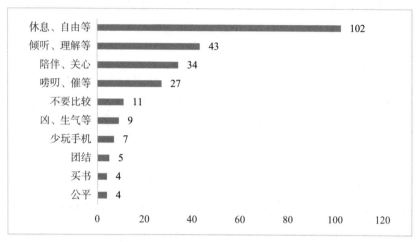

图 3-9 亲子互动中的孩子的需求与期望

流,了解他们对学习和人生的看法,试着考虑和接纳他们的意见,避免厌学情绪和逆反心理的产生或进一步加重。

（三）亲子互动关系维度分析

首先,输入信息与输出信息在内容上都体现了较强的同质性,比如学习是输入信息的主要内容,承诺与感谢是输出信息的主要内容。孩子对父母的期望包括适当的学习时间、尊重其独立自主性、尊重与相信的态度、倾听与换位思考、陪伴与爱。其次,从语言的表达方式来看,父母是强势的一方和提出要求的主体,孩子是弱势的一方和遵守规范的客体。最后,语句带有较强的主观色彩,提倡父母在生活中多用中性的和正向的带有感情色彩的语句与孩子互动。

在制作词云图时,将词云的形状设置为汉字,得到的结果中"亲"字为家长最常说的话的词云分布,"子"字为孩子最想对家长说的话的词云分布。从家长话语的词云图可以看出,家长最关心孩子的学习情况,强调努力和认真的学习态度,目标指向作业完成与考试。从孩子话语的词云图可以看出,孩子主要表达了对父母的感谢和承诺,保证好好学习。

图 3－10　亲子互动词云图

二、师生互动的学生视角[①]

师生关系是教师与学生在教育活动中形成的一种相互关系。在各种教学关系中,师生关系是最基本也是最核心的。它不仅关系到教育活动能否顺利开展,而且关系到学生的成长、发展和教师的专业发展,是影响教学质量的重要因素。针对学生的调查问卷中设置了两道开放题,分别是"周围人对你最常说的一句话"和"你最想对周围人说的一句话",其中有涉及学生与班主任之间的互动。在问卷数据分析过程中,基于学生视角对师生互动进行多维度编码,辅之以词频分析与词云。在此基础上,进行统计描述,并结合其他变量进行相关分析。通过扎根理论对文本进行编码,共形成教师话语、学生话语和师生话语关系三种编码结果。其中,教师话语编码包含 26 个开放式编码,8 个轴心式编码,3 个选择式编码;学生话语编码包含 7 个开放式编码,3 个轴心式编码。

(一) 师生互动输入编码分析

课题组进行了教师话语关键词统计(如表 3－148 所示)和编码(如表 3－149 所示)。从教师话语编码结果来看,教师话语内容体现为学习、生活、思想品质三个方面,感情色彩包括正向、中性、负向三个方面,表现形式分为明确规定和提出要求两个方面(如表 3－149 所示)。从学生话语编码结果来看,学生

---

① 本部分由课题组成员、华东师范大学教育学部硕士研究生罗旋撰写初稿。

话语内容体现为感谢、应答、要求、请求、祝福等七个方面,使用功能包含应答教师的要求和表达个人的诉求两个方面(如表 3-150、表 3-151 所示)。

表 3-148　教师话语关键词统计

词义	数量	比例
好好	229 条	14.00%
努力	212 条	13.00%
好好学习	182 条	11.00%
加油	167 条	10.00%
认真	141 条	8.00%
字	108 条	6.00%
无	102 条	5.60%
马虎细心	79 条	5.00%
态度	77 条	5.00%
考试	74 条	4.00%
成绩+分数	60 条	4.00%
作业	55 条	3.00%
惜时	51 条	3.00%
做题	49 条	3.00%
安静(纪律)	35 条	2.00%
学习目的	34 条	2.00%
学习重要性	30 条	2.00%
复习预习	29 条	2.00%
勤奋懒惰	27 条	2.00%
失败+成功	25 条	1.00%
相信	24 条	1.00%
专心	20 条	1.00%
骄傲谦虚	16 条	1.00%
基础	14 条	1.00%

表 3-149 教师话语编码

选择式编码	主轴式编码	开放式编码
话语内容	学习	提高课堂学习效率(规范、状态、方法、纪律),维持课间秩序(强调课间纪律、寻求学生帮助),课后巩固(完成作业、关注成绩、预习、复习、做练习题、制定目标)
	生活	关系到学生个人(积极的态度、美好的品行、稳重的人格、人身安全、健康的体魄),关系到同学之间的关系(和睦相处、合作共赢、同伴间良性竞争),与老师相处(服从教导、理解老师的用心),与父母相处(顺从父母的要求、孝敬父母)
	思想品质	勇敢,独立,宽容,合作意识
话语性质	规定	显性的明文规定,隐性的教师个人要求
	目标	指向升学考试的远景目标,表示程度的模糊目标,可量化的成绩目标
感情色彩	正向	鞭策,鼓励,赞扬
	中性	肯定句,否定句,疑问句;空白答案
	负向	警示,训导,讽刺

通过对教师话语进行三级编码,按照话语内容、话语性质、感情色彩三个维度编制教师话语结构,结合关键词比例,可以发现基于学生视角的教师话语具有三个方面的特点。

1. 教师话语的内容

教师在师生对话中的话语主要涉及学习、生活、思想品质三个方面。其中,围绕"学习"主题进行的语言表达占的比例最大,其次是学生的生活和思想品质。

一是学习方面。教师话语从课堂、课间、课后三个时间维度展开,关联不同的期望和要求,并且最终指向提高学生学习成绩的目的。首先,为提高学生的学习效率,教师会在课堂纪律维护、学习规范、听课状态、学习方法等不同方面给出建议。其次,为使班级活动与教学活动正常展开,课间的教师话语多体现为维持纪律和寻求学生帮助的内容。最后,为维护学校的教学成果,实现成绩提升的目的,教师的涉及课后学习的话语主要关联作业、成绩、预习、复习和学习目标的制定与执行。

二是生活方面。学生个人、同学之间相处、师生相处、与父母相处四个要素是教师日常话语中涉及学生生活的部分。其中为鼓励内向、自卑的学生参与课堂互动和校园生活,教师会用话语表达对学生积极态度的期望;为使学生实现身心全面发展,教师话语中有小部分会关照学生的人身安全、心理健康等状况;有少量数据显示,教师话语中还会体现与同学之间和睦相处、服从和理解教师的教导、关心和孝敬父母等内容。

三是思想品质方面。少数教师会在表达中关注学生思想品质的形成,但多是提出要求,而不是起引导学生思想品质形成的作用。对教师话语编码后可以直观地观察到,关注学生思想品质形成的教师多注重勇敢、独立、宽容和合作意识。

2. 教师话语的性质

从教师话语编码的过程中可以感受师生上下位的层级关系。教师对学生最常说的话不仅多与学习关联,而且体现出其单方面的强支配性。教师话语按照性质划分后较为单一,主要分为强调规定和预设目标两个部分。

一是规定。为使教学活动正常有序进行,尤其面对的施教群体是还没有形成自律意识的小学生,教师的话语会反复强调硬性规定或隐性要求,以期在学生意识中形成行为约束力。这其中包括有理可依的国家、教育机关、校方一致认可的明文规定,以及维持日常教学活动的教师个人的要求,比如"不要乱窜""这点分数还嘻嘻哈哈""乖一点"等。

二是目标。本课题研究对象为小学毕业班学生,他们面临小升初考试的压力,通过调查问卷收集到的教师话语的信息还表现出应试功能。为提升学生的学习成绩,教师在话语中会帮助学生清晰目标,达到驱动学习行为的效果。其中包括指向升学和个人未来的远景性目标,比如表达对学生顺利通过小升初考试,进入理想中学,未来成才,报答父母,报效祖国的期望;教师也会通过话语为学生预设清晰、可量化的分数目标或表达对学生进步的期望,为学生的学习提供动力,比如"什么时候能达到 90 分""希望下次达到优秀""加油,你可以做到"。

3. 教师话语的感情色彩

教师的话语包括正向、中性、负向三种感情色彩。其中,负向的教师话语中训导语气占的比例最大,代表日常教师话语的感情色彩,其次是中性的评价式话语,积极正向的教师话语占的比例最小。

正向的教师话语包括鞭策、鼓励和赞扬,教师通过正向话语实现对学生进步的助力。这是素质教育倡导的良性师生关系中需要增加比例的话语要素。正向的话语具有正向的意义,是拉近师生关系纵向差距和横向距离的语言工具。

中性的教师话语由肯定句、否定句、疑问句和空白答案构成。肯定句和否定句通常起非正规教学评价的作用。疑问句多关联作业、成绩、纪律,比如"怎么没有写作业""哪道题不会""为什么要影响其他同学学习"。空白答案可能代表教师没有代表性用语或者师生缺乏一对一交流。

负向的教师话语起为学生划定行为边界的作用,不提倡大量使用,占的比例却是最大的。在学生视角中,大部分教师最常使用训导式的语言捍卫权威,达到威慑学生、使其服从教学指令的目的。良性的师生关系是平等交互的,负向的教师话语的大量使用不利于学生维护自身的话语权。

利用教师话语的关键词表进行辅助分析,发现其中有几个特殊关键词值得关注。首先是"好好"一词,多与其他动词关联组成"好好学习""好好听课""好好写作业""好好写字"等短语,实际上它的功能是指向规范学生的行为、强调教师要求的,但"好好"在语境中属于程度副词,表示认真、努力的程度。但需要注意的是,"好好"一词表现出的程度标准其实是模糊的、难以衡量的。对此教师难以解释,不利于学生转化理解,如此大量使用,其价值有待反思。其次,教师常用话语中关联成绩、分数等应试教育的内容占的比例很大,剩余的有关勤奋、努力、认真、坚持等学生思想品质形成的关键词,其搭配方式也多是与学习活动关联,目的指向成绩提升而不是思想品质形成。最后,5.60%教师话语的素材是空白,其背后可能隐含着教育公平问题,反映出在师生互动中对一部分学生缺少关注。

(二)师生互动输出编码分析

学生话语与教师话语相比,表现出内容单一、情感表达单薄的特点。对相关数据进行处理,第一阶段为开放式编码结果,开放式编码是对资料中原始语句进行编码和登录,以产生初始概念和范畴,分析概念的基本属性,减少研究者的主观色彩,拆分提取,得到七个基本范畴(如表3-150所示)。第二阶段为关联式编码结果,提炼出三个主范畴(如表3-151所示)。关联式编码在开放式编码的基础上,进一步对范畴属性和维度进行归纳,发现资料与概念范畴之间的有机联系,产生高一层次的范畴。

表 3-150   学生话语开放式编码

基本范畴	话语举例
承诺性话语	努力认真,把字写好,抓紧时间,听从教导,改正错误,突破自我,提高成绩,改正错误,调整心态,探望老师
应答性话语	知道了,嗯,好,会的,不会的,不知道
感谢性话语	感谢照顾,感谢栽培,感谢信任,感谢表扬,感谢付出,感谢陪伴,感谢支持
致歉性话语	对不起,抱歉,给您添麻烦了
要求、请求	能不能不要留堂,能不能少点作业,能不能上体育活动课,能不能不要严厉,能不能不要迁怒,能不能不考试
祝福	事业顺利,身体健康,桃李满天下,青春永驻
空白	—

表 3-151   学生话语关联式编码

主范畴	副范畴
应答要求	承诺性话语,应答性话语
自我表达	要求、请求、致歉性话语、祝福
空白	—

应答的主范畴包含承诺性话语和应答性话语。首先,表达感谢的话语多达 688 条,占据所有数据的近 38.00%。与表达感谢关联的往往是"您的教导""您的信任""您的付出"等内涵宽泛但没有甄别价值的词语。感谢话语反映出在传统师生关系中,学生自觉扮演接受的角色,所以需要感谢。在意识里学生有需要感谢老师的自觉,话到嘴边却不知道具体应该感谢什么。其次,"我会的""我会""我不会""嗯""好的""知道了"等应答性话语有 606 条,占35%,这反映出学生对在师生关系中扮演上下位层级关系中的下层角色的自我认知,学生在日常师生关系中最常表达的是服从和接受。此外,学生的承诺性话语还存在表述明确和表述模糊的区别,表述模糊或许说明学生是被动地加工教师的话语,理解教师对自己提出的要求。根据话语使用的目的,将承诺性话语与应答性话语纳入应答要求的主范畴,这一类学生话语,反映的是学生在师生关系中为了维护关系、扮演角色,在自觉或不自觉情况下进行主动承诺或被动应答。

学生自我表达主范畴编码包含要求、请求、致歉性话语和祝福。由于研究对象的年龄、知识储备和语言表达能力的限制,学生话语多表现为直白、简单、相似度高的特点。与要求、请求关联的多是"少留作业""不要留堂""不要过于严厉",但表达多为祈使句,体现出师生关系中学生处于弱势。教师话语体现出对自身权威的维护、上下位的界定和服从的需求,使学生在话语表达中无法以平等的、沟通的姿态参与师生互动,为学生群体发声。

最后,主范畴领域无法忽视的是174 条、近 10% 的空白答案,与教师话语的空白答案相同。这一部分的数据,反映出学生无法表达或无从表达的现状,师生之间缺乏沟通,没有交互关系。许多学生无法回答自己"最想对班主任说的一句话"这个问题。

(三)师生互动关系维度分析

根据话语符号尝试建立师生话语关系,发现师生话语多为形式上的关联,缺少实质性的关联(如表 3 - 152 所示)。例如,在编号为 108 的学生调查问卷中,"班主任对你最常说的一句话"是"希望你考个好成绩","你最想对班主任说的一句话"是"谢谢老师"。当然,以二级编码为对象进行一一对应的分类,从情感—情感,层级—层级或内容—内容等维度都可以找到师生成对存在的对话,在一定程度上反映出师生话语关系的多样形态。

表 3-152　师生互动关系对应表①

		教师话语										
		正向				中性				负向		
		期待性话语	鞭策性话语	鼓励性话语	赞扬性话语	陈述句	否定句	疑问句	空白	警示性话语	训导性话语	讽刺性话语
学生话语	感谢性话语	108	77	83	67	128	144	649	56	877	820	1 669
	承诺性话语	186	29	658	275	487	441	415	444	230	237	105
	应答性话语	1 373	1 762	1614	676	930	710	15		1 129	44	1 734
	要求、请求	12	1 757	991		1 763	1 444	1 406	1 159	489	1 791	1 772
	祝福	276	428	219		191			1 304	451	512	
	致歉性话语		1 517	8								
	空白	610		471		1 509		478	327	66	70	431

　　但从数据反映出的比重上仍可以分析出师生关系的实然状态。首先,教师训导性话语比重大,学生感谢性话语比重大,这体现出训导—顺从的师生关系,这样的话语关系实际上是缺乏双向互动的。其次,教师的正向话语虽然比重不大,但多与学生的承诺性话语、感谢性话语联结,由此可以推断教师是师生关系的主导者,正向话语的使用对师生关系的良性互动是有益的。最后,师生话语关系中,空白答案通常是成对出现的,这体现出师生互动是

———————————

① 表格中数字为对应学生的编号。

双向、相对的。作为师生话语关系的调节者,教师应当注意在与学生的沟通中,既保"质"又保"量",每个学生都有对话的价值,都应该有话语表达的机会和权利。

三、同伴互动的学生视角[①]

所谓同伴关系,是指两个年龄相仿或者心理发展水平相当的个体在交往过程中建立和发展起来的人际关系。由于学校教育的特点,青少年绝大部分的学习、娱乐时间是在学校里与自己年龄相仿的同伴共同度过的,因此处于青春期的青少年受家庭方面的影响随年龄的增长逐渐弱化,而更多地受到同伴与学校教育的影响。

对学生调查问卷开放题"好朋友对你最常说的一句话"和"你最想对好朋友说的一句话"的答案进行了编码分析。首先,对每一条原始数据进行初步编码,初步编码的原则是优先使用被调查者自己的词语。其次,对原始数据和初步编码进行深度分析,归纳并建立输入信息与输出信息的概念类属,对其进行同伴关系的类型表征。例如:学生 X 的好朋友最常对 X 说的一句话是"你今天看起来很高兴,有什么开心事说来给我听",而学生 X 最想对好朋友说的一句话是"我们的友谊天长地久,可别在以后把我给忘了"。将好朋友最常对学生 X 说的一句话设为输入信息,将学生 X 最想对好朋友说的一句话设为输出信息。接着将输入信息和输出信息分别初步编码为"交流""友谊",再根据语句含义和初步编码分别对输入信息和输出信息的关系类型建立类属,分别为"亲密坦露与交流""理解与接纳"。最后,结合学生问卷基本信息中的"学生过去一周内的感受"中的消极情绪倾向(包括抑郁、不开心、生活没有意思、悲伤和焦虑五项)的数据,分析不同类型同伴关系中的青少年负性情绪水平,探讨同伴关系在青少年社会化发展和青少年负性情绪水平之间的中介作用。

[①] 本部分由课题组成员、华东师范大学教育学部硕士研究生袁宏撰写初稿。

　　将样本中的青少年同伴互动话语分为输入信息和输出信息,并对关系进行表征。参考并结合友谊质量问卷中的同伴友谊的特征分类①,对所有输入信息和输出信息分别进行表征,将青少年"好朋友—好朋友"之间的互动关系分为九个类型、三个维度。同伴互动输入信息与输出信息的类型分为帮助与指导、冲突与争执、鼓励与督促、肯定与关心、理解与接纳、陪伴与娱乐、亲密坦露与交流、学习与考试和其他类型,具体维度可以分为社会适应、学业发展和情感交流,其中学业发展方面包括帮助与指导、鼓励与督促、学习与考试,情感交流方面包括肯定与关心、冲突与争执、亲密坦露与交流,社会适应方面包括陪伴与娱乐、理解与接纳和其他类型。同伴互动输入信息表征和输出信息表征如表 3 - 153、表 3 - 154 所示。

表 3 - 153　同伴互动输入信息表征

类型	次数	比例	有效比例
帮助与指导	87 次	4.90%	4.90%
冲突与争执	17 次	0.90%	0.90%
鼓励与督促	407 次	22.70%	22.70%
肯定与关心	91 次	5.10%	5.10%
理解与接纳	73 次	4.10%	4.10%
陪伴与娱乐	391 次	21.80%	21.80%
其他	149 次	8.30%	8.30%
亲密坦露与交流	240 次	13.30%	13.30%
学习与考试	338 次	18.90%	18.90%
总计	1 793 次	100%	100%

---

① 万晶晶:《初中生友谊发展及其与攻击行为的关系研究》,硕士学位论文,武汉:华中师范大学,2002 年,第 7—8 页。

表 3-154　同伴互动输出信息表征

类型	次数	比例	有效比例
帮助与指导	49 次	2.70%	2.70%
冲突与争执	17 次	0.90%	0.90%
鼓励与督促	306 次	17.10%	17.10%
肯定与关心	40 次	2.30%	2.30%
理解与接纳	268 次	14.90%	14.90%
陪伴与娱乐	327 次	18.30%	18.30%
其他	172 次	9.60%	9.60%
亲密坦露与交流	373 次	20.80%	20.80%
学习与考试	241 次	13.40%	13.40%
总计	1793 次	100%	100%

对"好朋友—好朋友"互动话语的研究发现,在输入信息方面,即在学生最常听到的好朋友对自己说的一句话中,涉及鼓励与督促、陪伴与娱乐的话语数量较多,分别占样本所有输入信息的 22.70%、21.80%;有关学习与考试、亲密坦露与交流的话语数量次之,分别为 18.90%、13.30%;有关冲突与争执的话语数量最少,仅占 0.90%。在输出信息方面,即在学生最想对好朋友说的一句话中,涉及亲密坦露与交流、陪伴与娱乐、鼓励与督促的话语数量明显多一些,分别占 20.80%、18.30%、17.10%;有关理解与接纳、学习与考试的话语数量占 14.90% 和 13.40%;和冲突与争执相关的话语数量同样仅占 0.90%。

如表 3-155 所示,对输入信息和输出信息进行分析发现,在输入信息方面,学生主要接收同伴的鼓励与督促的信息,谈论较多的是玩耍、学习方面的话题;在输出信息方面,学生较多地向同伴坦露自己的内心想法,表达对同伴陪伴自己度过少年时光的感激,以及一起努力考上好学校的美好愿望。由此可以看出,大部分学生在相互吸引的前提下,在日常交往过程中除了玩耍、学习,还喜欢向同伴诉说自己的心事,与同伴相互鼓励和督促,从而建立情感连接,获得情感支持。值得注意的是,也有少部分学生在与同伴的交往中,以冲突与争执为主,不能与同伴进行顺利交往。

表 3 - 155　同伴互动输入与输出关系交叉列表

		输出关系表征									
		帮助与指导	冲突与争执	鼓励与督促	肯定与关心	理解与接纳	陪伴与娱乐	其他	亲密坦露与交流	学习与考试	总计
输入关系表征	帮助与指导	17	0	12	0	16	11	0	22	9	87
	冲突与争执	0	14	1	0	0	1	0	1	0	17
	鼓励与督促	5	0	156	9	57	62	16	72	30	407
	肯定与关心	1	1	15	17	20	13	2	18	4	91
	理解与接纳	1	0	9	0	45	10	0	5	3	73
	陪伴与娱乐	2	2	32	8	54	159	18	62	54	391
	其他	2	0	3	0	7	6	117	7	7	149
	亲密坦露与交流	7	0	19	4	35	34	6	126	9	240
	学习与考试	14	0	59	2	34	31	13	60	125	338
	总计	49	17	306	40	268	327	172	373	241	1 793

从同伴互动输入与输出关系交叉列表(表 3 - 155)中可以看出,在调查的学生群体中,学生与好朋友之间的陪伴与娱乐、鼓励与督促类型的互动最多,亲密坦露与交流、学习与考试类型的互动次之。结合同伴互动负性情绪与互动关系表(表 3 - 156),发现负性情绪与同伴关系类型存在一定的相关性,学生的总体负性情绪均分为 1.714 947(满分为 5 分),和冲突与争执相关的输入信息和输出信息的负性情绪均分为 1.941 176 和 1.964 705,明显高于总体和其他

类型互动关系的负性情绪均分。此外,帮助与指导、鼓励与督促、理解与接纳互动类型的负性情绪均分低于总体负性情绪均分。这表明,同伴关系与学生的情绪水平具有一定的相关性。情绪是影响个体心理健康的重要因素之一,而良好的情绪不仅有利于维持稳定的心理健康状态,有助于学生的社会化发展,能够促进学生的亲社会行为,而且能够使学生更好地投入学习活动,从而取得良好的学习成绩。因此,良好的同伴互动对学生的心理健康、社会能力和学习成绩有着重要的影响。

表 3-156　同伴互动负性情绪与互动关系表

负性情绪得分		输出关系表征									
		帮助与指导	冲突与争执	鼓励与督促	肯定与关心	理解与接纳	陪伴与娱乐	其他	亲密坦露与交流	学习与考试	均分
输入关系表征	帮助与指导	1.870 588		1.433 333		1.350 000	1.409 090		1.709 090	1.777 777	1.646 808
	冲突与争执		2.000 000	3.200 000			1.200 000		1.000 000		1.941 176
	鼓励与督促	1.240 000		1.643 048	1.822 222	1.457 143	1.557 046	2.097 222	1.724 637	1.598 540	1.635 116
	肯定与关心	1.800 000	1.600 000	1.613 333	1.821 428	1.565 656	1.766 666	2.100 000	1.677 777	1.300 000	1.764 321
	理解与接纳	2.800 000		1.511 111		1.602 739	1.680 000		1.636 363	1.800 000	1.606 844
	陪伴与娱乐	1.600 000	1.700 000	1.806 667	2.175 000	1.602 996	1.846 553	1.764 705	1.722 408	1.883 268	1.719 086
	其他	1.000 000		1.000 000		2.000 000	1.200 000	1.827 458	2.000 000	1.921 428	1.826 851
	亲密坦露与交流	1.685 714		1.568 421	1.750 000	1.800 000	1.795 180	1.933 333	1.854 604	2.177 777	1.747 391
	学习与考试	1.483 333		1.581 132	1.400 000	1.745 454	1.493 055	1.491 803	1.601 351	1.748 752	1.776 521
	均分	1.616 091	1.964 705	1.630 256	1.674 107	1.626 780	1.795 442	1.805 475	1.822 784	1.648 564	1.714 947

第四章　家校社协同的样态

第三章基于调查问卷的结果,着重从学生和家长等角度分别在生态区层面、区域层面和个体层面上呈现了"新基础教育"研究实验学校家校社协同的现状。本章聚焦家校社协同的样态,基于案例研究呈现教育责任共生体的实践模型。这些实践模型均在家校社协同的经典模型基础上进行了拓展性探索。

第一节　家校社协同的经典模型

社区学校模型与家长卷入模型是家校社协同的两种经典模型。这两种模型均来自美国,其中社区学校模型基于宏观的或社区层面上的组织合作视角,家长卷入模型基于微观的或个体层面上的参与者视角。与此同时,两者的共性在于均把中小学校作为家校社协同的主导性力量,并且两者所依据的视角是相辅相成、密不可分的。

一、社区学校模型

社区学校在美国具有源远流长的发展历程。1935 年,弗兰克·J. 曼利(Frank J. Manley)代表密歇根州弗林特市公立学校撰写了一个方案,并从莫特基金会获得了六千美元的资助。该笔资金用于开展娱乐项目,以便为青少年提供活动的机会,并作为帮助其他人的手段。采用这个项目的学校被称为"社区学校"(community school)。在第一年,有 5 所学校提供社区教育。三年之后,该项目降低了将近 70% 的青少年犯罪,几乎没有发生儿童的交通死亡事故,并且又有 22 所学校加入。①

经过多年发展,社区学校在弗林特市居民形成城市社区生活共识的过程中产生了重要的作用。这也是"社区教育"(community education)这一术语正式出现并被广泛传播的时期。学校被认为是社区教育最好的中心,这有多个理由,包括公立学校位于一个特定税收社区的中心,拥有适合多样参与者的设施,以及属于公众。② 指导社区学校的工作原则是:(1)社区学校帮助人们自助;(2)社区学校关注预防和教育而非慈善;(3)领导力发展项目必须鼓励有想法、主动、有创造力和有必要的感觉或感触的人们;(4)聪明的管理把合理的业务判断和合理的愿景结合起来;(5)始于家庭,在照顾你的邻居之后,基于被证实的"助人自助"的模型向全国和全世界提供帮助。③

弗兰克·J. 曼利是被美国教育历史学家广泛认可的社区学校运动奠基人和社区教育之父。④ 当然,弗兰克·J. 曼利走上历史舞台少不了一位伯乐。1926 年,实业家和慈善家查尔斯·斯图尔特·莫特(Charles Stewart Mott)建立了名称为莫特基金会的家庭慈善事业。1935 年,查尔斯·斯图尔特·莫特听到了弗兰克·J. 曼利在扶轮国际会议中有关弗林特市青年问题的演讲。以能够发现优秀领导者著称的查尔斯·斯图尔特·莫特看到,弗兰克·J. 曼利不仅是一位教育者,还是一个深怀助人自助精神的人。查尔斯·斯图尔特·莫

---

① Megan Groeneveld, "Can Community Education Save Flint, Michigan?"参见 https://www.academia.edu/23955952/。

② Lisa Farley, *Community Education in Indiana from 1965 – 1987: An Oral History*. Ball State University, 2005, pp. 9 – 10.

③ Frank J. Manley, B. W. Reed, and R. K. Burns, *Community Schools in Action: The Flint Program*. Chicago: University of Chicago Press, 1961, pp. 65 – 69.

④ Twain Owens Tharp, *User Satisfaction of the Community Education Program as Perceived by Stakeholders in the North East Independent School District in San Antonio, Texas*. Texas: Texas A & M University, 2007, pp. 33 – 34.

特还认为,弗兰克·J. 曼利是一个知道如何把理想付诸现实的人。作为体育教师的弗兰克·J. 曼利成为莫特基金会的一位项目执行主任。娱乐是他的爱好,同时"他有着坚定的信念,即犯罪可以被运动救治——棒球、网球、篮球、足球、游泳、径赛、摔跤、拳击——任何运动皆可释放压力同时强身健体"①。

　　弗兰克·J. 曼利最初并没有关注社区教育,他关注的是男孩的犯罪问题,并希望通过提供棒球、网球、游泳和其他活动的机会来避免密歇根州弗林特市的男孩陷入困境。当查尔斯·斯图尔特·莫特质疑建立男孩俱乐部的想法时,弗兰克·J. 曼利回答道,"在社区的每个地方都有潜在的男孩俱乐部——假如学校能够在夜晚开放"②。弗兰克·J. 曼利等人在《实践中的社区教育:弗林特项目》一书中指出,弗林特市试验的初衷是努力降低青少年犯罪率,其目标是开放学校和社区场所作为娱乐地点,从而使青少年忙于运动,极少有时间去犯罪或找麻烦。③后来扩展到成人娱乐项目,主要是为了让在大萧条中失业的人们有事可做。

　　然而,许多社区问题是相互缠绕的。1937 年的家访教师项目开始于同那些孩子不经常上学的家庭一起工作。弗兰克·J. 曼利向查尔斯·斯图尔特·莫特申请一万美元来聘请家访教师,通过对所谓的违法者的家访探明他们的家庭情况。结果表明,不能只是送给孩子一只球和一副拍子就希望他在学校表现得良好,如果他自身和家庭存在严重的问题。不久,又增加了其他项目,比如健康中心、职业培训、成人家政课程和母亲俱乐部等,以回应社区多方面的需求和期待。④ 因此,除了关心儿童、青少年的教育和娱乐,社区学校指导者

① C. M. Campbell and Frank J. Manley, "Leader, Creator, Humanist," in Larry E. Decker(ed.), *The Evolution of the Community School Concept: The Leadership of Frank J. Manley.* National Community Education Publication Series. Fairfax, VA: National Community Education Association, 1972, p. 33.

② C. M. Campbell and Frank J. Manley, "Leader, Creator, Humanist," in Larry E. Decker(ed.), *The Evolution of the Community School Concept: The Leadership of Frank J. Manley.* National Community Education Publication Series. Fairfax, VA: National Community Education Association, 1972, p. 195.

③ Frank J. Manley, B. W. Reed, and R. K. Burns, *Community Schools in Action: The Flint Program.* pp. 65–69.

④ Twain Owens Tharp, *User Satisfaction of the Community Education Program as Perceived by Stakeholders in the North East Independent School District in San Antonio, Texas.* p. 37.

发现他们自己卷入了社会服务、政治、咨询和其他各种领域。

　　作为一种实践,美国社区教育肇端于 20 世纪 30 年代的密歇根州弗林特市。显然,除了基于莫特基金会的一系列个体和组织的作为,大萧条时代弗林特市紧迫的经济和社会需要要求当时的人们做一些事情。同时,作为一种思想,社区教育根源于约翰·杜威于 1899 年所著的《学校与社会》,该书认为学校承担着比教育儿童更加广泛的角色。1911 年,美国教育研究协会(American Education Research Association)发布了题为《学校作为社区中心》的报告。1913年,约瑟·K. 哈特(Joseph K. Hart)出版了《村庄和农村社区的教育资源》一书,主张把学校资源用于社区。这些著述是美国社区教育的早期思想来源。

　　社区教育项目被认为是莫特基金会给予弗林特市乃至美国的最大的礼物。① 弗林特市的社区学校项目取得了成功,开始成为人们观摩学习的对象,其他地方开始聘请来自弗林特市的人们。到 1950 年,弗林特市的社区教育项目已经成为美国几百个类似项目的模范。基于最初几所社区学校的成功实践,查尔斯·斯图尔特·莫特和弗兰克·J. 曼利同密歇根州立大学的荣誉退休教授欧内斯特·O. 梅尔比(Ernest O. Melby)一起,于 1953 年开发出一个社区学校模型,并推广到弗林特市的 36 所学校,最终成为美国学校与社区合作以解决社区问题的范例。②

　　值得一提的是,美国社区教育的发展过程看似一帆风顺,实际上充满了曲折。莫特基金会在二十多年的投入之后,于 1987 年停止了对印第安纳州社区教育发展研究所的经济支持。印第安纳州社区教育发展研究所仅仅依赖鲍尔州立大学的基金和一名员工继续工作了三年,最终于 1990 年解散。随着 1987年该研究所外部资金支持的停止和工作人员的流失,印第安纳州社区教育作为一种活跃的辉煌的教育运动的历史开始退潮。由于社区教育始终没有得到

---

① Megan Groeneveld, "Can Community Education Save Flint, Michigan?"参见 https://www. academia. edu/23955952/。

② Fran Krajewski, "Community Education: A National Resource Contemplates its Future," *Mott Exchange*, 1997(1), pp. 6 – 13.

印第安纳州政府的立法和资金支持，该州教育部门不再保留社区教育顾问，印第安纳州社区教育协会也于1990年停止运作。此外，随着经济和社会的变迁，弗林特市从20世纪50年代的二十万人减少到目前的大约九万九千人，该市也从一座大城变成一座空城。随之而来的是各种社会问题的再次爆发，似乎回到了社区教育初创时期，乃至现在的弗林特市人再次希望通过社区教育重振该市。①

在改革开放之初，我国教育者基于自身学校教育发展需要也创造了类似的社区学校模型。在有关我国社区教育发展的历史叙事中，1986年9月30日"真如中学社会教育委员会"在上海成立，被认为是一个拉开我国改革开放后社区教育发展序幕的标志性事件，也是关于家校社协同育人机制探索的标志性事件。通过与社区教育创始群体接触，可以发现社区教育不仅是一种组织创设，而且是促进学校内部整体改革的一种路径创设。对应学校内部的德育、教学、总务三大分工，"真如中学社会教育委员会"理事会成立了德育组、教学组、总务组，全面参与学校的教育管理，促进学校教育社会化。其中，德育组的职责分工是：参与并研究学校、家庭、社区德育一体化；调查学生的思想品德动态，反馈社区意见；协助学生开展社会实践活动，推进社区社会主义精神文明建设，优化社会教育环境；对学校德育工作开展咨询并提出建议。围绕育人的总目标，真如中学与"真如中学社会教育委员会"理事单位建构了一个从初一到高三的社会实践网络，开展了丰富的服务、学习活动。例如，作为理事单位的真如火车站，假期帮助学校与郑州机务段、洛阳机务段、南京机务段联系，以协作单位的特殊优惠，让高中部分团员登上列车，当义务列车员，并到郑州、洛阳、南京等地开展社会考察活动。通过社会实践网络开展各项活动后，学生在两年时间里整理出六百多篇调查报告，其中《社会实践好》荣获上海市1987年"优秀社会考察报告奖"。②

---

① Megan Groeneveld, "Can Community Education Save Flint, Michigan?"参见 https://www.academia.edu/23955952/。

② 叶立安：《浅议开放办学的道路：筹建"社会教育委员会"的回顾与思考》，《上海教育科研》1988年第6期，第63页。

　　由此可见,中小学校与社区的互动问题是社区学校模型的核心问题。但随着我国社区教育实践的推广和多样化发展,"社区学校"和"社区教育"这两个术语越来越多地被用于面向成人或老年人的教育项目,尤其是休闲娱乐项目,而与中小学教育渐行渐远。事实上,尽管"社区教育"这一术语的外延随着时代的变迁有所扩展,但是中小学校与社区的互动问题始终是社区教育的应有之义,也是教育研究者应该持续探讨的主题。

二、家长卷入模型

　　家长卷入模型源于学校、家庭与社区伙伴关系研究取向。尤里·布朗芬布伦纳(Urie Bronfenbrenner)于 1979 年最早提出了一个有关人类个体发展的生态学分析框架。其核心观点是:个体与环境必须被看作相互塑造的系统,每一方都随着时间而改变,且对另一方的改变进行反应。该生态学分析框架提出了有关社会生态系统的四个层次的分析:(1)微观系统——发展中的个体所经历的一种活动、角色和人际关系模式,该个体处于具有特定物理和物质属性的一定情境中;(2)中间系统——发展中的个体所积极参与的两个或更多情境之间的相互关系(例如,对一个学生而言,是家庭、学校和邻里同伴群体之间的关系;对一个成人来说,是家庭、工作和社会生活之间的关系);(3)外部系统——不包含作为一名积极参与者的发展中的个体的一个或更多情境,但发生于其中的事件产生影响或受到包含发展中个体的情境中的事件的影响;(4)宏观系统——在较低层次系统(微观的、中间的和外部的)的形式和内容上存在的或可能存在的一致性,在亚文化或作为一个整体的文化层次上存在的一致性,以及这些一致性背后的任何信念系统或意识形态。[①]

　　学校、家庭与社区的伙伴关系处在上述中间系统层次上,是指中小学生置身于其中的学校、家庭与社区之间的互动。建立学校、家庭与社区的伙伴

---

① Urie Bronfenbrenner, *The Ecology of Human Development: Experiments by Nature and Design*. Cambridge, MA: Harvard University Press, 1979, pp. 22 – 26.

关系的实践价值在于，"可以改善学校课程和学校氛围，向家庭提供服务和支持，提高家长的技能和领导力，把家庭同学校和社区中的其他人连接起来，帮助教师开展工作等。当然，其最终价值在于帮助所有年轻人在学校和以后的生活中取得成功。当家长、教师、学生和其他人把彼此视为教育中的伙伴，一个围绕学生的关爱社区就形成了，并且开始运转"①。建立学校、家庭与社区的伙伴关系的直接理论依据是学校、家庭与社区之间的交叠影响域理论模型。② 交叠影响域理论外部模型指出，作为学生在其中学习和发展的三个主要情境，家庭、学校和社区可以被聚合在一起或者被割裂开来。在该模型中，既有一些由学校、家庭和社区分别开展的活动，也有一些由三者共同开展的活动，借此影响学生的学习和发展。交叠影响域理论内部模型表明了复杂且重要的人际关系和影响模式在哪里，以及如何发生于家庭、学校和社区中的个体之间。这些社会关系可以在机构层面和个体层面付诸实施和加以研究。

在学校、家庭与社区的伙伴关系研究取向中，研究得最充分的是"家长卷入"（parental involvement）这一主题。乔伊斯·L. 爱普斯坦（Joyce L. Epstein）于1995年提出了经典的家长卷入模型。这一模型包含六种类型的家长卷入③：

（1）养育（parenting），即帮助所有家庭营造家庭环境以支持作为学生的孩子，例如为支持每一年级层次的学习的家庭环境提供建议，为每一年级和年级层次的养育和学生抚育提供工作坊、录像带和自动化电话信息，提供家长教育和其他家长课程或培训以辅助家庭健康、营养项目和其他家庭支持项目，在进入幼儿园、小学、初中和高中的节点进行家访等。

（2）沟通（communicating），即就学校项目和孩子学习进展进行学校与家庭的双向沟通，诸如每年至少同每一位家长进行一次讨论且必要时进行跟踪，有

---

① Joyce L. Epstein, "School/Family/Community Partnerships: Caring for the Children We Share," *Phi Delta Kappan*, 1995, 76(9), pp. 701 – 712.

② Ibid.

③ Ibid.

需要时成为家长的语言翻译者,把每周或每月的学生活动文件夹送到家里以便回顾和评论,让家长/学生获得报告卡且就不断改善的成绩进行讨论,进行定期的通知、通信和其他沟通,提供有关选择学校或在学校中选择课程、项目和活动的清晰信息,提供有关所有学校的政策、项目、改革和转变的清晰信息等。

（3）志愿服务(volunteering),即招募和组织家长提供帮助和支持,诸如开展旨在帮助教师、管理者、学生和其他家长的学校志愿者项目,开展志愿活动、会议并向家庭提供家长室或家庭中心;开展旨在识别志愿者所有可用才能、时间和地点的年度明信片调查;开展家长巡查或其他活动以辅助学校项目的安全和运作等。

（4）在家学习(learning at home),即向家庭就如何帮助学生在家完成作业和其他课程相关活动、决定和计划等提供信息和想法,诸如向家庭提供有关学生在每一年级所有学科中所获得的技能的信息,有关家庭作业政策和如何在家调控与讨论学校活动的信息,有关如何辅助学生在各种课堂和学校评估中改善技能的信息;要求学生与家庭共同完成关于学习进度的定期家庭作业,填写家长和学生在家活动日历,开展家庭数学、科学和阅读活动;要求家庭参与每年学生的目标设定等。

（5）决策(decision making),即在学校决策中吸纳家长,发展家长领导者和代表,诸如成立家长组织、议事会或委员会(比如课程、安全、人事),成立为学校改革和改进而游说和工作的独立倡议团体,成立为了家庭和社区的学区层次的议事会和委员会,提供有关为了产生学校代表而进行的学校或地方选举的信息,建立把所有家庭和家长代表连接起来的网络等。

（6）同社区开展合作(collaborating with community),即识别、整合来自社区的资源和服务,以强化学校项目、家庭活动,以及学生的学习和发展,诸如为学生和家庭提供有关社区健康、文化、娱乐、社会支持和其他项目或服务的信息,提供与学习技能和才能相关的社区活动信息,通过伙伴关系(包含学校/与市民、咨询、文化、健康、娱乐相关的机构和组织/企业)进行服务整合,由学生、家庭和学校提供面向社区的服务（比如面向老年人或其他人的美术、音乐、戏剧和其他活动），请校友为了学生参与学校项目等。

上述家长卷入的经典模型出现以来，不断得到越来越多的实证研究和检验。就有关这一主题的定量研究而言，威廉姆·H. 杰恩斯（William H. Jeynes）曾分别于 2003 年、2005 年、2007 年、2012 年、2016 年和 2017 年发表了有关"家长卷入"这一主题的元分析成果。元分析是一种把已有的多个定量研究结果结合起来进行再分析的统计分析。早在 2003 年，威廉姆·H. 杰恩斯就指出，在过去二十年，有关家长卷入的研究日益增多；"家长卷入"是教育界最重要的主题之一，并且已经成为教育者、家长和领导者之间进行教育对话时的中心论题之一。① 这一判断也被其后的一系列元分析研究不断强化。这些元分析研究都检验了家长卷入及其每一个具体成分的总体效应，并表明家长卷入对学生学习成绩的影响总体而言是显著的。具体研究情况见下面表格。

威廉姆·H. 杰恩斯有关家长卷入的系列元分析研究

发表年份	包含研究的项目数	样本总量	研究群体	因变量	结论
2003 年	20	12 000	少数族群学生	学习成绩	家长卷入的影响总体而言对所研究的全部少数族群学生的学习是显著的。对所有族群学生而言，至少在 0.2 个标准差单位上，家长卷入总体上影响了全部所研究的学业变量。尽管如此，相比其他种族，家长卷入的特定方面在一些族群中具有更大的影响②
2005 年	41	20 000	城市的小学生	学习成绩	家长卷入总体上与学习成绩具有显著关系。在 0.7—0.75 个标准差单位上，家长卷入作为一个整体与所有学业变量相关，不论是白人还是少数族群学生，也不论是男孩还是女孩③

① William H. Jeynes, "A Meta-Analysis: The Effects of Parental Involvement on Minority Children's Academic Achievement," *Education and Urban Society*, 2003, 35(2), pp. 202-218.

② Ibid.

③ William H. Jeynes, "A Meta-Analysis of the Relation of Parental Involvement to Urban Elementary School Student Academic Achievement," *Urban Education*, 2005, 40(3), pp. 237-269.

（续表）

发表年份	包含研究的项目数	样本总量	研究群体	因变量	结论
2007年	52	300 000	城市的中学生	教育成果	家长卷入总体上对中学生具有显著的影响。在0.5—0.55个标准差单位上，家长卷入作为一个整体影响了所研究的全部学业变量。家长卷入对白人和少数族群学生均具有积极的影响①
2012年	51	13 000	城市学前至高三年级学生	学习成绩	家长卷入总体上与学习成绩具有显著关系，不论是年龄小（学前和小学）还是年龄大（中学）的学生，也不论四种家长卷入的类型。在0.3个标准差单位上，家长卷入作为一个整体与更高水平的学习成绩具有相关性②
2016年	42	36 868	非洲裔美国学前到大学的新生	学习成绩与学校行为	家长卷入与学习成绩、全部结果具有显著关系，但与学校行为不具有显著关系，不论是年龄小（学前和小学）还是年龄大（中学和大学）的学生，也不论家长卷入的特定成分。在接近0.4个标准差单位上，家长卷入作为一个整体与更好的学校成果具有相关性③
2017年	28	25 417	拉丁美洲裔美国学前到大学的新生	学习成绩与学校行为	家长卷入与学习成绩、全部结果具有显著关系，但与学校行为不具有显著关系，不论是年龄小（学前和小学）还是年龄大（中学和大学）的学生，也不论家长卷入的特定成分。在接近0.52个标准差单位上，家长卷入作为一个整体与更好的学校成果具有相关性④

尽管有部分重合，威廉姆·H. 杰恩斯的系列元分析研究仍共计包含了234个研究项目，涉及407 285名参与者。研究对象包含了少数族群学生、城市的小学生、城市的中学生、城市的学前至高三年级的学生、非洲裔美国学前到

① William H. Jeynes, "The Relationship Between Parental Involvement and Urban Secondary School Student Academic Achievement: A Meta-Analysis," *Urban Education*, 2007, 42(1), pp. 82–110.

② William H. Jeynes, "A Meta-Analysis of the Efficacy of Different Types of Parental Involvement Programs for Urban Students," *Urban Education*, 2012, 47(4), pp. 706–742.

③ William H. Jeynes, "A Meta-Analysis: The Relationship Between Parental Involvement and African American School Outcomes," *Journal of Black Studies*, 2016, 47(3), pp. 195–216.

④ William H. Jeynes, "A Meta-Analysis: The Relationship Between Parental Involvement and Latino Student Outcomes," *Education and Urban Society*, 2017, 49(1), pp. 4–28.

大学的新生和拉丁美洲裔美国学前到大学的新生。不论学生性别、族群、年龄或年级,家长卷入作为一个整体对学习成绩的影响是显著的。

在人际关系上,家长卷入研究包含了家长与学生、家长与教师、家长与家长,以及家长与社区其他人等多重的人际联结。这些联结的建立和维持旨在维护一个有助于学生成长与发展的支持性环境。家长是学生的监护者和学习"经纪人",对学生的成长与发展负有不可推卸的教育责任。家长卷入实质上是把作为学生成长与发展的关键人的家长正式吸纳到教育系统中来,从而联结正规教育、非正规教育和非正式教育,并形成学生在校学习、在家学习和社区学习之间的协同效应。

第二节　家校社协同的微观基础

家庭与班级是学生生活的最基层组织,直接影响学生的多方面发展。在已有家校社协同经典模型的基础上,"新基础教育"研究实验学校首先从家校社协同的微观基础上进行突破,强调班级建设在家校社协同中的基础性作用。

一、家班共育①

家校社协同可以在不同的层面上运作。在宏观的区域层面上,可以由政府牵头建立区域内多方合作的平台架构和运作机制。在中观的组织层面上,家庭、学校和其他社区组织,尤其是社区内的场馆组织,可以牵头形成由一方主导或多方共建的伙伴关系。就一方主导的情形而言,有家庭主导的家校合作,有学校主导的家校合作,也有社区组织主导的家校合作;就多方共建的情

---

① 这一部分以笔者主持的《家班共育:家校合作的微观基础》专栏文章为基础形成。该专栏文章发表于《教育视界》(智慧管理)2019 年第 3 期,包括《以微信群为载体促进乡村家长的教育参与》(刘海霞)、《家班共育起点、展开与升级的实践探索》(孙伟伟)和《基于家校合作的家长学习的价值和样态》(王提)。

形而言,有仅仅由家庭与学校形成的狭义上的家校合作,也有博物馆、美术馆、少年宫等组织机构与学校形成的馆校合作和宫校合作等。

但是,宏观和中观层面的家校合作如果无法落实到微观层面,即以具体家庭和班级形成的家班共育,就缺少了宏观和中观变革的微观基础。尤其是当家校合作逐渐成为当前概念和政策上的热点话题时,缺少了微观层面上的家班共育,就缺少了众多家长、班主任和学生群体的广泛参与。以下案例分析为从微观层面探讨家校社协同提供了不同的角度,包括家班共育的广度、高度和深度。

一是家班共育的广度。广东省兴宁市罗岗中学班主任刘海霞以班级微信群为载体,邀请家长参与班级工作、班级活动和学生的假期学习实践活动,通过参与、交流、互动、分享,促进家长之间相互影响,激发家长参与教育的热情和行为。班级微信群为教师了解家长、家长了解孩子,以及家长之间相互了解和学习提供了平台,分享的内容包括孩子在学校的优秀表现、教育方面的知识和班级发展的情况等。班级微信群也是一个邀请平台,可以邀请家长参与班级文化建设、学校运动会和以村为单位的学习实践小队等,并促进家庭之间的友谊。

基于班级需求建设家长微信群

我所在的学校是一所乡村完中,地处偏远山区,距离县城四十多千米。大部分家长外出工作,孩子基本由老年人照顾。另外,有些村庄坐落在偏远山旮旯里,距离学校远。这里的孩子需要寄宿在学校。

2018—2019 学年,我担任高一的班主任,所带班级的 50 个学生中,父母双方都不在家的双留守学生有 19 个,父母一方在家的单留守学生有 16 个,一共 35 个留守学生,占全班人数的 70%。而内宿生有 22 个,占全班人数的 44%。留守学生和内宿生多,意味着大部分学生平时很少有机会与家长相处,家长也只能在周末通过电话与孩子简单交流。家长的长期"缺位"对孩子的健康成长非常不利。面对这样的现状,作为班主任应该如何为家长和孩子牵线搭桥呢?如何让在外务工和偏远家庭的家长随时了解孩子的在校情况呢？如何实现乡村的家校合作呢？

随着互联网的迅速发展和 Wi-Fi 的普及，微信已经成为非常普遍且实用的通信工具，连乡村的老年人都会使用了。于是，我想尝试建设家长微信群来解决上面的问题。

开学第一个星期，我以班级名义组建了家长微信群。其目的是为教师了解家长、家长了解孩子、家长之间相互了解和学习提供虚拟平台，家校合力共促班级孩子健康成长。周五下午放学前，我把微信号码即手机号码写在黑板上，交代学生把号码抄下来，让父母加老师的微信，方便父母加入家长微信群。没想到两个星期过去了，加我微信的家长只有二十多位。是家长嫌麻烦不愿加老师的微信还是学生没有转达到位呢？我找来几个学生了解真实情况。原来学生担心家长有老师的微信后，老师就会向家长打小报告。身为教师，首先要理解学生这样的想法，其次要及时消除学生的误解。第三周的周五下午放学前，我向全班学生说明建设家长微信群的目的和意义；并告诉学生，老师喜欢向家长报喜不报忧，一方面是因为你们在学校犯了错，教师有责任帮助你们认识并改正错误，而不是动不动就告诉家长，另一方面是因为不想让远方的家长担忧。第四周开始，越来越多的家长加入微信群。到 2018 年年底，只有 2 个学生的家长因为使用的是老年人手机而没有加入微信群。加入微信群的家长达到 55 位，其中男性家长有 20 位，在家乡的家长有 24 位、在外务工的家长有 31 位。

平时我以照片加文字的方式及时分享孩子在学校的优秀表现，让在外务工的家长和偏远家庭的家长都能随时看到、关注到孩子的点滴成长。我或分享教育方面的知识，以此提升家长的教育素质；或分享班级发展情况，让家长了解教师的教育理念和做法，从而得到家长的理解、认同和支持。经过一个学期的探索实践，我认为通过微信群可以促进乡村家长相互影响、相互学习，更可以促成家长的教育参与。以微信群为载体，乡村教师可以尝试邀请乡村家长参与班级工作、班级活动和假期学习实践活动，通过参与、交流、互动、分享促进乡村家长之间相互影响。在实践中，我发现外出务工的家长更加积极地参与在线交流,以赞助的方式支持班级工作;而在家乡的家长,则以出力为主。我还发现父亲对孩子的教育更加开明、用心,也更愿意花费时间在孩子身上,如这次校运会,三位家长志愿者都是爸爸;而母亲因为要照顾家庭,只能默默支持班级工作,在教育孩子方面,母亲会更加严格。

通过微信群,乡村家长还可以基于个体的家庭教育实践,从他们最关心的教育问题出发以非正式的形式提出问题、分享经验。此种形式为家长教育知识的获得、处理家庭关系的技能的分享提供了一条新的路径,同时使其自身素质得到提高,生成新的家长教育方式。通过家长之间的互动、家长微信群的运作,一些家长会影响甚至改变其他家长。

二是家班共育的高度。上海市闵行区七宝明强第二小学班主任孙伟伟从自身的工作经历出发,指出家班共育一直处在动态生成和调整的过程之中。其中,回应家长的需求是家班共育的现实起点,家长资源进班级是家班共育的典型展开,形成家校社教育合力是家班共育的升级版。从这里可以看出,家班共育的基点是满足教师、家长和学生群体之间的需求,其生长点是教师、家长和学生群体之间的资源流动,其拓展点是实现一种大学习观,即学习场所不限于学校和教室,学习资源不限于书本或教科书,学习主体不限于教师,从而突破了小学习观对学习场所、学习资源和学习主体的刻板印象。站在大学习观的高度,家班共育的视野、资源和场域将更富有内涵。

家班共育的现实起点:回应家长的需求

家班共育的现实起点是回应家长的需求。这要从我的班主任工作经历谈起,以下只是其中一个典型案例。

"孙老师!我有事情必须要向你反映一下!"放学后办公室里闯进一位满脸怒气的女士,一边用力拉扯着躲在身后的男孩,想让他站在我面前，一边用握着手机的手在半空中比画着，歇斯底里地冲着男孩叫嚷："你就是太胆小了！总是被人家欺负！还不敢告诉老师！"

来的这位是学生小 C 的妈妈，我连忙示意她跟我到隔壁教室去谈，让男孩留在办公室学习。经过她的一番连说带比画的解释，我最终明白了事情的来龙去脉。

原来，小 C 妈妈收到班级另一位家长的信息，小 C 在班级里被其他同学欺负，经常挨打。于是，一放学她就质问儿子是不是这样、为什么回家不讲，并当场责骂欺负小 C 的学生小潘："你为什么打我儿子？"在得到小潘的道歉之后，小 C 妈妈仍然不肯罢休，找到我，希望我去警告小潘和其他同学，不要再欺负小 C。

我一边认真听这位妈妈倾诉，一边分析问题的原因：这是一位全职妈妈，爸爸工作很忙，很少回家，当然也很少参与孩子的教育，所以从孩子出生一直到现在四年级了，都是妈妈一个人抚养。所有事情妈妈都亲力亲为，生怕孩子受一丁点儿委屈。这导致孩子的动手能力极差，明显低于班级其他学生，也因此在班级生活表现方面得不到大家的认可，逐渐被边缘化。因为是全职妈妈，所以她自己的社交圈子比较小，仅限于同班级的那几位和她有共同语言的全职妈妈，平时没事就用微信聊一聊养娃的辛苦事，眼睛盯着班级群，时刻打听孩子在校学习时的表现，对孩子的生活特别是学习异常焦虑。

基于对这位家长的了解，又耐心地听完她的控诉，我心里初步有了应对的办法。

我首先安慰她，同样作为妈妈，我能理解她此时此刻的心情，无论如何，动手打人肯定是不对的，要批评，要道歉。接着，我询问她消息的来源，她表示是其他家长告诉她的。于是，我告诉她，如果没有亲自看到，我需要第二天去核实一下，没有不相信谁的意思，只是要公平、公正地处理问题。最后，我提出建议，希望她以后再遇到类似问题第一时间打电话或者发微信给我，以便我及时处理。

　　第二天一早,我来到教室,找到班级小干部交流了最近班级学生在课间活动和体育课上的情况,特别提到了小潘同学和小 C 同学的矛盾,又单独向这两个同学进行了详细的了解。"兼听则明,偏信则暗。"通过和班级小干部以及当事人的交流,我终于明白了事情的原委。原来是小 C 先用语言激怒小潘,引起两人之间的口水战,之后小潘就动了手。这件事情被同学看到之后在家里闲谈的时候传到了家长的耳朵里,就变成了小潘同学经常欺负小 C 同学,还总是动手打他。虽说"谣言止于智者",但是有多少家长可以理智地对待孩子转达的信息呢? 家长无法看到孩子在班级的表现,不了解级的情况,只能从孩子的零星话语中得知些许,再加上自己的认知和想象,谣言就这样不胫而走了。

　　处理这样的事情宜早不宜迟,我当天让这两个同学互相道歉,并迅速给两位家长分别打电话,把事情的前因后果各有侧重地反馈给他们,并指出了这两个同学存在的问题。小 C 家长表示自己误会了,不应该听信别人的话乱发脾气;小潘家长表示自己的孩子不应该动手打人,应该道歉。

　　事情处理到这一步应该算是结束了,但是我内心无法平静下来。

　　在反思事件的同时我不禁联想到之前几件事情中家长的反应,例如食堂的食品安全问题、体育课上的"打架风波"、数学课上的"罚站"流言……虽然后经查实都属于误会,也一一解释清楚了,但这些问题确实浪费了太多的精力,也让班主任的工作变得非常被动。这些事情表面上看各不相关,实际上却都反映出家长关注班级教育教学工作的热情没有得到回应,从而引发了种种误解。

　　班级里还有很多和小 C 妈妈一样焦虑的家长,如何才能让他们放下焦虑的情绪,和班主任一起肩负起共同教育孩子的使命,而不是只做一个旁观者、监督者? ……

　　班主任工作千头万绪,但是抽丝剥茧找到了事情的根源,问题就变得相对简单了。

　　作为一个半路接班的班主任,面对一个问题很多的班级,我打算从这件事情入手,重新搭建班级和家长之间交流的平台,让家长及时了解孩子在班级的学习和生活情况。

　　三是家班共育的深度。上海市青浦区社区学院教师王提从家班共育过程中家长的胜任力出发,剖析了基于家校合作的家长学习的价值与样态。家班共育不只是家长通过参与学校教育提供直接支持,也包括家长通过营造家庭育人环境间接支持学校教育。因此,家班共育不仅是显性的直接合作,而且包括努力完成各自使命的隐性合作。在家校合作过程中,家长只有意识到自身学习的价值,才能更好地胜任家长角色,连接家庭和学校,为孩子创造更好的成长环境。其中,自我导向学习、成人互学和亲子互学等是家长学习的典型样态。家班共育的建立和维持不是一个静态的过程,而是随着时间的推移不断识别、调整和运用各种合作策略的过程。它既是家长、教师、学生和社区组织代表等相关者不断尝试完善的实践过程,也是这些相关者之间相互学习的过程。作为一种终身学习场,家班共育不仅为学生提供了更加广阔的学习机会,而且包含了成人之间的相互学习和成人与学生之间的相互学习。家班共育的深度与这一学习场中每一个个体的学习与转化程度密不可分,也考验着每一名参与者的教育观和社会观。

家长有效参与,提升家校合作质量

　　家校合作共同为孩子打造优良的成长环境,已经成为当前的热点话题。家长作为连接家庭和学校的关键角色,有必要通过不断学习提升自己的参与能力和水平。

　　既没有脱离家庭教育的纯粹学校教育,也没有脱离学校教育的纯粹家庭教育。孩子的成长需要家庭与学校、家长与教师共同努力。家校合作不是单向的过程,而是双向的互动,需要家长和教师通力合作。提升家校合作的质量对家长的参与意识和参与能力提出了要求。参与意识体现为：家长认识到自己在这一过程中的责任和重要性，针对教师提供的信息有主动反馈意见的行动，积极主动为家校合作的顺利进行建言献策。参与能力意味着家长能够和学校默契配合，通过多方面参与学校教育，提升孩子在校生活的质量。

增强家长家校活动的参与意识、提升家长家校活动的参与能力离不开家长学习。例如，在参与意识方面，很多家长仅仅关注自己的孩子在校学习的情况，甚至仅仅关心学习成绩，对学校组织的活动不关心、不关注，极少参与。即使家长会这类常规活动似乎也带有被动性质，不少家长觉得自己只需要带着耳朵听就好。学校举办的活动因为家长的缺席，活动效果大打折扣。参与意识的缺乏导致家长忽视了自己的教育权利和责任。家长与教师沟通的缺乏、孩子学校生活和家庭生活的分离，更加弱化了家长的参与意识。

即使家长参与意识到位，参与能力不够也会降低家校合作质量，出现心有余而力不足的情况。和学校默契配合，促进家校合作顺利开展是家长要具有和提升的能力，也是家长要学习的内容。首先，家长要对学校教育的教学方法和相关教育教学规律有所了解并有所理解，减少和避免双方因为教育理念冲突而给孩子带来学习障碍。其次，多种类型的家校合作活动，对家长有不同的能力要求。小到一些基本操作的掌握、基本知识的理解，大到一次活动方案的策划、活动开展的每个环节需要注意的内容和可能出现的问题，都对家长的综合素质提出了要求。家长作为家校合作不可或缺的角色，其参与能力和水平是家校合作成效高低的关键。学习是家长进步的阶梯，也是家校合作顺利开展的良方。

以上从三个维度对家班共育进行了简要描述，每一个维度都包含丰富的实践和理论论题。总而言之，只有家班共育具有一定的广度、高度和深度，家班共育才能成为一种理想的教育合作，家校合作在宏观和中观层面上的变革才能具有坚实的基础。

二、家长进课堂①

家长进课堂是指家长作为志愿者,基于自身的生活经验、工作经历或专业特长参与孩子所在班级或学校的教育教学活动。在不同的班级和学校,家长进课堂被赋予了不同的名称,比如家长讲堂、家长课堂、家长知识讲堂和家长绘本课堂等。有的班级或学校又根据班级或学校独特的个性赋予家长进课堂更加个性化的名称,比如葵花讲堂(江苏省常州市花园小学葵花中队)、万象讲堂(天津市经济技术开发区国际学校)。

家长进课堂是家长卷入或参与学校教育的途径之一。家长进课堂是家班共育和家校共育中的重要一环,不仅提升了家长持续参与学校教育的质量,而且推动了学生、教师与家长的主动发展意识与能力。家长进课堂是一个不断动态调整的过程。在家长进课堂活动过程中,如果想要收获实效,需要教师、学生与家长之间的良性互动。以下案例分析分别从教师、学生和家长的角度阐述了家长进课堂的价值与路径。

就教师方面而言,需要开启并不断探索新的可能性。在这方面,江苏省常州市花园小学班主任薛艳萍提供了一个有关家长进课堂的典型案例。家长进课堂不再局限于一种模式,而是呈现出各种变式,在形式、时空和讲课人员等方面十分灵活,并形成了一套切实可行的方案。

家长讲堂的展开

接下来家长讲堂开展得似乎很顺利。有个孩子悄悄来和我说:"薛老师,我妈妈会做牛轧糖,能来讲课吗?"我表示赞同后,她高兴极了,当天晚上就和妈妈说了。这位妈妈很积极,买材料,在班级群里布置任务,几乎

---

① 这一部分以笔者主持的《家长进课堂:何谓、为何与何为》专栏文章为基础形成。该专栏文章发表于《教育视界》(智慧管理)2019 年第 6 期,包括《班级家长讲堂的实施策略研究》(薛燕萍)、《"走近"、"走进"与"走心":家校共育的实践与探索》(张莉萍、刘娜、张明阳)和《家长绘本课堂:家长学习与成长的平台》(施孟甫)。

所有材料都是她自掏腰包买的。这个孩子作业写得慢，我和他说，最近你要加快写作业的速度，同学一起帮助你，妈妈来了我要表扬你。果然，这个孩子写作业的速度快了很多。还有一个孩子，内向，学习上没有自信，属于后进生。家长讲堂轮到他的家长来讲课，家长就对孩子提了一个要求。她和孩子的约定是我给你争光，你也要给我争光。果然那个孩子自从妈妈来讲课后，在学习上很努力，从一个缺乏自信、马虎的孩子变成自信、阳光的孩子。

但是慢慢地，家长讲堂遇到了瓶颈，部分家长认为自己工作忙，并且技能和知识不多，不知道给孩子讲什么，开始找各种理由推脱。怎样打开局面，让我们的活动继续深入下去，让更多的家长参与进来，亟待继续深入研究。

通过反思以往的活动，家长讲堂不再局限于一种模式，而是呈现出各种变式。在形式上，从一个主题一位家长主讲，拓展到一个主题分小组请多位家长来讲；在时空上，如果家长平时工作忙没有时间，就把家长讲堂扩展到课外；在讲课人员上，把范围再扩大，从单一的爸爸妈妈，到爷爷奶奶、外公外婆，以及舅舅姑姑等。通过让家长讲堂的形式、时空和讲课人员等更加灵活，尽量让每个孩子的家长每学期有一次机会到学校来参加活动。通过丰富家长讲堂的形式，可以使更多的家长参与家长讲堂等活动，可以给予家长充分的时间来了解孩子在学校里的表现，从而对孩子下一步的发展进行适当的规划。

家长讲堂要制订切实可行的计划，设计活动时要有长程意识和综合意识。教育主题是学生成长需要与教育价值实现之间的核心转换环节，而整体策划是对教育主题的深入与拓展，是教育主题转化为具体的教育实践的中介。教育主题与整体策划之间是相互依托、相互发展的关系。为了保证后续家长的参与率和实施效果，制定了一套实际操作方案。具体项目如下：

一是形成主题系列。例如，寒假正逢过年，开学后虽然"年"已经过完,但是孩子心中的"年味"还留在记忆中。二月、三月又是春光灿烂的季节,因此做春卷、包馄饨都可以成为这阶段家长讲堂的主题。要让孩子回味过年的热闹、温馨,感受春光的美好、万物的生机勃勃。由此,三月家长讲堂的主题设计为"春光灿烂",内容为包春卷、包馄饨。四月、五月家长讲堂的主题设计为"舌尖上的春",内容依次安排为做香椿饼、包野菜馄饨、拌马兰等。六月进入初夏,天气比较热,家长讲堂的主题设计为"舌尖上的夏",孩子可以学习制作消暑汤,同时普及夏天饮食方面的注意事项,不多吃冷饮。

二是家长自主申报活动内容。既然是家长讲堂,那么美食教学的主要负责人就是家长。这些活动内容都是根据前期调查表,由家长自主申报的。

三是教师根据学校和班级近期的活动,安排活动时间。每个月学校学生处有整体的全校性的活动,把学校活动和班级活动结合,请有相应特长和时间的家长来学校。

四是保证每个孩子参加活动的效率。一方面是小组化教学。可以把学生分成若干组,每组请一位家长指导。例如这期主题我安排的是美食课程,它不同于一般的课堂教学,是操作性很强的课程,对操作过程中的安全性也要求很高,想让孩子真正学到本领,就要小组化教学。材料由每组孩子一起准备,保证孩子有足够的操作材料、练习时间和空间。

另一方面是主讲的家长与辅助的家长相配合。有的时候可以请一位家长在讲台上主讲,每组辅助的家长根据学生掌握的程度再个别指导。指导不是包办代办,而是在孩子遇到问题的时候给予指导。

五是保证每个孩子的参与度。首先,及早公示家长讲堂计划,让家长、孩子提前了解。教师制订好计划后可以放到班级QQ群里,让全体家长了解,同时利用晨会或班会让孩子了解。可以开展课前动员,让孩子和家长产生心理期待,有助于活动顺利开展。其次,自主选择学习的内容。为了让孩子更有学习兴趣,每个孩子都可以自主选择学习的内容。课前我在班级QQ群里发布活动内容和时间,家长可以在班级QQ群里报名,孩子可以在学校向我报名。

六是激发家长的积极性。首先调查摸底，建立家长档案。利用调查问卷了解家长的工作情况、特长、兴趣爱好等信息，给家长建立档案，从中选出家长讲堂所需的家长。其次课前沟通和指导，提升家长的讲课能力。家长不是教师，没有专业的经验，教师的课前沟通和指导能确保家长讲堂的质量，也能消除家长的顾虑。

就学生方面而言，家长进课堂为他们提供了不同于"正规课堂"的独特体验。通过家长的时空穿越和角色转换，他们看到了不一样的家长或者有了看待家长的新角度。天津市经济技术开发区国际学校教师张莉萍等把家长进课堂放到家校共育的长程系列中，呈现了教师、家长和学生之间相互"走近"、"走进"和"走心"的三部曲。家长进课堂的前提是相互"走近"，其延伸是学生、家长、教师和其他相关者之间的心灵沟通和陪伴。此时，家长进课堂也从家长参与单纯的课堂教学延伸到参与班会和公益活动等。在此过程中，学生与家长、教师结成伙伴关系，为学生更加富有成效地参与创造了条件。

家长进课堂，了解不一样的家长

学生平常看到的多是家长生活中的一面，通过家长讲堂，可以让学生看到家长工作中的样子，从另一方面了解自己的家长。家长根据自身不同的职业经历和专业背景开展公益讲座，可以给孩子带来各种"意想不到"的知识与教育，例如交通安全、如何理财等。同时，对孩子来说这也是了解社会的最佳方式。学校给家长提供舞台，给孩子打开社会之窗，使家长充分发挥自己的优势，与学校一起丰富孩子的社会体验，一起帮助孩子成长。

小刘的爸爸是一名科技工作者，平日里非常忙。父子俩沟通的机会较少,小刘总是认为自己和爸爸没有共同语言。学校每个学期都开展家长讲堂活动。由于小刘的爸爸所研究的内容处于时代的前沿,因此学校邀请他来学校为孩子进行公益讲座,讲解人工智能。小刘的爸爸运用生动的语言、鲜活的例子、有趣的游戏,为孩子打开了科技世界的大门,同时也打开了和孩子沟通的大门。听了爸爸的公益讲座,小刘第一次了解了爸爸的工作,了解了工作中的爸爸。"原来爸爸这么厉害呢,他懂得的知识可真多!"自此,小刘周末一有时间就和爸爸讨论科学问题,父子俩沟通的机会越来越多,小刘也变得更加阳光向上。通过学校开展的家长讲堂活动,小刘看到了工作中的爸爸,看到了爸爸不一样的一面,开始主动和爸爸沟通,父子关系也更加融洽,这对孩子的健康成长大有助益。

就家长方面而言,家长进课堂不仅是家长在做志愿服务,也为家长提供了一个与孩子和教师一起相互学习与发展的平台。正如曾经作为家长持续参与家长进课堂项目的施孟甫所言,家长因珍惜学校提供的进入课堂的契机而更加督促自己再进修,从而形成一个良性循环,也呼应了终身学习的时代背景,进而更加完善自我的人格。

家长绘本课堂让我学会如何经营课堂

家长绘本课堂不仅让我和孩子一起成长,而且提供了向教师学习经营课堂的技巧和练习在课堂上展现良好教态的机会。

一是让我学习用新的视角来经营课堂。在家长绘本课堂上,带领人学习用更开放的心胸面对孩子,尊重孩子的真实想法,学习用新的眼光来看待孩子的生命。抛开分数的评价,丢掉绝对的是非对错,站在孩子的认知域里和他们讨论是非以外的价值,在乎孩子的"感受"超过故事本身。然而,更重要的课题在于转身之后如何将孩子带到一个更高的视角思考问题,引导孩子思考,而不是给孩子答案。这样一种思维激荡的过程,每每让我感动不已。当我直面孩子、聆听孩子内心真正的声音时,我看见孩子身上的亮点。或许有些孩子的学习成绩并不出色,但他们口中说出的答案让我感到惊艳并赞叹不已！这恰恰可以再次提醒我们,智育不是评价孩子的唯一标准,每个孩子身上都有其特殊的天赋与亮点,需要师长用心去发掘与呵护。唯有先撕掉种种外在的标签,孩子才有机会重新看待自己独一无二的价值。

二是让我学习用结构式的思维来经营课堂。每次走进家长绘本课堂前,对自己帮助最大的环节就是进行"教案设计"。对绘本进行反复熟悉,通过四个层次的提问,紧扣当次讨论的核心和课堂目标进行提问……这些都帮助自己在设计问题时更加聚焦。以下四个层次的提问方法,是参考"意识会谈法"提问思路,综合实务经验提炼而来的。

第一层次问题(信息收集)。故事中存在显而易见的答案:故事中的何人、何时、何地、何事。旨在帮助孩子借由提问简单地对故事内容进行再次回顾,以及加深印象。

第二层次问题(逻辑思考)。为何、如何:回答前需要类比、衔接前后故事线,开动脑筋。旨在刺激孩子进行更加深入的思考,学会思辨。

第三层次问题(拓展视角)。换位思考。旨在帮助孩子练习从对方的角度思考问题,而非仅站在单一立场看待问题。

第四层次问题(行动反思)。与实际生活联结。所有的提问都是为了培养孩子生活的能力,帮助他们在面临现实的境况时,有能力让生活过得更好。例如提问可以是:"谁有过抓毛毛虫的经验,愿意和我们分享当时的感受吗?""你身边有像故事中的主角一样勇敢的人吗？他们是谁,做了什么?"

按层次进行结构化提问,容易让孩子快速融入故事情境中讨论,但提问层次可以因讨论时的前后因果适时灵活地变动,而非拘泥于依照顺序提问。问题也不需要很多,但要简明、清晰。然而,同样重要的是要从孩子的回应里抓取适当的问题再提问,顺着孩子的答案引导其正视自己的问题(答案),深入探究但不偏离讨论的核心。家长绘本课堂带领人要常常提醒自己,提问比给答案更重要,是讨论问题而非只是问问题。引导孩子从讨论中找答案,这样的对谈过程才对孩子的成长更有助益。

第三节　家校社协同的多样化①

在已有家校社协同经典模型的基础上,"新基础教育"研究实验学校不断丰富家校社协同的样态。社区机构和组织是教育责任共生体构建过程中的教育责任相关者之一。如何开发与整合社区机构和组织所蕴含的各种资源是家校社合作研究的重要论题。以下案例分析分别从馆校合作、校社合作和家校社共建三个不同角度阐述社区资源开发与整合的路径。

一、馆校合作

馆校合作是指社区场馆组织与学校教育机构之间的伙伴关系。美术馆、博物馆、科技馆、公园、动物园、社区活动中心、图书馆等场馆是学生社区学习的重要载体。2017年3月,由上海市教育委员会牵头,上海市长宁区教育局管理指导,刘海粟美术馆与长宁区少年宫合作推出的公益性教育活动"美术馆奇妙日——青少年艺术场馆教育项目"顺利启动。该项目旨在通过丰富多彩的体验项目,比如"我在美术馆上美术课""艺术家带你来看展"等为青少年搭建体验艺术、感知艺术的平台,提升青少年的审美认知和艺术涵养。上海市奉贤区社区学院教师赵艺君以刘海粟美术馆青少年美育实践为例,对馆校合作的

① 这一节以笔者主持的《家校社合作中社区资源的开发与整合》专栏文章为基础形成。该专栏文章发表于《教育视界》(智慧管理)2019年第12期,包括《基于馆校合作的青少年美育——以刘海粟美术馆青少年美育实践为例》(赵艺君)、《乡村振兴视域下农村学校与社区合作的功能与实现路径》(温正胞)和《走向家校共建的学校文化建设——以河南省巩义市子美外国语学校"子美诗韵"项目为例》(张艳琼)。

基础和核心进行了系统阐述,并对馆校合作所关涉的多维教育的力量进行了反思。

馆校合作的核心:青少年的主动学习

刘海粟美术馆在项目开展过程中,依据青少年发展的需求和特点,通过"问题驱动—自我导向—交流分享—自我省视"的闭环方式发挥青少年的主观能动性,让观展不仅仅是观看,还是好奇心、自主性、感知力和自反性的多向发展。

首先,了解青少年的心理特征。与学校教育环境有所不同,美术馆宽敞独特的空间设计、丰富多样的艺术馆藏和开放自由的对话氛围,带给青少年不一样的感官冲击和视觉体验。在这样的环境中,他们的好奇心和求知欲迸发。教育者以此为契机,通过问题驱动,鼓励青少年进入情境。此时,青少年已然成为教育活动的参与者,而非局外人。同时,以问题为导向的探究模式,是基于青少年的个人兴趣的。青少年带着兴趣去寻找答案的过程,显然是让人热情高涨,且充满乐趣的。

其次,将学习自主权交给青少年。场馆学习内容的丰富性、生动性、无序性能够给青少年较大的选择空间。青少年可根据自己的实际情况灵活调整学习方式,规划学习进度,利用自己的经验和知识来解读场馆信息,思考和解决问题。学习者自主性越高,深入思考问题的可能性就越大,由此获得的学习体验就更加愉悦和丰富。当然,这种自我导向式的学习,在赋予青少年学习自主权,鼓励青少年自主探索,调动积极性的同时,也不可避免地要考虑受众群体的学习能力和原有的知识储备。

再次,以讨论会的形式开展对话。教育者和青少年基于不同的认知方式和经验视角,形成对场馆信息的不同解读。这种意义生成的差异也正是场馆教育的优势所在。反之,在标准、一致、准确等要求下的学习活动在一定程度上消弭了差异,却也固化了思维。在讨论会上,大家围绕某一个主题,针对问题进行交流、分享,建立主体间的伙伴关系,不同意见共同存在。在这一开放而自由的对话氛围中,会碰撞出更多元的思维火花。当然,教育者在其中的角色不容忽视,既要乐于分享,又要善于汲取,在成为参与者的同时,也是活跃气氛的引导者。教育者在身份的灵活转变中与青少年建立起平等的师生关系。大家席地而坐,畅所欲言,共同踏上艺术探索的奇妙旅程。

最后,参与者自我省视,记录自己的心得体会。反思是学习者"会学习"的标志之一,也是学习者自主学习的重要策略。教育者鼓励青少年在项目结束之后,通过回顾自我探索的过程,思考知识、情感等方面的收获。此外,青少年基于个体的亲身体验,也可以对教育者提供的教育服务进行评价,甚至提出建议。一方面,促使教育者更好地履行教育职能;另一方面,使其尊重青少年的想法,激励青少年主动学习,寻求发展。在美术大课堂里,各类主题活动,如"音乐与插画""摄影之美""中国画鉴赏要义""刘海粟的艺术人生"等,始终激发着孩子的好奇心。同时,面向青少年开展的系列写生、讲座和工作坊等活动样态丰富,孩子纷纷感叹:在场馆里学习既能和同伴交流,倾听老师的分享,又能和展品对话,真是太有趣了!

二、校社合作

校社合作是指学校教育机构与多种社区机构和组织之间的伙伴关系。相对馆校合作,校社合作更具综合性、复杂性和挑战性。杭州师范大学教育学院(现更名为杭州师范大学经亨颐教育学院)教师温正胞基于乡村振兴战略和农村学校的发展困境,对农村学校与社区合作的功能与路径进行了探讨,指出两者需要重新定义彼此间的互动的意义,在相关制度安排上要突破传统应试文化影响下的单一功能式合作,在合作实践的路径上要以农村社区活力的重现与重塑为目的,融合信息技术与乡村振兴带来的资源和政策优势,实现多元化的无隔阂式合作,构建发展共同体。这一发展共同体以优秀传统文化为载体,共建共创新时代农村社区与学校文化;以社区民主生活为平台,改进学校制度文化与管理;以乡村产业振兴与乡风文明提质为契机,实现学校育人活动与社区的无缝对接。

传统与升华:乡村振兴视域下学校与社区合作的独特功能

在传统的视角中,农村学校体现的往往是社区与精英文化、传统文化衔接的功能。在一个小小的村庄中,一所小学或中学,规模不大,却承担了重视教育的优良传统和社会阶层流动的重要功能。当然,在日常生活中,劳动教育、农村生活的各个方面在学校内外并不会因为学校围墙的存在而隔绝,农村的教育与城市的教育最大的不同,莫过于学校与社区日常生活的融合了。在乡村振兴视域下,农村学校与社区的合作具有新时代特有的意义。正如《乡村振兴战略规划(2018—2022年)》所指出的:"乡村是具有自然、社会、经济特征的地域综合体,兼具生产、生活、生态、文化等多重功能,与城镇互促互进、共生共存,共同构成人类活动的主要空间。"在这个空间中,农村学校是非常重要和关键的组织。在乡村振兴战略中,农村学校与社区合作是实现乡村振兴战略目标的一个重要因素,其合作成功与否也是衡量乡村振兴的一个重要指标。产业兴旺、生态宜居、乡风文明、治理有效、生活富裕是乡村振兴的总要求,农村学校与社区合作所构建的空间,是使乡村振兴总要求得到展现的物理空间。从乡村振兴对乡村场域的改造来看,农村学校与社区合作至少有以下三个独特的功能。

第一,农村学校与社区在乡村振兴过程中的合作有助于打造新时代学校与社区的发展共同体。一方面,农村学校可以成为社区重要的文化与体育活动中心,学校的图书馆、田径场、体育馆等场所可以向社区开放,让村民共享学校的文化体育资源。同时,学校的师生可以在节假日与寒暑假,为农村社区居民提供文化与科技等方面的教育服务,充分发挥学校教师与学生的文化知识优势。另一方面,农村社区中的劳动场所、传统民居与历史古迹等文化教育资源，可以成为学校开展第二课堂的重要场所；社区的传统节日、节庆活动、地方戏曲等文化遗产也可以成为学校实施优秀传统文化教育时的资源，可以走进课堂，让学校的拓展性课程得到补充。在乡村振兴的意义上，农村学校与社区合作将打破应试效应下学校功能单一化、与社区互动形式化的现状，带来全新的以发展共同体为目标的农村学校与社区的合作。

第二，乡村振兴过程中的农村学校与社区合作有助于打造学习型社区。乡村振兴的一个重要任务是改变传统农村的乡风，扬弃传统农村的一些不良的文化传统，提升农村的文化水平和品位。在这个意义上，农村学校在乡村振兴过程中不仅应该起到对青少年实施系统教育的作用，还应该扩展学校的文化影响功能，帮助社区中的各类群体更方便、更系统地参与学习活动。在产业振兴、使生活富裕方面，农村学校与社区的合作更是可以发挥农村学校在社区中的知识资源优势，对接上级的科技部门，为农民提供科学的生产知识的学习场所，让学校积极发挥服务社区产业发展的功能。社区与农村学校在学习资源与科普人员的共享方面，可以有更开放的姿态与更有效的制度安排，以农村学校为基地，以知识为核心要素，借助乡村振兴政策所带来的信息技术条件与资源投入，共同打造学习型社区。农村社区转向学习型社区，这是新时代乡村风貌改造的一个重要体现，是乡村振兴在社会体系转化上的重要任务。

第三，农村学校与社区合作有助于实现乡村文化资源的创新性发展和创造性转化。自以经济建设为中心的社会发展模式启动以来，丰富的乡村传统文化资源在商业主义价值的碾压和冲击下，发展受到极大的影响，许多宝贵的乡村传统文化资源在经济建设的洪流中被毁坏或被遗忘。在许多相对边远的农村地区，传统文化资源在长期缺乏发展的情况下几乎消失殆尽，一些庸俗功利的文化资源占据了上风。"在我国传统文化中，乡村学校就是乡村教育的标志，是乡村文化的聚集地。袅袅炊烟中，乡村学校的琅琅读书声就是乡村文化，就是农民望子成龙的寄托，田间劳作的希望甚至就是一种乡愁。……乡村学校弱了,被边缘化了,乡村文化的载体就弱化了,乡村振兴的基础就弱化了。"正是在这个意义上,乡风文明成为乡村振兴的目的之一。在乡村振兴战略的相关政策扶持与社会对文化事业、文化产业的重视的有利条件下,农村学校作为乡村最核心的文化生产与再生产单位,可以与社区在传统文化资源的挖掘与发展方面实现共赢。比如,当前的乡村振兴中有许多成功的文旅结合的样板。使乡村传统文化资源进行创新性发展和创造性转化是乡村振兴的一个重要渠道,在这个过程中,农村学校可以发挥教师团队的文化优势,凭借对乡村传统文化资源的了解与熟悉,更好地参与乡村传统文化资源的改造,将非物质文化遗产等文化资源引进学校,让学生作为主要的传承者,更好地展示乡村传统文化的延续与创新。

三、家校社共建

家校社共建是完整意义上的家校社协同,也是社区学校模型的当代发展。江苏省常州市新北区龙虎塘实验小学的"三力驱动、三环交融式家校合作模型",以及在此基础上升级形成的"基于学生社区生活的学校与社区合作模型"和"多力驱动、多环交融、多学赋能的家校社全域共育互育模型"都是家校社共建的模型。河南省巩义市子美外国语小学班主任张艳琼以河南省巩义市子美外国语小学的文化建设为例,对"子美诗韵"项目的起点、展开与升级进行了梳理和描述。其中,学生、家长和教师的诗词共学是起点,班级、年级和学校不同层面上的项目共创是展开,家庭、学校项目组成员、社区组织等多方共建是升级版。通过持续地共学共创共建,改变和影响的不仅仅是一所学校、一个家庭。项目将对学习型城市建设作出独特的贡献。

"子美诗韵"项目的升级：家校社共建

在"子美诗韵"项目实施过程中,家庭、学校项目组成员、社区组织等不同的教育主体和学习主体都在相互滋养并相互学习，为巩义地区的孩子创建了一个"诗词之乡"的巨大的磁场和学习诗词的氛围。最受益的是我们的孩子，他们在诗歌的滋养下逐渐成长。

暑假来临，"子美诗韵"项目组的教师走进巩义市文化广场"诗乡月明"诗歌角，在做志愿服务的同时，融入其中，和小朋友、家长一起诵读经典。每天晚上，都有孩子和家长来这里背诵古诗、斗诗、唱诗。活动结束前还有家长志愿者、教师和诗词爱好者带领大家学习新的诗词。学习的内容有志愿者提供的杜甫诗词、毛泽东诗词、人民日报推送的135首古诗和文化公开课等。

诗歌角是由一些志愿者全力负责的一个社区组织。在市委、市政府、市文化广电旅游局和社会各界的关心、支持和鼓励下，很多家长晚上带着孩子走出家门，在诗歌角共同学习，传承诗词文化、感悟诗词之美、成就诗意人生。"子美诗韵"项目正好弥补了暑假学校学习的缺失和家庭学习的局限性，把三者有机地融合在一起，诗歌角也成为暑假学习集结地。社区、家庭、学校在推动诗词文化的发展上有着不一样的教育功能，形成合力，更好地推动"中国诗词之乡"文化品牌发展。

诗歌角的魔力和氛围逐渐蔓延至在此受益的每一个孩子和家庭，诗词的魅力从社区的场域扩散到家庭文化的构建之中。这时的教育主体发生了变化，爸爸妈妈、爷爷奶奶都成为和孩子共同背诵经典的主体，而文化底蕴和文化氛围也在家庭中形成。学习方式发生着从"孩子，你来背诵"到"孩子，我们一起来背诵"的转变，学习态度发生着从"要我学"到"自我主动学习"的转变。这样的学习方式和学习态度所产生的力量不可估量，直接改变的是一个家庭的学习状态和生活质量。

学校作为"杜甫文化"教育的主阵地，作为社区与家庭的联结者，更是有着独特的教育功能。目前，学校已经把全面推动"杜甫文化"作为学校的顶层设计。学校以自主开发并创编的校本教材《阅读晋级手册》为基础，响应市委、市政府提出的"杜诗进课堂"号召。伴随着"子美诗韵"项目的推进和不断创新,学生在深厚的文化底蕴中构建了全新的学习和生活方式。学校不断改进和完善评价机制,基于学生生命长远的发展夯实有着自身特色的底色工程,把经典诵读进行到底,把特色活动融入孩子的生活之中。例如一(8)班班主任充分利用开学时的家长会,给所有的家长讲解诗歌角里一个个催人奋进的故事,并把当天晚上开学第一课的地点选在文化广场诗歌角,让一年级的孩子和家长在诗歌的浸润和滋养下开启新学期。学校基于家长的力量创造性地开展"古诗背诵小达人"活动,各年级在学校成立了诗歌角。"子美诗社"的成立,首届"杜诗画展"的举办,"小诗童""小诗星""小杜甫"的评比,各个班级的诗词诵读打卡……这些都融入了校园的每一个清晨和黄昏。

在推动学校文化建设、发展的过程中,学校、家庭、社区都有着自己独特的教育功能,同时又是相互滋养的关系,不可分割。在共学共创共建的基础之上,学校的文化建设、巩义地区的文化建设、巩义这一方土地上居民的生活都会发生变化。家校社共建改变和影响的不仅是一所学校、一个家庭,它还净化和呵护着人的心灵,改变着一座城。

当然,社区资源的开发与整合不限于这些路径。而且,社区资源开发与整合的关键在于人的培育,尤其是教育工作者的能力建设。对教育工作者而言,首先要增进对社区资源的敏感性。社区资源,看不到,就一定用不到。这就要求教育工作者有一个大学习观,即学习场所不限于学校和教室,学习资源不限于书本或教科书,学习对象不限于教师,从而突破小学习观对学习场所、学习资源和学习对象的刻板印象。其次,要扩大有关社区资源的影响圈。社区资源,看得到,不一定用得到。只有处于自己影响圈之内的社区资源才用得到。一个人的影响圈包括他/她可以控制的所有事情。积极主动的人能够在一定程度上把关注圈里的事情转化为影响圈里的事情。最后,要提升对社区资源的整合力。社区资源,用得到,不一定用得好。高质量和持续的社区合作要求教育工作者提升对社区资源的整合力,把合适的资源放到适当的位置,发挥组合和互补的整合效应。

总之,社区资源的开发与整合需要参与者内在力量的成长。没有参与者的内发,难以产生社区资源的外应。生活中到处都有学习资源,包括人力资源、物力资源、财力资源、组织资源、文化资源和自然环境资源等。多样的资源类型,提醒我们去学习,去承担责任,去营造、珍惜、分享和联结资源,并在此过程中进一步使资源增值,形成资源圈或资源链。

第五章　家校社协同的层次

同"新基础教育"研究实验学校有关的多种家校社协同模型及其持续升级,其关键在于不断提升教育责任相关者的参与程度。家长与社区成员等教育责任相关者参与学校治理是调整学校与社会关系的重要策略,也是建设现代学校制度的重要路径之一。家校社协同的层次理论着重于研究教育责任相关者参与学校治理的深度和限度等一系列问题。本章基于前面几章的探讨,在对已有家校社协同层次理论进行国际比较的基础上,阐述"生命·实践"教育学视野中的家校社协同赋权增能模型。

第一节　家校社协同的层次模型

作为家校社协同层次的代表性理论,社区学校层次论与家长参与层次论为定位和认知各种家校社协同样态提供了理论框架。不同的层次理论从不同的角度回应了教育责任相关者参与学校治理的深度和限度等一系列问题。

一、社区学校层次论

该理论由美国马里兰大学教育研究者琳达·瓦利(Linda Valli)、阿曼达·斯特凡斯基(Amanda Stefanski)和鲁本·雅各布森(Reuben Jacobson)等人于2014年明确提出。社区学校层次论从合作目的和变革深度上区分了层次不等的四种合作模型。① 这些不同的家校社协同模型既概括了家校社协同的不同样态,也揭示了家校社协同的不同层次。

(一) 家庭与机构间的合作模型

这种模型是最基本的持续性的伙伴关系。其基本目标是在不同机构之间协调服务,即学校和机构通过协调支持学生及其家庭的各种服务以扩展学校的传统工作(教与学),同时致力于让家长卷入孩子的教育。例如,美国艾奥瓦州29个社区建立了校本化青年服务项目(school-based youth services program),为有需要的学生和家庭提供支持。指引家庭,而不是实际上提供服务,是这种模型中伙伴关系的显著标志。

在该模型中,尽管需要时间和资源的投入,但是不要求组织的改变。成功的家庭与机构间的合作所需要的最重要的因素是合作伙伴的投入,以及相关的领导力、关系建设、资源(尤其是时间、资金、现场协调员、持续评估的能力)和评估。领导力体现为沟通和评估伙伴关系的益处、促进积极的关系和确保必要的资源能够到位以维持富有成效的合作。伙伴关系主要是指所培育的关系,而不只是物质交换。全职的协调员比兼职的协调员对于所期望的学生的学习成绩具有更大的影响。

(二) 全面服务学校模型

同上述合作模型类似,全面服务学校寻求与社区机构的富有成效的伙伴关系,以服务于学生及其家庭。但超越于前述模型,全面服务学校努力整合全方位的学术、健康和社会服务,因此被称为"环绕式学校"。例如,美国马里兰州、伊利诺伊州和密歇根州等共计三个学区的45所学校实施了学校发展项目(school development program),整合了多方面的服务资源。全面服务学校延长学校时间并在学校留出空间,包含了围绕学校教育时间和空间维度的社会、家庭和健康服务,因此成为不同于传统学校的机构类型。

---

① Linda Valli, Amanda Stefanski, and Reuben Jacobson, "Typologizing School-Community Partnerships: A Framework for Analysis and Action," *Urban Education*, 2014, 51(7), pp. 1 – 29.

如果全面服务学校被管理得很好,那么学校的能力就会增强,有助于学生学习和成长的学校氛围就会变得积极,组织变革的需要就会产生。该模型强调结构变革的需要,学校系统具有重组的责任。全面服务学校实际上创造了一种新型的机构,即同社区机构一起产生一种新的、无缝的机构类型,该机构具有最大的响应性和服务可及性。这种模型的倡导者把它同零敲碎打的尝试进行对比,后者仅仅缓解个体问题而不是解决大规模的、复杂的问题,导致类似的而不是整合的结构。

在该模型中,重点是如何打破学校与合作机构之间的隔阂。为此,全面服务学校要求有一个共同治理结构,其中合作方具有共享的愿景、目标和资源,参与合作性决策,并运用他们的制度性权力基础影响变革。这种治理结构,诸如指导委员会,将被授予权力以监管整个综合性项目。它将管理活动,诸如紧急援助、支持转变、家庭补助和社区延伸,以使得学校能够实现其基本使命——教与学。

（三）全面服务社区学校模型

不同于全面服务学校,全面服务社区学校除了组织变革,还强调学校文化变革的重要性。这种模型的倡导者寻求学校民主化,通过开放学校,不仅获得更多的卷入,而且获得邻里、社区方面更多的决策。例如,有18所小学参与了美国塔尔萨社区学校计划,提高了家长、邻里和社区参与学校教育的深度。前述模型把社区资源引入学校,然而全面服务社区学校向社区开放。家庭不再只是服务的顾客,而是必不可少的需要发声的合作方。全面服务社区学校是向学生、家庭和社区提供全方位服务的地方,也是在决策中容纳全方位声音的地方。

超越于上述模型中协调服务和强化网络的目标,全面服务社区学校呼唤合作方之间的平等声音。学生学习和发展需要的最佳满足发生在家庭、学校和社区成员为了学生合作表达社区目标,合作帮助设计、实施和评估活动的时候。支持者认为,除了基于学校的全方位服务,学生学习和发展的最佳实现是在发生了一种文化转变的时候,这种文化转变朝向社区参与的民主决策。只有家长、学生、学校员工和邻居都投入学校，共同创造和拥有它，才会发生社区学校中的投入。在这种模型中，社区和家长投入（engagement）取代了更加传统的服务提供和家长卷入（involvement）理念，比如美国学者乔伊斯·L. 爱普斯坦于1995年提出的家长卷入模型。

全面服务社区学校成功的关键是有意识地聚焦于变革。这种变革超越于学校的组织变革，是发生于更深层的规范与文化维度中的变革。不同于前述模型，这种模型更有意识地侧重同通过社区参与实现学校民主化有关的文化主题，沟通家长与教育者之间的文化和权力间隔，转变学校领导力，以及在家长和社区成员中培育领导力。为此，多种论坛和委员会被用来发展和维持基于信任关系和共享决策的伙伴关系模型。学校同群体合作，这些群体具有社区基础、可信性，具有引入社区中一个较大的、多样的部分的能力。家校社合作的这种模型拒绝把家长和社区作为仅仅需要服务的缺失视角。相反，它运用一个资产视角，即珍视家庭和社区成员能够对学生学习所作的贡献。

（四）社区发展模型

最广泛和包容的模型是社区发展模型。这种模型在范围和视野上远比其他模型广阔。不只是满足于服务学生和家庭，这种模型中的动议目的超越了转变学校，达至转变整个邻里和社区。例如，美国纽约市的哈莱姆儿童区（Harlem Children's Zone）是一个颇有影响力的社区发展计划。家校社合作的社区发展模型旨在增加社区的社会、经济和物质资本，其途径是聚焦经济发展和工作创设，强调社区组织、动员和社区成员、家长与学生的领导力发展。该模型基于约翰·杜威的"学校即社会中心"观念，学校成为社区成员处理紧迫的政治、经济和文化事务时的接触点。学校被看作邻里中最重要的社会机构之一，从而成为变革和为了变革的主要场所。

社区发展模型保留了其他模型的成功因素——投入（包括资源和领导力）、组织变革和文化变革，但追求同时更新，旨在获得一个临界点。该模型不是简单地视社区发展或变革为家校社合作成功的结果，它从整体和互惠的角度看待变革，即问题社区的条件必须为了改善学生的教育和发展成果而改变，繁荣的、可持续的社区需要高质量的邻里学校。超越于环绕式学校服务，社区发展者投资于一系列广泛的学校中的和围绕学校的服务（例如就业、住房、学校和交通）。通过追求强有力社区的基本特征，社区发展者既寻求改善低收入邻里居民的生活前景，又着力于防止中产阶级家庭从这些邻里中外流。

二、家长参与层次论

该理论由美国陶森大学教育研究者钱德勒·巴伯（Chandler Barbour）、马里兰大学教育研究者尼塔·H. 巴伯（Nita H. Barbour）和帕特丽夏·史高利（Patricia Scully）等人于 2008 年明确提出。家长参与层次论把家长参与学校教育的程度作为判定依据，区分了最低层面、联合层面和决策层面三种参与程度。① 每一个层面上都包含多种家校社协同样态。

（一）最低层面参与

最低层面参与的主要特征是学校向家庭和社区告知、提出合作要求，家长和社区组织代表支持学校教育。例如，教师要求学生在家长的监督下完成家庭作业，学校呼吁家长和社区成员宣传学校的活动，家长和社区成员被邀请到学校举办的节庆活动中来，等等。

这些最低层面的参与随处可见、目的明确，为更加深入的参与打下了坚实的基础。在最低层面的多方参与中，家长是学生的监护者和学习"经纪人"，对学生的成长与发展负有不可推卸的教育责任。最低层面的家长卷入，实质上是把作为学生成长与发展的关键人的家长吸纳到教育系统中来，从而联结有关学生的正规教育、非正规教育和非正式教育，并为形成学生在校学习、在家学习和社区学习之间的协同效应提供了诸多可能。②

当然，即使是在这些最低层面的参与过程中，也需要明确家长参与的限

---

① ［美］钱德勒·巴伯、尼塔·H. 巴伯、帕特丽夏·史高利：《家庭、学校与社区：建立儿童教育的合作关系》（第 4 版），第 420—422 页。
② 张永：《美国中小学校与社区互动的两种研究取向》，《外国教育研究》2017 年第 44 卷第 12 期，第 103—112 页。

度,从而避免家长权力的滥用与过度挤压。当家长权力被滥用时,家校社合作有可能成为对学生的全天候监控;而当家长权力被过度挤压时,家校社合作有可能被简化为家长配合学校。两者都不利于实现学生的主动、健康发展。这些典型现象犹如一系列症状,反映出家校社合作的复杂性。

(二)联合层面参与

联合层面参与的主要特征是家长在许多方面参与学校的运行,学校与社区在许多问题上都相互交流。相对最低层面的边缘性参与,联合层面的参与涉及作为学校教育核心构成的课程教学。作为学校教育的日常性活动,课程教学成为家长和社区组织代表参与的活动范围,例如许多教师都要求家长和社区成员经常参与课程教学,成为课程教学的志愿者:有的志愿者成为教室母亲或父亲(classroom mothers or fathers),帮忙照顾上学路上和教室里的学生或者向学校联系寻求帮助;有的志愿者还能丰富教学计划,在课堂上向学生提供他们在各自领域的专业知识。

通过联合层面上的参与,家长和社区组织代表获得了学校教育的具体经验并强化了其教育者的角色,从而更加清楚学校的期待,之后的沟通也会更加顺畅。更为紧密的交流也就意味着更为有效的教学计划,在家庭、学校和社区之间结成这种联合层面的合作关系之后,双方的距离会大大缩短。但无论何时,参与联合层面的家长和社区组织代表数量总是比最低层面的少。换言之,随着家长和社区组织代表参与学校治理的程度加深,对其参与学校治理的数量与质量的要求也越来越严苛:一方面是在参与面上大大减少,另一方面是在参与能力上的要求越来越高。

(三)决策层面参与

决策层面参与处于家校社合作的第三个层次。例如,发端于美国密歇根州弗林特市的社区学校项目,通过推动中小学校成立社区学校咨询委员会来鼓励家长和社区代表参与学校事务的决策,也鼓励学校教育者参与社区事务的决策。在这一层面上,家长和社区组织代表参与学校教育的决策。学校毫无疑问需要家长和社区成员在最低层面和联合层面上的参与,但依旧牢牢掌握着学校的决策权,而家长和社区成员更多是去辅助、支持这些决策。相对最低层面和联合层面上的参与,只有决策层面上的参与才是真正意义上的参与。

处于决策层的家长和社区成员不仅要扮演学生利益支持者这一角色,更重要的是他们需要同其他决策者共同承担起保障自己的和其他孩子享受良好教育的责任。他们参与课程设置,确定教学目标并且决定如何实现这些目标。这一层次的家长和社区成员还需要参与师资力量的组建。

通常来说,参与决策层面的家长和社区成员在数量上并不需要太多,但这些参与者必须能够代表社区中各类成员的不同需求。在这一层面上的参与需要更加艰辛地努力。家校社之间在这一层面上的合作要求相互之间有应有的尊重和对共同承担的责任有更加明确的认识。

第二节　家校社协同层次模型比较

家校社协同的层次理论系统回答了家庭、学校与其他社区组织之间的关系有哪些样态,怎样判定家校社协同的层次和家校社协同可以达到怎样的层次或境界等一系列问题。在如何回应教育责任相关者参与学校治理的深度和限度等一系列问题上,以上两种有关家校社合作的层次理论既具有共通性,也具有差异性。

一、共通性

家校社协同的社区学校层次论与家长参与层次论在理论依据、目标追求和主导性力量等方面具有共通性。

（一）公民参与阶梯作为理论依据

家校社协同的层次理论揭示了家庭和社区组织参与学校教育的不同参与层次或阶梯,从而建构了具有鉴别性的理论框架,为区分学校教育过程中不同性质的家庭和社区组织参与以及合作模型提供了依据。借助这些理论框架,可以判定各种家校社协同样态处于何种参与层次上。追溯其理论来源,两种层次理论都与公民参与阶梯理论有密切的联系。

公民参与阶梯理论由美国学者谢里·R. 阿恩斯坦(Sherry R. Arnstein)提出,把公民参与分为八个阶梯,从低到高分别为操纵(manipulation)、治疗(therapy)、告知(informing)、咨询(consultation)、安抚(placation)、合作(partnership)、授予权力(delegated power)、公民控制(citizen control)。① 该理论清楚地界定了公民参与的性质,分清了哪些属于真正的参与,哪些属于非真正的参与。其中操纵与治疗是没有参与的状态,告知、咨询和安抚是象征性的参与,只有合作、授予权力和公民控制才是真正的参与。而真正的参与和非真正的参与的鉴别标准则是公民是否具有施加影响所必需的真正权力。换言之,公民在参与过程中所具有的决策影响力越高,则参与程度越高,其最高境界则是公民自身进行决策。无论是社区学校层次论还是家长参与层次论,都在着力于追求家庭和社区组织真正参与学校教育决策,而不同的参与层次或合作模型也反映了他们对学校教育决策不同程度的影响力。

(二)深度参与作为家校社协同的最高目标或境界

在家校社协同过程中,家长和社区成员不同的参与层次意味着不同的合作样态。合作过程中的每名成员必须认识到合作中的参与程度存在高低之分,即有些成员只是在最低层面上参与,有些成员是在联合的或组织变革的层面上参与,还有些成员则是在决策的或文化变革的层面上参与。不同的教学计划会对家长和社区组织代表提出不同参与程度上的要求。在富有成效的合作中,每名成员都要参与一两个层面,有些成员甚至能参与所有层面。②

参与理论表明,参与者越是更多地参与决策过程,越有可能承担决策责任

---

① Sherry R. Arnstein, "A Ladder of Citizen Participation," *Journal of the American Institute of Planners*, 1969, 35(4), pp. 216 – 224.

② [美]钱德勒·巴伯、尼塔·H. 巴伯、帕特丽夏·史高利:《家庭、学校与社区:建立儿童教育的合作关系》(第4版),第420页。

并在决策中投入时间和精力;在参与的情况下作出的决策相比在没有参与的情况下作出的决策,对项目实践者和参与者更具有意义。[①] 由此可见,之所以富有成效的合作中需要多个层面的参与,是因为深度参与才是家校社协同的最高目标或境界。不能达到深度参与的家校社协同,难以激发参与各方的决策责任,也无法让家校社协同充满意义感。因此,在家校社协同过程中,参与度、认同度和满意度之间具有相关性,而参与度是关键。

(三)学校是家校社协同中的主导性力量

家校社协同包含了家长、教师、学生和社区组织代表等教育责任相关者之间多重的人际联结。这些联结的建立和维持旨在维护一个有助于学生成长与发展的支持性环境。[②] 因此,家校社协同归根结底是为了学生高质量的学习。而学校作为一种专门的结构化学习环境,在家校社协同中显然应具有主导性作用。无论是社区学校层次论还是家长参与层次论,都认为学校是学生受教育的首要场所,相关的合作模型都体现了以学校为主导性力量的多方伙伴关系,教育者在家校社协同过程中具有主导性作用。

当学校致力于使家庭和社区更好地参与学校教育的时候,就更有助于建构一个适合学生成长和发展的环境。所有学校必须努力建立与家庭和社区之间活跃的合作关系,借此把家长、社区组织代表与学校教师联合起来,共同教育未来的国家公民。在学生成长和发展的过程中,学校具有主导性作用,而成功的关键在于三方合作。因此,虽然学校和教育者具有主导性作用,但家长和其他社区成员在促成合作中也担任着重要的角色。

二、差异性

尽管家校社协同的两种层次理论存在多方面的共通性,但是在判定依据、

---

① M. K. Smith, "Empowerment Evaluation: Theoretical and Methodological Considerations," *Evaluation and Program Planning*, 1998, 21(3), pp. 255 – 261.

② 张永:《美国中小学校与社区互动的两种研究取向》,《外国教育研究》2017 年第 44 卷第 12 期,第 103—112 页。

分析单位和合作策略等方面具有显著的差异性。

（一）判定依据上的差异：单维与多维

无论是社区学校层次论还是家长参与层次论，在层次判定依据上均与对学校教育决策的影响力有关，但是又具有不同的表现形式。家长参与层次论把家庭和社区成员参与学校教育的程度作为判定依据，从单一维度区分了最低层面、联合层面和决策层面三种参与程度；而社区学校层次论从合作目的和变革深度上区分了层次不等的四种合作模型，不仅包含了参与程度维度，而且增加了服务范围和组织变革需求两个维度。

因此，家长参与层次论是一种单维的家校社协同层次理论，而社区学校层次论则是一种多维的家校社协同层次理论。作为单维的层次理论，家长参与层次论与公民参与阶梯理论具有更加直接的联系，几乎是该理论在家校社协同领域的翻版，当然是一个十分简略的版本；其中最低层面的参与属于象征性的参与，而联合层面和决策层面的参与属于真正的参与。作为多维的层次理论，社区学校层次论除了参照公民参与阶梯理论，还考量了服务范围和组织变革需求，从而形成了更加丰富的家校社协同模型，比如社区发展模型在范围和视野上超越了学校教育变革本身，寻求邻里、社区的实质性改变。

（二）分析单位上的差异：角色与组织

在分析单位上，家长参与层次论十分关注家长或社区组织代表在家校社协同过程中所担任的角色。随着合作层次的提高，家长或社区组织代表在家校社协同过程中所担任的角色也会发生相应的变化。因此，不同的合作层次对应不同的参与角色。在最低层面上，家长或社区组织代表是学校教育的支持者；在联合层面上，家长或社区组织代表是学校教育的志愿者；在决策层面上，家长或社区组织代表是学校教育的决策者和学生利益的倡导者。

社区学校层次论把组织作为分析单位。不同的合作层次对应不同的组织变革需求。相对于没有组织变革需求的家庭与机构之间的合作模型，全面服务学校模型、全面服务社区学校模型和社区发展模型均提出了组织变革需求，而且在变革深度上的要求越来越高。其中，全面服务学校模型提出了学校治理结构变革的需要，全面服务社区学校模型在此基础上提出了学校文化变革的需要，而社区发展模型则超越了学校变革要求，把整个邻里和社区作为变革的单位。

（三）合作策略上的差异：共性与个性

家校社协同是一个不断识别、调整和运用各种合作策略的过程。在合作策略上，家长参与层次论侧重寻求共性的行动策略。这些具有相同元素的共性合作策略被称为"联合的钩子与胶水"（hooks and glue of joint venture）。① 一方面，从纵向过程来看，合作必须有以下三个共同步骤：计划过程、实施过程和解释说明过程；另一方面，从横向要素来看，在各种过程中都需要重视形成良好的沟通和建立相互信任的关系。这些合作策略体现了从最低层面的合作转向联合层面乃至决策层面的合作时，学校和教师需要付出的努力。

相对家长参与层次论，社区学校层次论侧重寻求个性化的合作策略。在社区学校层次论中，不同的合作模型因为合作目的和变革深度的不同，在合作策略和必要条件上也有所不同。随着协同层次的提高，合作策略和必要条件的复杂性不断提高。例如在全面服务社区学校模型中，专业教育者角色的价值在于从简单地把特定技能和知识拿到桌面上转向认识到其他参与者也具有作出贡献的能力。这种转变需要培育互惠和信任，并且需要艰苦地工作：建构可供选择的真正民主的中介机构；进行密切的个人互动，包括一对一的会议；具有理解被恰当处理的冲突的价值的社会行动策略；长期致力于广泛的社区赋权。② 因此，家校社协同在不同层次上具有不同的挑战和内涵，也使得"合作"

---

① ［美］钱德勒·巴伯、尼塔·H. 巴伯、帕特丽夏·史高利：《家庭、学校与社区：建立儿童教育的合作关系》（第 4 版），第 424 页。

② Linda Valli, Amanda Stefanski, and Reuben Jacobson, "Typologizing School-Community Partnerships: A Framework for Analysis and Action," *Urban Education*, 2014, 51(7), pp. 1 - 29.

这一概念本身具有丰富多彩的意义,比如连接(networking)、协调(coordinating)、联合(cooperating)、协同(collaborating)等。①

综上所述,两种层次理论之间的共通性与差异性可以归纳为下面表格。

家校社协同两种层次理论之比较

		家长参与层次论	社区学校层次论
共通性	理论依据	均把公民参与阶梯理论作为理论依据	
	目标追求	均把深度参与作为家校社协同的最高目标或境界	
	主导性力量	均把学校作为家校社协同中的主导性力量	
差异性	判定依据	家庭和社区成员参与学校教育的程度	包含参与程度、服务范围和组织变革需求三个维度
	分析单位	家长或社区组织代表所担任的角色	具有不同变革需求的组织
	合作策略	侧重寻求共性的行动策略	侧重寻求个性化的合作策略

除了上述发现,还可以引出以下结论。首先,建构家校社协同的层次理论需要考虑理论依据、目标追求、主导性力量、判定依据、分析单位和合作策略等多个方面。当然,这些方面之间是相互关联的,比如有相应的理论依据,就会产生相应的目标追求;又如分析单位不同,合作策略的侧重点也不同。其次,家校社协同的层次理论包含层间关系与层内关系两个维度,层间关系反映了不同的参与性质或程度,主要关涉不同教育责任相关者的参与能力与目标等;而层内关系则反映了不同的参与数量或范围,主要关涉不同教育责任相关者的参与过程和手段等。最后,家校社协同的层次理论揭示了家校社协同是一个不断动态生成的复杂的开放系统。由于家校社协同是一种多方合作,且不同的立场会带来不同的视域,因此家校社协同在分析单位与合作策略等方面

---

① Megan Ashley Quinn, Jodi L. Southerland, Kasie Richards, and Deborah L. Slawson et al., "Quantifying Collaboration Using Himmelman's Strategies for Working Together: Findings from the Tennessee Coordinated School Health Program," *Health Education*, 2016, 116(1), pp. 34 – 49.

应注重多元主体视域的融合,关注多元主体之间的对话、沟通和交往,强调多元主体的协同力量。

第三节　家校社协同赋权增能模型

目前,我国的家校社协同处于形成和发展初期,面临诸多挑战和困惑,比如相对重视学校与家庭之间的合作,缺少邻里与社区的积极卷入;即使是家校之间的合作,也只相对重视成人世界的人际联结,缺少学校组织维度的变革,更缺少学校文化维度的考量,从而导致家校社协同的层次难以提升。为此,在参照家校社协同现有理论的基础上,构建适合我国国情的且具有国际视野的家校社协同理论,将有助于丰富我国基础教育和社区教育理论体系,弥补国内外在家校社协同方面系统研究的不足之处。

一、赋权增能理论

赋权增能理论是一种跨学科理论,代表着多个学科对人的生命理想及其实现问题的基本共识。在教育学方面,保罗·弗莱雷(Paulo Freire)把批判意识作为个人和社会意识的状况的最高层级,其特点是对问题的深刻理解、讨论中的自信心、接受力和反对逃避责任。[①] 具有批判意识的人能够认真省视自己的思想,从而准确理解原因和现象之间的关系。批判意识的获得并不是仅通过智力上的努力,还要通过行动和思维的真正结合。在心理学方面,心理赋权增能(psychological empowerment)是指赋权增能过程的心理面向,通过该过程,人们对其生活获得更强的控制、参与民主决策并形成批判意识。[②] 心理赋权增

---

① ［美］伊里亚斯、梅里安:《成人教育的哲学基础》,高志敏译,北京:职工教育出版社,1990年,第190—191页。

② Brian D. Christens, "Toward Relational Empowerment," *American Journal of Community Psychology*, 2011, 50(1-2), pp. 114-128.

能包括动力成分(领导力、政策控制)、认知成分(社会权力的来源、性质和工具)、行为成分(社区参与)和关系成分等。其中,行为成分一般作为社区参与,独立于心理赋权增能被加以测量和研究。在社区发展研究方面,赋权增能是社区研究和行动领域的一个中心论题,代表着新的研究范式,即强调平等和值得珍视的伙伴关系,紧密合作,自助,福利,变革和解放个体、组织和社区并使之更有能力,识别和发展强项。赋权增能包含多个生态学层面,比如个体、群体和组织,以及整个社区等。在个体层面,人们参与多种草根社区组织,借此获得对地方事务、活动的更强的控制和重要的资源调动技能;在组织层面,群体和组织进行有意义的集体决定并分享领导过程,从而实现各种组织和网络的发展,以及提高政策话语权;在社区层面,社区和网络通过集体行动获得资源,并通过建立联盟、增加多元性与多样性和接近资源的机会产生更大的社会影响力。①

在中国文化中,对赋权增能有着独特的表达,从而体现出富有中国特色的生命理想。以觉解的程度为标准,冯友兰把人的境界从低到高区分为自然境界、功利境界、道德境界与天地境界。"教天地人事,育生命自觉"可以看作这种生命理想的教育学表达。本书第二章对"生命·实践"教育学的个体生命发展理论进行了系统阐述。

基本共识是对基本问题及其解决方案的认知、提炼。人文社会科学的基本研究对象是人及其在世存在。人是什么? 人为何而活? 如何提升人的生活质量? 这是人文社会科学的基本问题,也是教育研究的基石。这种共识深藏在各种人文社会科学之中,又以不同的形态显露在各种学术研究中。

人是什么? 不同的学科看到不同的方面,但传统上常从实体的角度加以认知,比如人的生理、心理和社会等方面,似乎人及其生活可以被细分开来。现在则更多地把人看作不断生成的开放系统,人与环境须臾不可离,人在环境

① Douglas D. Perkins, "Empowerment," in Richard A. Couto(ed.), *Political and Civic Leadership: A Reference Handbook*, Thousand Oaks, CA: Sage, 2010, pp. 207-218.

中并与环境发生交互作用。这种交互作用既不是完全有序的,也不是完全无序的。前者会带来自我的僵化,后者会带来自我的崩溃。保持生命活力或人的能动性要求人把自身限定在一个被称为"混沌的边缘"的区域,其上限是混沌无序状态——以数据超载为特征,其下限是过度秩序状态——以数据供应不足为特征。

人为何而活?这似乎是一个哲学问题,不同的人有不同的回答。但在学术研究上,这个问题实际上寻求的是不同答案的最大公约数。对这个问题的回答常常是关于人应该如何活的黄金法则。其要义在于人应该有能力实现自己的预定目标。人都有能力,也都有目标,但实现的程度则不同,一方面受限于自己的能力,另一方面受限于外在的环境。人应该如何活?一方面是不断提高自身的能力,突破内在的限制,这是增能的一面;另一方面是不断改变环境,突破外在的限制,这是赋权的一面。

如何提升人的生活质量?这是一个系统工程,需要个体、组织、社区和社会等层次协同用力。不同层次均涉及增能与赋权两个方面。其中,在个体层面上,增能实际上是"成人"的一面,赋权相当于"成事"的一面。在这个系统工程中,组织和社区是重要的点。个体太微小,社会太不可控,组织和社区则是有力量且可以控制的分析单位。

对以上三个基本问题的回答包含相互关联的跨学科分析框架,也包含共通的价值取向和思维方式。赋权增能理论就是这样一个跨学科分析框架。在对人的认识上,该理论强调人的主动积极性是人性的基本内核。基于社会公正与实践基础,尽管人们需要辅助、信息或专家的建议,但在设计和控制其自身价值与命运的过程中应尽可能发挥积极的作用。在思维方式上,该理论强调复杂和辩证思维,包括强调同样重视个体与群体,在助人自助过程中也要有领导力、制度和组织(即抵制反赋权的机构限制),在组织中具有对个体和群体认同的需要、在所有层面上的改变与稳定性的需要,等等。在概念框架上,该理论涵盖了多个生态学层面,包括个体、组织和社区等不同层面。

二、赋权增能模型

在"生命·实践"教育学视野中,教育责任共生体构建包含学生的主动健康发展、教育责任共生体建设与教育责任相关者的能力建设三个支柱,相应的实践路径主要包括充分开发综合活动的育人价值、提升教育责任相关者的参与程度和丰富教育责任相关者的学习样态。

家校社协同赋权增能模型旨在系统地发展不同层面上的主体在教育责任共生体构建过程中的主动角色。就学生发展维度而言,不同领域或资源可以分成相互联系的四个方面,即健康生活、知识技能、情感态度和社会参与。其中,健康生活和社会参与侧重外在的行为习惯,健康生活着眼于学生与自身的关系,社会参与着眼于学生与社会的关系;知识技能和情感态度侧重内在的心理结构,知识技能着眼于智力因素,情感态度着眼于非智力因素。就共生体维度而言,存在个体、组织和社区三个可控的分析层面。每个分析层面的教育责任相关者都面临着参与程度提升的问题。就能力建设维度而言,起点是处于教育责任共生体建设不同层面的主体作为教育责任相关者参与学生发展过程中的触发经验,通过一系列学习过程,实现发展和改变。

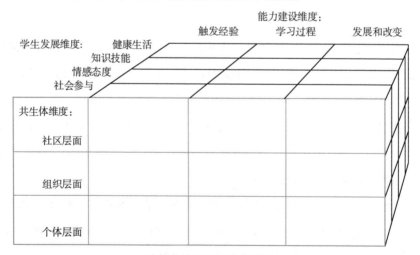

家校社协同赋权增能模型

以上不同维度均有相应的论题需要加以处理。① 第一,学生发展领域是家校社协同的焦点,也是家校社协同的前台,对教育责任共生体建设至关重要。不同分析层面上的教育责任相关者均须回应以下问题:需要关注什么主题或论题? 这个领域如何和学校教育产生联结? 这些主题或论题具有什么意义? 有哪些有争议的问题? 这个领域有哪些特点? 准备好承担促进该领域发展的领导责任了吗? 希望拥有什么样的影响力? 处理好这些问题,有助于教育责任相关者形成对该领域的共同理解,激发其参与的热情。

第二,共生体是家校社协同的架构,也是家校社协同的主心骨。与之相关的一系列问题有:不同分析层面上的教育责任相关者应扮演什么角色? 多久应相聚一次? 不同教育责任相关者如何联系? 什么活动可以促进互信? 教育责任共生体如何平衡不同教育责任相关者的需求? 教育责任相关者如何处理冲突? 如何介绍新成员进入教育责任共生体? 处理好这些问题,有助于教育责任共生体找到其独特的运作方式,建立联结,不断成长。

第三,能力建设是家校社协同的支撑,也是家校社协同的背景。与之相关的一系列问题包括:什么知识应分享、发展并加以完善? 应促成哪些学习活动? 知识库应如何整理才能反映相关者的实践且容易使用? 什么时候应把知识标准化? 什么时候差异化才是恰当的? 共生体应参与什么样的发展项目? 共生体外哪里有资源和可以参考的标杆? 处理好这些问题,有助于教育责任共生体成为教育责任相关者及其支持者的有效的知识资源,使其从教育责任共生体的专业知识中获益。

不同维度之间既相互独立又相互作用,需要通过持续努力实现动态平衡。不同维度的相对独立性意味着家校社协同的开展可以从任何一个维度开始,并可激发该维度相应的优势,比如从教育责任相关者关心的学生发展领域维

---

① 家校社协同赋权增能模型中的三个维度与实践共同体的三个基本元素具有相关性。文章中有关不同维度具体问题的描述参考了实践共同体理论。［美］爱丁纳·温格、理查·麦代谋、威廉·施耐德:《实践社群:推动学习型组织之轮》,黄维译,台北:天下远见出版股份有限公司,2003 年,第 57—59 页。

度开始更容易引发共鸣,从而为教育责任共生体的构建打下共同的基础;从共生体维度开始就是把教育责任相关者之间的联结作为重要关注点,从而有助于巩固和拓展家校社协同的"朋友圈",激发教育责任相关者之间的相互尊重和信任;从能力建设维度开始则是从培育教育责任相关者的教育共识入手,从而可以让教育责任共生体高质量地运作。

不同维度之间相互作用意味着,无论家校社协同的开展从哪一个维度开始,均会在持续发展的过程中相互牵引,形成一个相互联动的系统。在三个维度中,学生发展可谓是教育责任共生体的共同利益,有了对学生发展具体领域的关注,就有了共生体凝聚力形成和能力建设的源头活水,从而使教育责任相关者能够聚在一起并开启发展与成长之路。教育责任共生体建设则使学生的多方面发展可以落到实处,并通过能力建设实现高质量发展。教育责任相关者的能力建设可以培育其有关学生发展的基本共识和独到眼光,并为教育责任共生体建设持续供给能量。三个维度之间的相互作用使家校社协同在动态平衡中不断发展,反过来又促进每一个维度不断演化,使其潜能不断得到激发。

家校社协同赋权增能模型是一种具有多维性,且更具包容性的家校社协同模型。首先,这一模型涵盖了家校社协同的两种经典模型。社区学校模型处在社区层面,社区学校层次论中的具体模型则进一步展现了社区层面家校社协同的不同样态和层次,以及相应的能力建设需求。但是,仅仅从合作目的和变革深度上区分社区学校样态和层次仍是不够的,还需要结合家校社协同的焦点即学生的主动、健康发展进行更多的研究。"生命·实践"教育学和"新基础教育"研究在充分开发综合活动育人价值上的探索则有助于把综合活动作为支点,借此促进学生主动、健康发展。

相对而言,家长卷入模型则处在个体层面,家长参与层次论则进一步展现了个体层面的教育责任相关者参与学校教育时的不同样态和层次,以及相应的能力建设需求。和社区学校模型类似,家长卷入模型和家长参与层次论也忽略了家校社协同的焦点即学生的主动、健康发展。而忽视这一焦点,家校社协同就有可能成为对学生的全天候监控,并被简化为家校合作乃至衰减为家长配合学校：家庭、学校和社区成为这一监控网络的局域网，家长、教师和社区组织代表等相关者则成为这一监控网络的节点。

家校社协同赋权增能模型坚守"生命·实践"教育学立场，把"什么才有利于人的生命健康、主动发展？如何为人的生命健康、主动发展创造条件和基础"作为关键问题，把"生命·实践"或"成事成人"作为当代中国教育学的内核，把能够激发学生自主性和能动性的综合活动作为推进家校社协同的重要策略。广东省佛山市南海区文翰中学在"新基础教育"研究过程中把劳动教育作为综合活动的重要抓手，形成了对劳动教育育人价值开发的系统化认识。

劳动教育育人价值开发的三个层次

在五育融合背景下，劳动教育具有树德、增智、强体、育美的综合育人价值。但是，把劳动教育丰富多样的育人价值从潜在状态转化为现实状态并不是一蹴而就的，而是需要在劳动教育育人价值开发上作出诸多努力和探索。只有开展各种性质与水平的劳动教育育人价值开发活动，才能把各种潜在的育人价值转化为现实的育人价值，即获得滋养学生生命的丰富养分。

具体而言，劳动教育综合育人价值的开发至少可以区分为以下三个层次。这些层次并非不可跨越，但缺一不可，需要在循环往复中不断强化并做实每个层次。在每个层次上，均需要关注劳动教育多方面的综合育人价值，并与学生知、情、意、行等多方面的发展沟通起来。

一是劳动技艺层次。这是劳动教育最基础的育人价值，解决的是会不会劳动的问题。在劳动技艺层次，关键在于提升劳动质量，包括劳动的量与质两个方面。没有一定数量和强度的劳动，学生就不会出力流汗，也无法实现强健身体和锻炼、磨炼意志的价值。劳动的量的方面也是该词的原始涵义。从中文字源上看，"劳"和"动"均属"力"部，其中"劳"的本义是费力、劳苦，"动"的本义是行动、为实现一定的意图而活动。

在此基础上，需要更加注重劳动的质的方面，这是劳动能力养成的关键。劳动能力主要体现为日常生活劳动、生产劳动和服务性劳动中的知识、技能与价值观等各要素的综合作用。由于技能是能力的关键指标，因此劳动能力的养成需要充分开发日常生活劳动、生产劳动和服务性劳动的技能的内涵，借此掌握不同劳动样态的技艺。

二是劳动创意层次。这是劳动教育中间层次的育人价值，解决的是会不会反思的问题。在劳动创意层次，关键是提升反思的质量。反思是创意的重要来源。通过内容反思与过程反思可以产生局部性创意，但是只有通过前提反思才能产生整体性创意。其中，内容反思是对问题本身的反思，如对问题的描述是否清晰；过程反思是对问题解决过程的反思，如采用何种策略解决问题及其解决问题的程度如何；前提反思与问题提出而不是问题解决相关，如把想当然的情境问题化，提出新颖的问题。

劳动创意层次在开发劳动的技能内涵的基础上，着力于开发劳动的思维内涵。在约翰·杜威看来，思维就是准确地、审慎地把所做的事和它的结果联结起来，它不仅表明这两者之间的联系，而且指出联结的详细情况。在此过程中，成熟的科学体系中的事实、原理和规律是思维的工具。在劳动创意层次，关键是把劳动教育同学科教学融通起来，从而激发不同类型与层次的反思、学习与创意。

三是劳动智慧层次。这是劳动教育较高层次的育人价值，解决的是劳动技艺与劳动创意整合程度的问题。在劳动智慧层次，需要认识日常平凡的劳动活动所内含的"成人"与"成事"的多重关系。正如叶澜所言，包括既"成事"又"成人"，在"成事"中"成人"，为"成人"而"成事"，用"成人"促"成事"，借此充分开发劳动教育的综合育人价值。

劳动智慧层次在开发劳动的技能和思维内涵的基础上，着力于开发劳动的心智内涵。在控制认识论的视野中，智慧即对于递回性的觉察与体认；心智即控制系统，是互动各部分的集合，并且具有反馈结构。心智具有不同复杂度的控制系统，从单纯反馈到心智生态都包含在内。在劳动智慧层次,劳动教育可以使学生在与外部世界的沟通、实践中产生主动性,同时对自我的发展有主动性,集中体现了劳动教育"教天地人事,育生命自觉"的价值。

　　基于"生命·实践"教育学立场,"新基础教育"研究实验学校创生了一系列家校社协同模型。其中,家长进课堂侧重个体层面上家长的教育参与。上海市闵行区汽轮小学的"基于学生成长需要的家长教育参与模型"系统构建了个体层面上家长的教育参与样态,关注到不同类型与层次的家长参与。

　　家班共育强调班级建设在家校社协同中的基础性作用,处在介于社区与个体之间的组织层面上。上海市闵行第四中学的"自育"型家庭评选把家庭文化建设作为支点,提供了组织层面上家校社协同的另一种样态。

　　馆校合作、校社合作和家校社共建则处在社区层面上,着力于开发与整合社区机构和组织所蕴含的各种资源。江苏省常州市新北区龙虎塘实验小学的"多力驱动、多环交融、多学赋能的家校社全域共育互育模型"十分典型,赓续了经典的社区学校模型。

　　综上,"生命·实践"教育学视野中的家校社协同探索在分析层面上具有补缺性价值,在协作样态上具有丰富化价值,并为家校社协同研究提供了具有国际视野且基于本土的理论视角和实践积淀。与之相关,"生命·实践"教育学形成了家校社协同的学校治理策略和能力建设策略。

第六章　家校社协同的策略

基于"生命·实践"教育学视野中的家校社协同赋权增能模型,本章围绕综合活动、教育责任共生体建设和能力建设三个维度讨论家校社协同的推进策略。

第一节　节点活动策略

在"新基础教育"研究过程中,充分开发综合活动的育人价值是促进学生主动、健康发展的重要路径。综合活动以主题和项目为活动构架,是学生校内外生活的重要节点,因此又可以称为"节点活动"。"节"的本义为竹节,指竹竿上的凸起之物。这里的"节点"是指重要且具有转换意义的时间点或日子。叶澜认为:"人世间的生活世界因'节'而波浪似的涌动,时时溅出美丽的浪花,让人总有期盼,总有分享,总有不同的感受和满足。'节'以自己独特的语言,充实、温暖、丰富、调节着人的心灵!"①

一、创生学校节点

学生校内外生活中有哪些节点? 在叶澜的倡议下,请"新基础教育"研究

---

① 叶澜:《俯仰间会悟:叶澜随笔读思录》,庞庆举选编,北京:中国人民大学出版社,2019 年,第 72 页。

实验学校梳理出一年里共有多少"节"(含数量与名称),并按照月的次序把"节"写出来,有一个写一个,不论大小。共收到12个地区95所学校提供的59份表格材料。对上海市闵行区、江苏省常州生态区和其他地区中小学校节点活动进行分类汇总(如表6-1所示),有以下发现。

　　总体而言,中小学校节点活动可以分为八类,即仪式典礼活动、传统节日与法定节假日活动、综合实践活动、体育节、艺术节、读书节、科技节和其他。其中,传统节日与法定节假日活动最多,其次是仪式典礼活动,再次是四大主题节活动(体育节、艺术节、读书节和科技节)。如果把四大主题节活动看作一类,则该类活动数量介于传统节日与法定节假日活动、仪式典礼活动之间。

表6-1　"新基础教育"共生体中小学校节点活动分类汇总

地区	仪式典礼活动	传统节日与法定节假日活动	综合实践活动	体育节	艺术节	读书节	科技节	其他	总计	校均
上海市闵行区(7所学校)	12项	45项	3项	8项	7项	7项	8项	23项	113项	16项
江苏省常州生态区(10所学校)	38项	45项	8项	15项	9项	13项	8项	11项	147项	15项
其他地区(9所学校)	12项	35项	3项	13项	8项	4项	6项	23项	104项	12项
合计	62项	125项	14项	36项	24项	24项	22项	57项	364项	—

　　江苏省常州生态区10所学校的仪式典礼活动特别多(38项),综合实践活动(8项)、科技节(8项)、读书节(13项)和体育节(15项)活动比较多;其他地区学校的读书节(4项)和综合实践活动(3项)活动比较少。

(一) 仪式典礼活动

　　就仪式典礼活动而言,如表6-2所示,上海市闵行区学校出现最多的活动是入队仪式(4项),其次是成长仪式(3项)和毕业典礼(3项);江苏省常州生态区学校出现最多的活动是开学典礼(9项),其次是毕业典礼(8项)、入学仪式(7项)、入队仪式(7项)和成长仪式(6项);其他地区学校出现最多的活动是入队仪式(3项)、成长仪式(3项)和毕业典礼(3项),其次是期末表彰(2项)。

表6-2 "新基础教育"共生体中小学校仪式典礼活动分类汇总

活动类型	上海市闵行区	江苏省常州生态区	其他地区	总计
入学仪式	1项	7项	0项	8项
开学典礼	0项	9项	1项	10项
入队仪式	4项	7项	3项	14项
成长仪式	3项	6项	3项	12项
中国少年先锋队代表大会	1项	1项	0项	2项
期末表彰	0项	0项	2项	2项
毕业典礼	3项	8项	3项	14项
合计	12项	38项	12项	62项

总体而言,这些地区学校出现最多的活动是入队仪式(14项)和毕业典礼(14项),其次是成长仪式(12项)和开学典礼(10项),再次是入学仪式(8项)。

表6-3 "新基础教育"共生体中小学校仪式典礼活动月度分布

活动类型	1月	2月	3月	4月	5月	6月	7月	8月	9月	10月	11月	12月	总计
入学仪式	1项							3项	3项	1项			8项
开学典礼		4项	2项						4项				10项
入队仪式				1项	4项	3项				4项	1项	1项	14项
成长仪式			1项	2项	5项	2项			1项			1项	12项
中国少年先锋队代表大会										2项			2项
期末表彰	1项					1项							2项
毕业典礼			1项			10项	3项						14项
合计	2项	4项	4项	3项	9项	16项	3项	3项	8项	7项	1项	2项	62项

如表6-3所示,仪式典礼活动在时间分布上的特点是:入学仪式集中在8

月和 9 月;开学典礼集中在 2 月和 9 月;期末表彰集中在 1 月和 6 月;毕业典礼集中在 6 月;成长仪式集中在 5 月;入队仪式集中在 5 月和 10 月;中国少年先锋队代表大会集中在 10 月。

总体而言,6 月的仪式典礼活动最多(16 项),其次从高到低依次是 5 月(9 项)、9 月(8 项)和 10 月(7 项)。

(二)传统节日与法定节假日活动

如表 6-4 所示,传统节日与法定节假日活动的时间分布遵循日历节奏,除了 5 月、7 月、8 月、11 月、12 月活动不多,其余月份均有较多的活动,集中在 1 月元旦/春节、2 月元宵节、3 月国际妇女节、4 月清明节、6 月国际儿童节、9 月中秋节和教师节、10 月重阳节。

表 6-4 "新基础教育"共生体中小学校传统节日与法定节假日活动月度分布

传统节日与法定节假日	1 月	2 月	3 月	4 月	5 月	6 月	7 月	8 月	9 月	10 月	11 月	12 月	总计
元旦/春节	10 项	1 项										4 项	15 项
元宵节		11 项											11 项
学雷锋纪念日			5 项										5 项
国际妇女节			9 项										9 项
植树节			2 项										2 项
消费者权益日			1 项										1 项
清明节			1 项	10 项									11 项
世界知识产权日				1 项									1 项
国际劳动节					2 项								2 项
五四青年节					1 项								1 项
国际儿童节						14 项							14 项
端午节					1 项	7 项							8 项
国际禁毒日						1 项							1 项

（续表）

传统节日与法定节假日	1 月	2 月	3 月	4 月	5 月	6 月	7 月	8 月	9 月	10 月	11 月	12 月	总计
建党日							1 项						1 项
中国人民解放军建军节								1 项					1 项
中秋节									7 项				7 项
教师节									7 项				7 项
重阳节									1 项	9 项			10 项
国庆日									1 项	4 项			5 项
寒假	4 项	2 项											6 项
暑假						1 项	5 项						6 项
合计	14 项	14 项	18 项	11 项	4 项	23 项	6 项	1 项	16 项	13 项	0 项	4 项	124 项

总体而言,活动数量从高到低的传统节日与法定节假日依次为元旦/春节（15 项）、国际儿童节（14 项）、元宵节（11 项）、清明节（11 项）、重阳节（10 项）、国际妇女节（9 项）、端午节（8 项）、中秋节（7 项）和教师节（7 项）;传统节日与法定节假日活动较集中的月份从高到低依次为 6 月（23 项）、3 月（18 项）、9 月（16 项）、1 月（14 项）、2 月（14 项）、10 月（13 项）和 4 月（11 项）。

上海市闵行区学校传统节日与法定节假日活动最多的是元旦/春节,其次是国际儿童节、元宵节和重阳节,最后是端午节和中秋节;江苏省常州生态区学校传统节日与法定节假日活动最多的是元宵节,其次是清明节、端午节和重阳节,最后是中秋节、元旦/春节、国际妇女节和国际儿童节;其他地区学校传统节日与法定节假日活动最多的是国际儿童节,其次是元旦/春节,最后是学雷锋纪念日、教师节和国庆日。

相对而言,江苏省常州生态区、上海市闵行区学校传统节日的活动较多,其他地区学校法定节假日的活动较多。

（三）四大主题节活动

四大主题节活动是中小学校较为常见的活动,尤其是在江苏省常州生态

区和上海市闵行区。如表6-5所示,"新基础教育"共生体中小学校四大主题
节活动最多的是体育节(36项)。相比江苏省常州生态区和上海市闵行区学
校,其他地区学校读书节和科技节的活动数量不是很多。

在四大主题节活动月度分布上,如表6-5所示,除了寒假、暑假(1月、2
月、7月、8月)活动数量少,其他月份活动数量尚可,上半年四大主题节活动集
中在4月(21项)和5月(20项),下半年四大主题节活动集中在11月(14项)
和12月(13项)。

表6-5　"新基础教育"共生体中小学校四大主题节活动月度分布

主题节	1月	2月	3月	4月	5月	6月	7月	8月	9月	10月	11月	12月	总计
体育节	2项		5项	8项	3项				3项	3项	4项	8项	36项
艺术节		1项		1项	13项	3项			1项		3项	2项	24项
读书节		1项	5项	8项	2项		1项		1项	1项	4项	1项	24项
科技节			1项	4项	2项	3项				5项	3项	2项	20项
合计	2项	2项	11项	21项	20项	6项	1项	0项	5项	9项	14项	13项	104项

(四) 数量与类型分布

上海市闵行区共收到20所学校的材料,总计413项活动,平均每所学校
20.65项活动。安排活动最多的学校为汽轮小学,共72项;安排活动最少的学
校为虹桥中心小学、教育学院附属友爱实验中学和闵行区实验小学,共4项。

如表6-6所示,在活动类型上,汽轮小学提供了2017年2月至2018年6
月的活动一览表,分为迎新活动、仪式活动、实践体验、社会实践、体育节、读书
节、艺术节、科技节、节庆活动、赛事活动和评选活动十一类;航华第二小学的
活动分为节日庆典、社会实践和校园文化三类;江川路小学注重传统节日、学
校特色和学科教学有机融合;闵行第四中学从活动参与者角度将活动分为学
生活动、教师活动和共同参与的活动三类;七宝明强第二小学的活动分为主题
活动节(体育节、艺术节、读书节、科技节,皆持续两个月)和传统文化节(共6

项,包含立夏、秋分和冬至)两类;七宝第二中学从活动实施者角度将活动分为全校、年级、班级和小组四类;上海市古美学校提供了 2016 年、2017 年的活动安排,活动主题分为校园节律、学生成长节律、自然节气、社会生活、民俗节日和传统文化六类,活动实施者分为校级、年级和学科三类。

江苏省常州生态区共收到 20 所学校的材料,总计 190 项活动,平均每所学校 9.5 项活动。安排活动最多的学校为局前街小学,共 23 项;安排活动最少的学校为新桥实验小学,共 2 项。

在活动类型上,第二实验小学、戚墅堰东方小学分为校级和年级两类,西夏墅中心小学分为艺术节(整合端午节、国际儿童节)、科技节(整合中秋节、重阳节)、体育节(整合元旦、春节)、生命教育(整合元宵节、清明节、国际妇女节、植树节,以心理健康教育为内容)、民族教育(整合国庆日、理想信念教育)五类,小河中心小学分为仪式活动、主题教育活动和传统节日活动三类,薛家中心小学分为传统节日和学科主题节两类。

其他地区仅淮安地区 2 所学校提供了活动类型。

如表 6-6 所示,活动类型可以从活动主题、活动参与者和活动实施者三个角度进行划分。就活动主题而言,基本在仪式典礼活动、传统节日与法定节假日活动、综合实践活动、体育节、艺术节、读书节、科技节范围内。活动参与者有学生、教师和师生共同参与三类。活动实施者有全校、年级、班级、小组和学科五类。

表 6-6 "新基础教育"共生体中小学校节点活动划分角度

地区	学校	活动主题角度	活动参与者角度	活动实施者角度
上海市闵行区	汽轮小学	迎新活动、仪式活动、实践体验、社会实践、体育节、读书节、艺术节、科技节、节庆活动、赛事活动和评选活动		
	航华第二小学	节日庆典、社会实践和校园文化		
	江川路小学	传统节日、学校特色和学科教学		

（续表）

地区	学校	活动主题角度	活动参与者角度	活动实施者角度
	闵行第四中学		学生活动、教师活动和共同参与的活动	
	七宝明强第二小学	主题活动节(体育节、艺术节、读书节、科技节,皆持续两个月)和传统文化节(共6项,包含立夏、秋分和冬至)		
	七宝第二中学			全校、年级、班级和小组
	上海市古美学校	校园节律、学生成长节律、自然节气、社会生活、民俗节日和传统文化		校级、年级和学科
	鹤北小学	校园仪式活动、校园实践活动、校园主题活动和校园探究活动		
	梅陇中心小学	节气活动、节庆活动和节点活动		
江苏省常州生态区	第二实验小学、戚墅堰东方小学			校级和年级
	西夏墅中心小学	艺术节(整合端午节、国际儿童节)、科技节(整合中秋节、重阳节)、体育节(整合元旦、春节)、生命教育(整合元宵节、清明节、国际妇女节、植树节,以心理健康教育为内容)、民族教育(整合国庆日、理想信念教育)		
	小河中心小学	仪式活动、主题教育活动和传统节日活动		
	薛家中心小学	传统节日和学科主题节		
淮安地区	淮阴师范学院第一附属小学	传统节日、自然节日、校园节日、法定节日、国外节日和仪式庆典		学校、班级
	淮阴师范学院附属小学	与四季活动整合,与学科整合,与传统节日和节气整合,法定节日和庆典,上级规定的活动(班会)		

二、建构四季活动

中华民族所独创的充满诗情和智慧的二十四节气蕴含着四季律动。"天象、气象、物象、世象的变化,都凝聚、集中到一个个栩栩如生的节气之中,伴随着我们度过每一年:'立春'是春之序曲,大地回暖,万物复苏,多少'春之歌',都不如一个'立春'这么简练、明亮、爽朗,直唤起人心中的春意。随之而至的'雨水''惊蛰''春分''清明',淋漓尽致、有声有色、有情有义地诉尽了春之变奏的华美。此后,夏、秋、冬的不同节气都有同样的气质,朴实中透着大气与庄重。"①叶澜引领"新基础教育"研究实验学校开展了把二十四节气转化为学校综合活动节律的专题研究。

2015 年,叶澜在《人民教育》第 1 期上发表随笔《人间"节"语》,提出了自然四季与学校节点活动融通的问题。"如何改变学校内以'学科'为核心的诸'节'林立,但每'节'每年又只过一次的现状?如何形成以'综合'的方式来命名学校的四季生活,如'探春'、'嬉夏'、'品秋'和'暖冬'等,并体现各年龄段孩子发展需要的差异性和连续性?如何创造属于学校生活的'节'语,包含着天、地、人、事,情意、智慧、兴趣、教育美、多元综合渗透的学校生活之'节'语?"②

在此基础上,叶澜主张:"新时期学校改革的时间设计,可以长时段为单位,设计为'春生''夏长''秋实''冬藏',把学习时期与假期打通策划,将二十四节气分别插入其中,将各种学科节综合为自然相通的大节,并可分插到每一个自然期之中,且与青少年自身的生长发展关联设计各类活动。"③她认为,江苏省常州生态区局前街小学的一年级新生入学教育、上海市闵行区实验小学

---

① 叶澜:《俯仰间会悟:叶澜随笔读思录》,第 73 页。
② 叶澜:《溯源开来:寻回现代教育丢失的自然之维——〈回归突破:"生命·实践"教育学论纲〉续研究之二(上编·其一)》,《教育发展研究》2018 年第 2 期,第 1 页。
③ 华东师范大学"生命·实践"教育学研究院编《"生命·实践"教育学研究(第四辑)》,上海:上海教育出版社,2020 年,第 68 页。

举行的秋季"'丰'车节"校内巡游等,都跨出了学校时间观总体变化设计的重要一步。

叶澜对综合活动的四季律动进行了如下系统建构。① 一年以四季分时段,每时段分别以"立春""立夏""立秋""立冬"为起点,以一季中最后一个节气结束为终点。每一个时段都要有送归迎新的综合活动,强化生命流转、季节转换的标志意识。每一季都要有六个节气名称,以及自然、人文内容的图文或专题录像介绍(集中与分散相结合),配以咏唱、背诵等有关活动,使节气在学生心中留下深刻的印象,将我国这项世界非物质文化遗产深印在学生记忆里,存活在学校生活中。每一季的主题都与生命成长和学校生活的节奏有关。每一季都有直接到大自然中去的活动。

春季主题为"生"——及时播种。播种生命,播种爱,播种心愿。探寻、观察、记录、体悟:春草破土、春花凌寒、旧枝新芽的生命内生力之顽强,万物初生之动人心魄的美。思考"开启""初生"对任何生命和事物而言是否都存在重要的价值。

夏季主题为"长"——自觉成长。长身体,长学问,长能力,长智慧,长意志,长责任,长情谊。感受自然界万物尽力吸收阳光雨露,蓬勃生长,使大地一片欣欣向荣、熠熠生辉的繁荣景象。体会"长"不仅要善于吸收外界的能量,而且要通过自己的努力,完成生命从出生到成长的转换。

秋季主题为"实"——收获成果。欣赏秋之成熟蕴含的美,大自然色彩变幻之妙。享受经努力后获得的喜乐。感受一切来之不易,感谢所有事物对自己成长的帮助,包括对传统的敬重和传承意愿的强化。对自然的赠予、劳动成果要珍惜,形成"惜"的意识和习惯:惜物、惜财、惜时、惜情……

冬季主题为"藏"——蕴藏蓄力。蕴来年生命之力,择再生优良之种;蕴共度严寒之暖,思一年成长之历。欣赏冬季叶落后枝干的挺拔、刚毅、不屈之美。意识到根的重要性:虽深藏地下,却是生命生生不息的力量所在。

---

① 叶澜:《变革中生成:叶澜教育报告集》,第259—260页。

表 6－7　四季活动整合表①

春生(立春—谷雨) (2—4月)	夏长(立夏—大暑) (5—7月)	秋实(立秋—霜降) (8—10月)	冬藏(立冬—大寒) (11—1月)
2月：送冬迎春 　　开学典礼 　　播种节 3月：植树节 　　国际妇女节 4月：清明节 　　野外活动 　　春季运动会	5月：送春迎夏 　　国际劳动节 　　五四青年节 6月：10岁生日 　　入队仪式 　　国际儿童节 　　毕业典礼 　　(与艺术节整合) (7月暑假)	(8月暑假) 9月：送夏迎秋 　　开学典礼 　　入学仪式 　　中秋节 　　(野外活动) 10月：国庆日 　　(中华魅力) 　　建队日 　　重阳节 　　秋季运动会	11月：送秋迎冬 　　读书节 　　(野外活动) 　　科技节 　　(创意与制作) 12月：迎元旦 　　送温暖 (翌年1月寒假)

　　如表6－7所示,四季活动系统不仅蕴含着人与大自然的关系,而且蕴含着人与人、人与自我的关系。因此,四季活动系统不仅蕴含着大自然的四季律动,而且蕴含着人际活动与自我成长的四季律动,从而体现出校内外生活"节"语的丰富性与综合性。

　　四季活动系统是"教天地人事,育生命自觉"的集中体现。在微观的个体和人际层面,四季活动系统就像一个记忆的匣子,包含着大自然、人际活动和自我成长的多重信息。四季活动系统不仅编织着记忆,而且编织着师生的多重生活世界,并引领师生走上越来越广阔的生活舞台。在中观的组织或机构层面,四季活动系统如同一个接口,把学校与家庭、社区组织或机构等联结起来,并在宏观的大自然和社会层面不断延伸,犹如滚雪球一样持续扩展。不同层面之间的相互联结与动态发展,构成了一种具有资源循环、相互依赖、适应和演化等特征的学习生态系统。在四季活动系统中,在校学习、在家学习、社区学习和远游学习都具有不可替代的价值。

第二节 学校治理策略

加快推进教育治理体系和治理能力现代化,是现阶段深化教育领域综合改革的目标,而推进学校治理和实现学校治理能力的现代化是关键所在。[①] 2017年9月,中共中央办公厅、国务院办公厅印发的《关于深化教育体制机制改革的意见》中明确提出:"深化简政放权、放管结合、优化服务改革,把该放的权力坚决放下去,把该管的事项切实管住管好,加强事中事后监管,构建政府、学校、社会之间的新型关系。"学校治理既涉及学校外部教育责任相关者和相关权力关系,又涉及学校内部教育责任相关者和相关权力关系。其中外部教育责任相关者,比如家长和社区成员等参与学校治理是调整学校与社会的关系的重要策略,也是建设现代学校制度的重要路径之一。

一、发展跨界领导力

如前所述,学校是家校社协同中的主导性力量。无论是社区学校层次论还是家长参与层次论,均强调从最低层面或家庭与机构间合作模型向更高层面或其他模型转换,均对学校的组织变革提出了要求。换言之,追求更高层面的家校社协同要求探索现代学校治理和管理机制。家校社协同的有效运行需要家长和社区成员的紧密合作。这种紧密合作的基础在于,家长和社区成员有责任维护一个有助于学生成长与发展的支持性环境,家

①　张乐天:《推进学校治理能力现代化:意义、重心与路径》,《复旦教育论坛》2014年第12卷第6期,第5—9页。

长和社区成员有权利和义务参与影响学生与自身幸福的决策的实施过程。现代学校治理和管理机制建设为家长和社区成员参与学校教育提供了可能，此过程也有助于增强公民的责任感，向家长和社区成员提供发展其合作能力的机会。

近年来，随着学习型社会和社会治理理念的倡导，教育治理开始成为我国各级各类教育领域的组织原则。家校社协同可以促进现代学校治理和管理机制探索。家校社协同是由家庭、学校和其他社区组织共同参与的多边项目，一方面，学校的主导性作用对家校社合作至关重要，学校需要对家校社合作制订规划、建立制度，并为实施规划和制度持续提供人力、财力等方面的支持；另一方面，在现代学校治理和管理机制探索中，应力求让家长和社区成员通过各种方式参与进来。例如，可以用“跨界”一词描述成功的全面服务社区学校模型所要求的领导力中的结构和文化变革。① 合作小组的成员来自商业和社区、邻里和学校（学校管理者、教师、学校职工、家长和学生）。一个活跃的、多样的合作小组和全职的社区学校协调者是跨界领导力的结构特征；然而，共享影响和责任的文化是促进跨越角色边界的有效互动的规范条件。有效的跨界领导力促进共同的责任，合作小组结构使得共享领导力合法化，校长能够在这种模型中工作且仍然聚焦其基本的责任——教与学。

上海市闵行区汽轮小学自 2011 年 9 月起进入“新基础教育”研究生态式推进阶段，2012 年 9 月和上海市闵行区花园学校同时担任上海市闵行区生态式推进“新基础教育”研究第四生态区的组长，主要任务是与组内 2 所核心学校（七宝明强第二小学、上海市闵行区中心小学）、5 所成员学校（申莘小学、曹行小学、景东小学、吴泾小学和吴泾第三小学），以及 2 所民办学校（育苗小学、双江小学）共计 9 所学校构成第四生态区，共同开展“新基础教育”研究，并在此

---

① Linda Valli, Amanda Stefanski, and Reuben Jacobson, "Typologizing School-Community Partnerships: A Framework for Analysis and Action," *Urban Education*, 2014, 51(7), pp. 1 - 29.

过程中促进每一所学校发展。在探索过程中,形成了强己成人的生态式推进实践策略,包括学习先行——明晰第四生态区三年发展规划、确立参照系——规划学校整体转型发展、关注差异——提升现场学习力。[1]

华坪小学在生态式推进过程中,建设三大平台,形成了共生资源整合机制:一是合作教研平台,包括语文组的伙伴引领、数学组的联合教研、英语组的学习观摩和综合组的区级课堂研讨等;二是国际交流平台,包括加拿大姊妹学校文化交流、结对班级的系列活动等;三是校社联动平台,包括挖掘、整合 2010 年上海世博会资源促进教育教学,参与街道科技节、学习节以优化教育生态等。[2] 该学校倡导牢牢抓住每一个合作研究的机会,打造自己的强项,改进自己的弱项,做到知己知彼(取彼之长,补己之短)、助人强己(分层合作,锻炼骨干),并取得了显著成效。例如在校社联动上,构建了校社联动日常化、基地化、网络化、制度化、实事化和仪式化等日常沟通机制。经过社区、家庭对学校教育的参与和评价,学校的教育教学质量显著提高,凝聚力日益增强,在社区的口碑良好,连续被评为"上海市文明单位"与"上海市三八红旗集体"。

家校社协同即家庭、学校与其他社会或社区组织之间形成跨界伙伴关系。作为一种跨界行为,家校社协同包含教育系统内部、外部多方面的教育作用力和教育影响力,但其基本联结者是作为跨界者的个体[3],包括学生、家长、教师和相关社区场所与组织的代表等。只有聚焦了跨界者,才能深入探究家校社协同的治理机制。

家长卷入模型的提出者乔伊斯·L. 爱普斯坦明确提出了个体层面的角色

---

① 王培颖等:《校无贵贱:是花朵就会绽放——上海市闵行区汽轮小学变革史》,福州:福建教育出版社,2014 年,第 35—40 页。

② 王叶婷等:《一坪绿色:在新世纪阳光下呈亮——上海市闵行区华坪小学变革史》,福州:福建教育出版社,2014 年,第 142 页。

③ Sue Campbell Clark, "Work/Family Border Theory: A New Theory of Work/Family Balance," *Human Relations*, 2000, 53(6), pp. 747–770.

关系问题,并建构了家校社交叠影响域理论内部、外部模型。① 通过家校社交叠影响域理论外部模型,乔伊斯·L. 爱普斯坦指出家校社之间可能存在融合与割裂的关系。但是,这一经典模型在个体层面上更多关注人际联结,缺少对同一主体所承担的不同角色之间的关系机制的关注;更多关注角色融合策略,尤其是家长的教育参与,缺少对不同跨界者角色转换机制的关注。发展跨界领导力需要关注不同角色之间的关系机制和转换机制。

(一) 跨界者的多重角色关系机制分析

从个体层面来看,作为跨界行为的家校社协同既包含同一主体所承担的不同角色之间的关系问题,也包含不同主体所承担的同一角色或不同角色之间的关系问题。

1. 学生的多重角色关系机制分析

学生是特定类型家庭、学校和相关社区场所与组织的最基本的参与者,由此兼具多种角色。在核心家庭(或基本家庭、标准家庭)中,学生和父母组成最稳定的三角关系。在由核心家庭所派生的各种类型的家庭中,常常离不开学生这一重要参与者。在家庭中,学生首先扮演子女这一角色,并处在父子(女)、母子(女)关系及其交互作用中。在三代乃至多代同堂的大家庭中,学生在承担子女角色的同时,承担着孙辈角色。随着家庭关系的复杂化和多样化,学生在家庭中的角色也会不断发生变化,从而产生各种次级角色。

在中小学校,尤其在义务教育阶段,学生是孩子最基本的角色。学生角色看起来很单纯,却是一个由各种次级角色组成的总名称。第一,在义务教育阶段,从学段上可以分为小学生和初中生。由于六三制和五四制的不同,小学生和初中生这两个角色之间的边界也有所不同。因此,在学段的基础上,还可以根据年段或年级进一步区分不同年段或年级的学生。第二,在教育评价过程中会产生各种积极或消极的学生标签,比如三好学生、后进生等。第三,因性

---

① Joyce L. Epstein, "School/Family/Community Partnerships: Caring for the Children We Share," *Phi Delta Kappan*, 1995, 76(9), pp. 701 - 712.

别、民族等社会人口学特征不同也会产生不同的学生标签,比如性别维度上的男生与女生等。因为这些次级角色之间存在着交互作用,所以学生角色并非铁板一块,而是充满了内在的张力。

在相关的社区场所与组织中,学生作为最基本的服务对象,往往是其在家庭或学校中角色的延伸和拓展。在 2020 年 10 月 17 日第十三届全国人民代表大会常务委员会第二十二次会议第二次修订的《中华人民共和国未成年人保护法》"社会保护"这一章中,有关居民委员会、村民委员会的未成年人保护工作,主要是未成年人家庭保护和未成年人在家庭中角色的延伸;有关爱国主义教育基地、图书馆、少年宫、儿童活动中心、儿童之家、博物馆、纪念馆、科技馆、展览馆、美术馆、动物园、植物园等场所与组织的未成年人保护工作,主要是未成年人学校保护和未成年人在学校中角色的延伸和拓展。

作为跨界者的学生需要承担不同场景中的多种角色,并面对这些不同角色之间的关系问题。无论是不同场景中的次级角色之间还是不同场景角色之间,都可能存在相互冲突和相互增益的双重关系。就角色冲突机制而言,前述三种类型的角色冲突都可能存在,尤其在学业压力逐渐增大的过程中,会产生学生角色在时间、压力和行为等多个方面对其家庭和社区角色的挤压。就角色增益机制而言,学生的多种角色为其排解压力和解决问题提供了更多的选择对象和资源。若家庭或学校交往不自由,社区就成为一个怀抱。若社区交往不自由,学生就会躲在家庭里或学校内。学生的不同角色之间的交互作用,迫使他们不能只是适应其中一个角色,而要兼顾不同的角色;角色适应也不只是一个起点,而且包含过程中的磨合和更高水平上的角色再适应。①

2. 家长的多重角色关系机制分析

家庭社会学的研究表明,现代家庭与学校是同时诞生的,可以被称为"教

---

① 张永:《学习活动的生态学分析:以"新基础教育"研究实验学校为例》,见杨小微、李家成主编《中国班主任研究》,北京:北京大学出版社,2017 年,第 111—119 页。

育家庭"①。与之一起产生的是承担学生教育责任的现代家长。在家校社合作研究领域中,家长角色是得到充分研究的主题。家校社合作经典理论的重要构成就是家长教育参与模型,这一模型包含六种类型的家长角色活动,分别是养育、沟通、志愿服务、指导孩子在家学习、参与学校教育决策和同社区开展合作。这一模型出现以后,得到越来越多的实证研究来加以检验。

在家庭内部,家长不仅作为父职或母职等个体承担教育责任,而且作为一个整体承担教育责任。2020年10月17日第十三届全国人民代表大会常务委员会第二十二次会议第二次修订的《中华人民共和国未成年人保护法》第十五条规定:"共同生活的其他成年家庭成员应当协助未成年人的父母或者其他监护人抚养、教育和保护未成年人。"②因此,对家长的教育责任承担状态的判断不仅应该从个体角度看,而且应该从整体角度看。就此而言,承担全面教育责任的家长组合才是值得追求的家庭教育内部生态。③

问题在于,家长不只是作为监护人承担教育学生的责任,而且在核心家庭中作为丈夫或妻子承担其他重要的角色和责任,包括家庭与工作中的角色。在我国更常见的三代乃至多代同堂的大家庭中,作为学生监护人的家长同时作为子女承担着赡养老人的责任。前述各种跨界者理论着力揭示的正是现代社会中作为家庭与工作角色跨界者的成人所面临的角色平衡问题。如前所述,作为一个重要的变量,在成人的多重角色中,家长这一角色无疑为其家庭与工作的平衡提出了更多的挑战。当然,如果能够处理得当,家长角色同其他家庭角色和工作角色之间也会产生相互丰富、相互补充和相互促进的正向效应。

3. 教师的多重角色关系机制分析

在家校社合作过程中,作为专业教育人员的教师是一种主导性教育力量。

---

① [法]弗朗索瓦·德·桑格利:《当代家庭社会学》,房萱译,天津:天津人民出版社,2012年,第16—18页。
② 全国人民代表大会常务委员会:《中华人民共和国未成年人保护法》,1991年9月4日。
③ 张永、王提:《刍议小学生家长的角色活动与指导》,《终身教育研究》2020年第6期,第19—21页。

教师通过尽可能发挥自身教育的优势,可以把学校、家庭和相关社区场所与组织等所蕴藏的优质教育资源联结和整合起来,形成学生学习和发展的优质教育资源圈。在此过程中,教师不仅发挥着学校教育者这一专业角色的作用,而且跨出学校,进入学生家庭和相关社区场所与组织,成为教育资源开发者和整合者。

教师不仅是家校社合作的重要推动者、主导者和践行者,而且是相关参与者的重要能力建设的具体实施者。一方面教师要主动吸取家校社合作研究的成果以将其作为工作开展的指导;另一方面教师还要与社区组织的代表、家长在共同行动中达成共识,使自己作为专业引领者获得认可。换言之,教师不仅是承担学生教育和教学的专业人员,还是自我教育学习者和成人教育者。

如同家长不只是监护人一样,教师也不只是教育者。除了作为教师工作场所的学校和相关组织,教师也有自己的家庭并承担多样的家庭角色。作为家庭与工作角色的跨界者,教师也需要和作为家长的成人一样面对家庭与工作角色的平衡的问题。如果教师本身也是家长,那么其就要在家庭与工作角色平衡的过程中面对更多的挑战,同时由于其自身的专业教育者角色,也就更有可能产生相互丰富、相互补充和相互促进的正向效应。

4. 社区组织工作者的多重角色关系机制分析

如同学生在社区场所与组织中的角色往往是其在家庭或学校中角色的延伸和拓展一样,作为跨界者的社区组织工作者或社区场所与组织的代表也是家长或教师角色的延伸和拓展。在居民委员会、村民委员会中承担未成年人保护职责的代表可以看作家长角色的延伸和拓展。2020 年 10 月 17 日第十三届全国人民代表大会常务委员会第二十二次会议第二次修订的《中华人民共和国未成年人保护法》第四十三条规定:"居民委员会、村民委员会应当设置专人专岗负责未成年人保护工作,协助政府有关部门宣传未成年人保护方面的法律法规,指导、帮助和监督未成年人的父母或者其他监护人依法履行监护职责,建立留守未成年人、困境未成年人的信息档案并给予关爱帮扶。"①

---

① 全国人民代表大会常务委员会:《中华人民共和国未成年人保护法》,1991 年 9 月 4 日。

承担未成年人社会教育职责的社区组织工作者可以看作教师角色的延伸。2020 年 10 月 17 日第十三届全国人民代表大会常务委员会第二十二次会议第二次修订的《中华人民共和国未成年人保护法》第四十四条规定："国家鼓励爱国主义教育基地、博物馆、科技馆、美术馆等公共场馆开设未成年人专场，为未成年人提供有针对性的服务。国家鼓励国家机关、企业事业单位、部队等开发自身教育资源，设立未成年人开放日，为未成年人主题教育、社会实践、职业体验等提供支持。国家鼓励科研机构和科技类社会组织对未成年人开展科学普及活动。"①

此外，社区场所与组织的代表也有自己的家庭并承担多样的家庭角色。作为家庭与工作角色的跨界者，社区场所与组织的代表也需要同作为家长的成人一样面对家庭与工作角色的平衡的问题。如果社区场所与组织的代表本身也是家长，那么其也需要在家庭与工作角色平衡的过程中面对更多的挑战，同时由于其自身所具有的特定资源优势，也更有可能产生相互丰富、相互补充和相互促进的正向效应。

（二）跨界者的角色转换机制分析

在家校社协同过程中，包含一系列跨界者，比如学生、家长、教师和社区场所与组织的代表等。高质量的跨界合作既需要跨界者处理好多重角色之间的平衡的问题，也需要跨界者处理好多重角色之间的转换的问题。有效的家校社协同策略可以缓解跨界者在角色转换过程中遇到的挑战，进而减轻角色冲突，获得角色平衡，增进角色适应感和满足感。

一方面，跨界领导者需要提升相关领域成员的支持力。跨界者的角色转换离不开相关领域成员的支持。以学生从家庭到学校的角色转换为例，首先离不开家庭成员的支持，而且年龄越小的学生越需要家庭成员多方面的支持才能实现顺利入学，包括衣物、食物、交通工具、学具等物质的支持和相应的认知、情感与行为等心理方面的支持。在这一过程中，常常需要不同家庭成员协

---

① 全国人民代表大会常务委员会：《中华人民共和国未成年人保护法》，1991 年 9 月 4 日。

同工作,但家长作为家庭边界管理者具有重要的影响力。同时,跨界领导者也离不开教师、社区场所与组织的代表的支持。学生进入校门前后的秩序维护和相关的程序与仪式往往是通过家长、教师和相关社区场所与组织的代表的共同努力来实现的。此时,作为学校边界管理者的教职员工,尤其是作为班级边界管理者的班主任,具有重要的影响力。

家校社协同就是提升与学生发展相关的不同领域成员的支持力并形成合力的过程。而且,家校社协同本身就源于相关领域成员对作为跨界者的学生的其他领域的意识和所承担的责任。问题在于,在前述一系列跨界者中,不只是学生需要相关领域成员的支持,其他跨界者也需要相关领域成员的支持,尤其是相关领域边界管理者的支持。对由双职工组成的核心家庭而言,家庭中的其他领域成员首先是夫妇中的另一方,工作场所中的其他领域成员包括了他们的同事尤其是主管。与此同时,作为家长也需要得到学校领域成员尤其是班主任的支持。这一系列相关领域成员对作为家长的跨界者所具有的其他领域的意识和所承担的责任都影响着这一跨界者的角色平衡与适应状态。同理,作为跨界者的教师和相关社区场所与组织的代表也需要相关领域成员的支持。

增强相关领域成员对特定跨界者的其他领域的意识和所承担的责任,有助于在特定跨界者和相关领域成员之间建立良好的沟通机制,达成相互理解,从而提升相关领域成员对特定跨界者的支持力。在这一过程中,学生作为相关领域成员也需要通过增强其对特定跨界者的其他领域的意识和所承担的责任,提升相应的支持力。换言之,在家校社协同过程中,所有参与者都应被作为积极主动的完整的人加以对待,并在这一过程中通过沟通与协商成为各种角色空间的塑造者。

另一方面,需要建构多样化的边界管理策略。跨界以有界为前提,因此跨界者的角色转换难易程度也同其所采用的边界管理策略密不可分。无论是工作与家庭边界理论还是界限理论,都指出了跨界者可以基于融合与分割策略连续体进行理性的选择,并且在现实中难以找到一个理想的策略来以不变应万变。是选择融合或弱化边界策略,还是选择分割或强化边界策略,往往受到多方面因素的影响,也蕴藏着跨界者的实践智慧。就此而言,有效的家校社合作应该具有包容性,即可以容纳由跨界者基于特定情境而付诸实施的多样化的边界管理策略。

在家校社协同过程中,跨界者可以基于不同领域之间的多种关系样态建构多样化的边界管理策略。就家庭与学校这两个领域而言,家长针对两个领域之间的重叠部分可以采取融合策略,以促进这种低强度的角色转换;针对两个领域之间的非重叠部分可以采取分割策略,以减少高强度的角色转换;针对两个领域中从重叠到非重叠的部分或者反之,可以根据特定情境采取融合与分割策略连续体中的特定策略,对角色转换过程进行合理的调节。美国学者安妮特·拉鲁(Annette Lareau)发现,美国中产阶级家长参与了协作培养过程,而工人阶级和贫困家庭的家长和监护人则推动了成就的自然成长。① 这一研究发现无非在说明,当家校之间相似程度高时适合采取融合策略,而当两个领域差异程度高时适合采取分割策略。

当然,即使同样采取融合策略,也需要对相应的文化情境保持敏感性。研究表明,同样是美国人,欧裔的美国家长更多卷入学校的志愿活动,而华裔的美国家长更关注孩子在家里的系统教学。② 美国学者冯文于1997—2002年在中国辽宁省大连市进行了共计27个月的田野调查,通过收集数据、问卷调查、访谈和参与观察等方法,对大连市独生子女及其家庭进行了全面、系统而深入的研究。她指出:"这些父母的亲朋好友、孩子的老师、孩子本身都把父母当作决定孩子成败的负责人。我认识的多数教育水平高的父母都辅导孩子学习。我也认识不少受教育程度低的家长在每晚和每个周末花数小时陪在孩子身边,监督其学习。"③本书第三章有关江苏省常州生态区中心城区、城郊和农村

---

① [美]安妮特·拉鲁:《不平等的童年:阶级、种族与家庭生活》(第2版),宋爽、张旭译,北京:北京大学出版社,2018年,第2—3页。

② Carol S. Huntsinger and Paul E. Jose, "Parental Involvement in Children's Schooling: Different Meanings in Different Cultures," *Early Childhood Research Quarterly*, 2009, 24(4), pp. 398–410.

③ [美]冯文:《唯一的希望:在中国独生子女政策下成年》,常姝译,南京:江苏人民出版社,2018年,第150页。

学校学生、家长和班主任的问卷调查,也在一定程度上证实了这个结论。由此可见,基于中国文化立场与传统,尤其是改革开放以来的多种政策与实践,我国的家校社合作形成了富有中国特色的家长教育参与取向。

二、提升多方参与质量

格里·斯托克(Gerry Stoker)认为:"社会资本学者们最根本的洞见是,在涉及复杂的思想交流和众多参与者合作共事的活动中,社会关系质量的好坏对于活动有效结果的获得有非常明显的影响。"①因此,提升参与质量是家校社协同的关键所在。现实的挑战是如何使家长、教师和其他社区成员以合适的方式进行参与,然而只有理解了推动公民参与的背后动力,才能够采取更恰当的干预措施和提供更好的机会并给予激励。研究发现,人们参与地方公民生活的因素,包括能够做(can to)、自愿做(like to)、使能够做(enabled to)、被邀请做(asked to)和作为回应去做(responded to)等,每一个因素都有特定的作用机制和具有针对性的发展目标。②

比如上海市闵行第四中学,原来因地区发展重心转移、多校多次合并、生源与骨干教师不断流失等而成为一所薄弱学校,在持续推进的"新基础教育"学校变革研究中,已创建成全国首批"生命·实践"教育学合作研究学校、上海市首批新优质学校并被评为首轮"上海市文明校园"。学校的"自育"文化不仅体现在学校的时时、处处、事事与人人,而且拓展影响到家庭、社区建设,使学校焕发出作为社区文化中心的当代学校的新风采。尽管该校学生的家长多为普通的工薪阶层和外来务工人员,但是通过多年跟进式的家长学校和家校互动,学校的"自育"文化已延伸到学生的家庭,"自育"型家庭的数量在增加,高度认同学校的文化,并用一个个生动的故事诠释"自育"精神,为孩子的成长助

---

① [英]格里·斯托克:《新地方主义、参与及网络化社区治理》,游祥斌摘译,《国家行政学院学报》2006年第3期,第93页。

② [英]格里·斯托克:《新地方主义、参与及网络化社区治理》,游祥斌摘译,《国家行政学院学报》2006年第3期,第92—95页。

力。该校的"自育"型家庭评选,从寒假时的寻根之旅拉开帷幕,每个孩子和自己的家人在假期里都开展了一项特殊的寒假作业——家风探寻。在开学第一课上,全体师生一起分享了各自的家风。家风故事的主角并没有显赫的名声,只是平凡岗位上的平凡人,但他们身上的家风传承让每个人都感受到了家庭教育的重要性。

如前所述,边界管理策略是一个由融合和分割两极构成的一个策略连续体。现实中,人们往往容易采取位于两极的融合策略或分割策略。根据家长与教师采取的家校边界管理策略,可以建立如下分析框架。

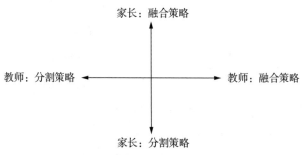

家长与教师的家校边界管理策略分析框架

以上分析框架中,横轴是教师的边界管理策略连续体,纵轴是家长的边界管理策略连续体。四个象限分别代表家长与教师趋向于极点的边界管理策略的组合体。家校关系质量往往取决于家长与教师之间的边界管理策略的组合状态。本课题研究表明,家校冲突源于家长与教师在家校边界管理策略上的差异,主要表现为家长的分割策略与教师的融合策略的组合体;而家校合作源于家长与教师在家校边界管理策略上的一致,主要表现为家长的融合策略与教师的融合策略的组合体。[1]

因此,为了提升多方参与的质量,一是需要厘清学生发展理念。学生发展理念是在学生应该在哪些方面获得发展和如何发展等问题上的看法与观点。

---

[1] 张永、吕航莎:《家校关系舆情事件透析:基于跨界者理论的视角》,《教育科学论坛》2022年第7期,第35—40页。

在发展维度上,需要坚守学生作为完整的人的意识,强调学生多方面的和不同方面之间的协同发展;在发展方式上,需要强化学生的主动、健康发展。只有家长与教师等牢固树立科学的学生发展观,才能真正倾听作为发展主体的学生的声音,进而使得家校社关系成为基于学生的发展利益且是为了学生的发展利益而建立的良性关系。

二是需要增进各方的相互理解。在家校社关系中,家长、教师和学生都是跨界者,都要把其他人当作完整的人,对他人承担责任,并且意识到他人像自己一样都是多种角色的承担者,常常需要进行角色转换。因为承担多种角色,家校边界跨界者在时间和精力上往往难以兼顾,因而有可能面临压力和行为冲突;因为需要进行角色转换,他们往往面临同角色退出与角色进入相关的一系列挑战。在新学年第一学期的家校关系敏感期内,学校应关注家长在角色适应过程中面临的挑战,并提供相应的支持。当然,随着各方之间相互理解的增进,也可能发展出多种角色之间的关系的新可能、新状态和新境界,激发出多种角色之间相互丰富、相互促进、正向溢出和相互增强的关系机制,从而使各方成为家校社关系的促进者、受益者和倡导者。

三是需要协同边界管理策略。如前所述,家校冲突源于家长与教师在家校边界管理策略上的差异,而家校合作源于家长与教师在家校边界管理策略上的一致,因此在厘清学生发展理念与增进各方相互理解的基础上,需要在家校边界管理策略上让各方达成共识,尽可能协同边界管理策略,构建出家校合作型的策略组合,包括采取一致的融合策略或分割策略。一致的融合策略,意味着家校边界跨界者在学生养育、教育与保护等一系列责任上的交融与共担;一致的分割策略,意味着家校边界跨界者在学生养育、教育与保护等一系列责任上的互补与分担。

总之,需要深化对家校社跨界者的研究,强化对其边界管理策略的基本型、组合型与扩展型及其影响因素、效应与转换机制等的研究,以识别与建构更有效且更具针对性的家校社协同推进策略。本课题尝试开发了家长家校边界管理意识量表(见附录),以供定量开展家长边界管理策略研究。

第三节　能力建设策略

　　家长是家庭教育的关键。中小学阶段是学生成长发育的关键时期,家长(一般是指父母或者其他监护人)作为孩子的第一任教师,对学生的成长与发展负有不可推卸的教育责任。如前所述,家庭社会学的研究表明,现代家庭与学校是同时诞生的,可以被称为"教育家庭"①,与之一起产生的是承担学生教育责任的现代家长。

　　2019 年 10 月 31 日,中国共产党第十九届中央委员会第四次全体会议通过的《中共中央关于坚持和完善中国特色社会主义制度　推进国家治理体系和治理能力现代化若干重大问题的决定》明确要求:"构建覆盖城乡的家庭教育指导服务体系。"由于家长是开展家庭教育的主体,因此家庭教育指导服务的直接对象是家长。就此而言,家长到底具有哪些不可推卸的教育责任?这些教育责任又是如何随着学生的成长进行动态调整的?这些是构建家庭教育指导服务体系的基础性问题,也是家长能力建设策略构建的基本问题。在识别应加强何种能力的基础上,需要运用最可能形成那些能力的有针对性的策略。

一、角色能力开发策略

　　本课题研究表明,我国小学生家长的角色活动在不同年段既有共通性,也有独特的内容。课题组于 2019 年 6 月 22 日和 23 日在江苏省常州市北郊小学通过目的抽样,选取了部分小学生家长作为研究对象,开展了校本化的家长角色能力分析会。家长角色能力分析会即采取会议研讨的方式梳理家长角色的活动领域与每一个领域的关键任务,并在此基础上探究相应的能力要求。该

---

① ［法］弗朗索瓦·德·桑格利:《当代家庭社会学》,第16—18 页。

研究将小学年段分为低年段(一年级、二年级)、中年段(三年级、四年级)和高
年段(五年级、六年级),在每个年段有目的地抽样12—17位家长。

　　研究表明,不同年段小学生家长的共通性角色活动领域有生活照顾、陪伴、
培养、辅导、家庭氛围营造、家长学习、直接参与学校事务七项。换言之,家长角色
是一系列具体角色的组合,比如照顾者、陪伴者、辅导者、培养者、营造者、学习者
和参与者等。其中,照顾者、陪伴者、辅导者和培养者这些角色主要针对学生发展
而言;而营造者、学习者的角色主要针对家长榜样示范和自身发展而言;参与者这
一角色主要针对学校事务而言。这些角色活动是小学生家长角色活动的必选项,
是不同年段小学生家长的共通性角色活动。整个小学生家长角色能力模型一共
包含7个活动领域、26项关键任务和115条能力要求(如表6-8所示)。

表6-8　小学生家长的角色能力模型

活动领域	关键任务	能力
生活 照顾	衣食住行安排	能够为孩子准备四季的合适的衣物
		能够合理安排孩子的饮食,保证孩子的营养
		能够引导孩子养成健康的饮食习惯(不挑食、不厌食)
		能够提醒并督促孩子做好上学的准备(校服、学具和书包等)
		能够安全、按时接送孩子上下学
		能够合理安排孩子的作息时间
		能够给孩子提供稳定的生活保障
		能够关注孩子的特殊需求,给孩子创造健康的成长环境
	生活习惯养成	能够通过示范等直观的方式,教会孩子养成良好的生活习惯(整理书桌、书包和房间等)
		能够和孩子一起共同制订生活清单(晨起、作业和睡前清单)
		能够配合奖惩制度,监督清单的落实
	身心健康	能够关注孩子的身体健康和发育情况
		能够对孩子进行适当的性教育,让孩子真正认识自己
		能够帮助孩子面对挫折,寻找原因,解决问题
		能够关注孩子的叛逆心理,并予以调适

（续表）

活动领域	关键任务	能力
陪伴	亲子时光	能够确保有充分的时间和孩子在一起生活
		能够高质量地陪伴孩子(积极、深度、全身心投入)
		能够陪伴孩子一起做他喜欢的事情(游戏等)
		能够坚持每天陪伴孩子一起运动(球类、跑步等)
	亲子沟通	能够完全接纳、信任孩子,给孩子提供心理安全感
		能够给孩子提供表达自己想法的机会
		能够敞开心门与孩子交谈,主动倾听孩子的心声,了解孩子的需求和动态
		能够采用多种方式、途径与渠道与孩子进行沟通(家庭会议、电影、图书、徒步)
		能够及时发现孩子的不良情绪并予以安慰和开导
		能够理解孩子,站在孩子的角度看问题
		能够在冲突发生后,积极地暂停,控制自己的情绪
		能够用积极的方式解决冲突
		能够和孩子成为朋友
	假期出游	能够定期(每周/每年)与孩子参加聚餐、假期旅游等休闲活动
		能够与孩子共同制订旅游计划(目的地、行程等)
		能够与孩子一起充分享受旅途时光
		能够与孩子在旅游过程中积极了解与体验自然风光、风土人情等
		能够与孩子一起交流旅行心得与收获
	陪伴阅读	能够带孩子去书店、图书馆等阅读氛围浓厚的场所
		能够了解、推荐、挑选适合孩子读的图书
		能够指导孩子采用多种方式进行阅读(比如线上与线下)
		能够坚持陪伴孩子阅读其感兴趣的图书
		能够与孩子共同阅读一本图书,并交流阅读心得与体会
		能够鼓励孩子挑选自己喜欢的图书,独立阅读
		能够适当引导孩子提升阅读难度,逐步跳出阅读舒适区
	社会生活体验	能够积极利用社区或家乡的社会资源
		能够陪伴孩子参与力所能及的社会公益或志愿活动
		能够积极支持孩子参加与同伴交往的活动

（续表）

活动领域	关键任务	能力
培养	身体素质训练	能够引导孩子坚持开展周期性运动
		能够确保孩子日常的体育锻炼,让孩子达到小学生身体素质的标准要求
		能够根据孩子的需要选择专业体育培训指导,实现专长的提升和突破
	生活自理能力培养	能够指导孩子学会整理学习用品与生活用品
		能够引导和培养孩子做力所能及的家务劳动
		能够支持孩子参加夏令营等拓展型活动,让孩子体验独立生活与集体生活
	兴趣培养	能够细心观察,及时发现孩子的兴趣和天赋,并加以引导
		能够根据孩子的特点,挑选合适的兴趣班,并按照孩子的适合程度做删减,尊重孩子的兴趣爱好
		能够帮助孩子做好兴趣课程的规划(长期/短期)
		能够帮助孩子坚持自己的兴趣取向,至少有一项做专、做精
	财经素养教育	能够指导孩子合理管理压岁钱(储蓄、增值和申请使用等)
		能够指导孩子合理支配零钱
		能够指导孩子制订生活用品、学习用品采购计划,购买性价比高的商品
	时间管理能力培养	能够引导孩子合理安排时间,做事情有前后顺序、主次观念
		能够与孩子一起树立可行的目标(短期、中期和长期)
		能够与孩子合作制订和实施计划表(学习、生活或其他方面)
		能够督促孩子根据进展,阶段性地调整和反思计划
		能够关注并监督计划的完成情况

（续表）

活动领域	关键任务	能力
辅导	学业辅导	能够关注孩子的学习态度并引导孩子的学习兴趣
		能够关注孩子各学科的学习进度，做到心中有数
		能够辅导孩子按时并有质量地完成学校布置的学业任务
		能够充分利用各种工具（番茄钟、网络）辅导孩子完成作业
		能够督促孩子养成独立思考和自己解决问题的习惯
		能够引导孩子独立完成作业（按时、独立、保护眼睛、注意坐姿）
		能够每天检查孩子的作业，并针对难题、错题等进行讲解和分析
		能够根据孩子的特点选择合适的辅导材料和练习
		能够根据孩子的学习需求，选择适合孩子的专业辅导（线上/线下）
	心理辅导	能够引导孩子合理管理自己的情绪
		能够引导孩子疏解情绪、具备良好的心理素质和开放的心态
		能够对孩子进行挫折教育，提高抗挫折的能力
		能够及时发现孩子的心理问题并疏解其心理压力
		能够帮助孩子设定行为底线
		能够及时发现孩子人际交往（亲子、师生和同伴交往等）中的问题，并给予指导
	人生导引	能够引导孩子养成文明礼貌的行为习惯
		能够引导孩子形成良好的性格特点（感恩意识、责任意识）
		能够引导和帮助孩子树立正确的三观（世界观、人生观、价值观），辨别是非曲直
		能够引导孩子学会自我保护，培养安全意识
		能够引导孩子学会理解、多角度思考问题并寻找多种方式解决问题
		能够与孩子共同制定成长目标并帮助和引导孩子努力实现人生目标

（续表）

活动领域	关键任务	能力
家庭氛围营造	创设环境	能够在家庭中创造优质（整洁、安静与和谐等）的环境和情感氛围
		能够建立和谐融洽的家庭成员关系（团结一致、互敬友爱、互助合作和谅解）
	家风建设	能够定期召开家庭会议（每个人都要发言、头脑风暴）
		能够和孩子共同制定家规（全员参与、权利平等）
		能够和善而坚定地实行家规
	共同学习	能够保证每天一家人有共同阅读的时间
		能够获得自身的提升，与孩子一起进步
家长学习	育儿知识学习	能够学习、了解不同年龄段孩子的特点，具体问题具体对待
		能够坚持阅读图书并记录读书笔记和心得
		能够积极参加家长课程（线上、线下）并将学习的育儿理论和方法应用到现实生活中
	自我知识学习与提升	能够根据孩子的特点和需要主动反思自身的不足，发现自身的学习需求（比如提升自身的艺术修养，辅助孩子的兴趣课程学习）
		能够根据自身的学习需求选择合适的学习内容
		能够与时俱进，不断更新自己的教育理念和方法，寻求科学的方式教育孩子
		能够利用各种资源，拓展学习渠道
		能够学以致用、言传身教、以身作则，与孩子共同成长
	家长互相学习	能够与其他家长一起交流、交换孩子多方面的情况
		能够从其他家长身上反思自己的教育问题和局限
		能够学习其他家长的长处，并结合自己孩子的实际情况，合理运用，促进孩子成长

活动领域	关键任务	能力
直接参与学校事务	家校联系	能够及时关注学校平台的信息
		能够使用多种方式(钉钉群、家长会和家校联系本等)与学校、教师联系、沟通
		能够对学校的要求及时作出回应和反馈
	志愿服务	能够积极主动地参与学校、班级活动(比如护学、演讲和节目表演)
		能够在学校或教师有需要时,及时配合工作
	家长委员会工作	能够发挥学校与家庭沟通时的桥梁作用
		能够定期召开班级家长委员会会议,商量相关事务
		能够承担各项活动的策划、组织、参与和总结工作
		能够搜集、整理家长的意见,及时向学校反馈
		能够鼓励并带动其他家长参与(活动、课程学习等)
		能够引导、帮助有困惑、困难的家长
	学校管理参与	能够积极参与学校听证会,并向学校提出合理、有益的建议
		能够针对学校或班级当下的问题找到合适的解决方法
		能够积极参与学校的评价活动
		能够监督学校的膳食等后勤管理工作

随着不同年段小学生的自身发展和学校教育任务的变化,小学生家长在角色任务组合上会有显著的动态调整。这种动态调整主要发生在两个层面:一是在角色活动领域发生频率序列上,即根据不同角色活动领域所包含的关键任务数量,不同年段小学生家长的角色活动领域发生频率序列不同;二是在每一个角色活动领域的关键任务上,即不同年段小学生家长在每一个角色活动领域中的关键任务有所调整。

一方面,在角色活动领域发生频率序列上,不同年段小学生家长的角色活动领域发生频率序列有所调整。低年段小学生家长首先是扮演陪伴者、营造者和学习者的角色，其次是扮演照顾者和辅导者的角色，最后是扮演培养者和参与者的角色；中年段小学生家长首先是扮演照顾者、辅导者、陪伴者的角色，其次是扮演营造者、培养者、学习者和参与者的角色；而高年段小学生家长首先是扮演陪伴者、培养者的角色，其次是扮演辅导者和参与者的角色，最后是扮演照顾者和学习者的角色。

另一方面，不同年段小学生家长在每一个角色活动领域中的关键任务有所调整。第一，同样是生活照顾，低年段小学生家长着力于最基本的衣食住行安排和生活习惯养成，而中年段小学生家长着力于身心健康。第二，陪伴是不同年段小学生家长发生频率序列都十分靠前的角色活动领域，但低年段、中年段小学生家长的陪伴更多表现在亲子时光、陪伴阅读和亲子沟通，而高年段小学生家长的陪伴除此之外还表现在社会生活体验和假期出游。第三，在培养这一角色活动领域，低年段、中年段小学生家长皆着力于兴趣培养，高年段小学生家长则还着力于身体素质训练、财经素养教育、生活自理能力培养和时间管理能力培养的角色任务。第四，在辅导这一角色活动领域，学业辅导和人生导引是不同年段小学生家长的共通性角色任务，但中年段小学生家长还要着力于辅导孩子制订、调整学习计划和进行课外阅读，高年段小学生家长则需要着力于学生的心理辅导。第五，在家庭氛围营造、家长学习和直接参与学校事务这些角色活动领域，低年段小学生家长着力于创设环境、家风建设、共同学习、育儿知识学习、自我知识学习与提升、家长互相学习这些方面的角色任务，而高年段小学生家长着力于家校联系、志愿服务、家长委员会工作、学校管理参与这些方面的角色任务。

以上两个方面的动态调整表明，不同年段小学生家长在角色任务组合上需要适时调整，即在角色活动领域发生频率序列和关键任务上进行必要的调整。

二、角色能力指导策略

家长的角色"画像"为家长角色能力指导提供了基础。一方面，家长可以据此判断自身在教育责任上的承担状态,例如,从角色活动的多样性来看,是片面承担教育责任的家长,还是全面承担教育责任的家长;从角色任务的完成质量来看,是新手家长,还是内行家长。当然,在家庭内部,家长不仅作为父职或母职等个体承担教育责任,而且作为一个整体承担教育责任。对家长教育责任承担状态的判断不仅应该从个体角度进行,而且应该从整体角度进行。就此而言,全面承担教育责任的家长组合才是值得追求的家庭教育内部生态。

另一方面,为了提升家长角色任务的完成质量,教育相关部门和机构需要根据不同年段小学生家长角色的共通性和特殊性提供有力的支持,包括适时推出家长工作指导意见。例如,根据中小学生家长角色的共通性,可以形成相对稳定的家长工作系列;而根据中小学生家长角色的特殊性,可以在家长工作系列中设计更具针对性的活动模块,从而促进家长角色调整。与此同时,中小学校作为家校社合作中的主导性力量,应把家长角色能力指导纳入班主任和相关学生工作负责人的工作内容和培训项目中,鼓励开展相关研究,并在此基础上创造性地建构校本化和基于班级的家长角色能力指导活动。

在教育责任共生体构建过程中,深度参与是家校社协同的最高目标或境界。但随着家校社协同层次的提升,对参与各方提出了越来越高的要求。美国范德堡大学家校关系实验室的研究也表明,要想让家长积极参与学校教育,应该使家长相信:他们应该参与,他们的参与能够发挥作用,教师、学生和他们的孩子想让他们参与,而他们也有能力参与。① 因此,家校社协同质量和层次的提升离不开针对多方参与者或教育责任相关者的能力建设。一方面,就家长、教师和其他社区成员发展的微观层面而言,面临能力建设与社区意识、社会资本与公民精神的养成;另一方面,就家校社协同的宏观层面而言,面临培育公民基础设施,使各种群体和组织成为人们参与时的渠道和助手,设计多样化、持续性且灵活的参与计划和平台,建立具备回应能力的政策体制等各种使

① Sherri Wilson, "How to Build a Plugged-In PTA," *Our Children: The National PTA Magazine*, 2012, 37(4), pp. 17 – 18.

命。只有综合考虑参与能力、参与目标、参与过程、参与手段、参与效果、参与者之间的关系等,社区学校层次论或家长参与层次论所追求的深度参与才能成为富有生机的合作,否则仅仅是有良好愿望的合作。[①]

家校社协同的顺利开展离不开家长参与意识和参与能力的提升,进而离不开家长学习和家长培训。很多家长不愿意参与、被动参与、流于表面或者心有余而力不足。学习和培训是家长进步的阶梯,也是使家校社协同顺利开展的良方。家长学习和家长培训的途径较为多样,可以从家长自身出发并依托学校来开展。

从家长自身而言,学习渠道多样。书籍、网络上的搜索引擎、线上课程等都是学习渠道;自我反思、家长互学、亲子互学等都是家长学习的途径;自我导向、情景学习等都是家长学习的方式。家长可以根据自身的特点、需要选择科学的、合适的方式和方法。

家长培训课程大多是依托学校开展的。江苏省常州市北郊小学通过系列活动对家长开展培训。第一,举办家长"毅力读书"活动。学校向家长推荐阅读书目,鼓励家长坚持读书,形成有效的监督反馈机制。第二,开设线下家长课程。聘请知名讲师为家长上公益课,频率为每月一次。第三,开设线上直播课程,为家长讲课并解答疑惑。第四,开设线上录播课程,家长可根据自身的需求自主选择学习内容。

参与者通过参与基于角色任务情境的问题提出与计划制订、小组分工合作、资源搜索与力量调动等系列活动,经历问题解决的完整过程,获得成功体验与满足感。这将极大地激发参与者个体主动化解跨界者角色带来的压力和行为冲突,采取灵活多样的边界管理策略,形成家校社协同增益的取向,最终促进参与者从承担片面教育责任的家长成长为承担全面教育责任的家长,从新手家长成长为内行家长,从而提升家长的角色适应感与满足感。

---

① Hope G. Casto, John W. Sipple, and Lisa A. McCabe, "A Typology of School-Community Relationships: Partnering and Universal Prekindergarten Policy," *Educational Policy*, 2016, 30(5), pp. 659 – 687.

附　录

一、问卷调查材料包

（一）感谢信

尊敬的校长/学生工作负责人/班主任：

您好！

我们是华东师范大学"生命·实践"教育学研究院课题组,为深入进行课题研究,希望能够在贵校的协助下,发放一定数量的调查问卷,目的是通过收集翔实、可靠的数据,为研究我国基础教育阶段家庭、学校与社区组织的合作情况提供支持。非常感谢您的大力帮助与配合！

问卷发放程序和步骤具体如下：

1. 问卷发放时间：学生端午节假期之前。

2. 问卷发放人数：以当天实际到教室的学生数为准,尽量保证每个班级 40 份。

3. 发放材料：以班级为单位,共四类材料：一封感谢信(问卷发放手册),一份班主任问卷,一份与班级人数相符的学生问卷,一份与班级人数相符的家长问卷。

4. 问卷发放顺序：

首先发放学生问卷。请班主任利用部分教学或班会时间发放学生问卷,进行填写,并当堂收回,保证问卷质量。请一定注意,学生问卷要在课堂上完成,不能带回家完成。

其次发放家长问卷。学生问卷收回后,请班主任发放家长问卷,每个学生一份,由学生带回家交由家长填写,第二天收回问卷。

最后发放班主任问卷。由班主任填写问卷。

5. 问卷收回方式:各班级问卷由班主任收回后,分别装袋,并标明学校与班级,再交由该学校负责人统一收回。

6. 问卷邮寄:问卷收回后,由该学校负责人统一将问卷邮寄至华东师范大学张永老师办公室。

再次感谢您的大力帮助与配合!

华东师范大学"生命·实践"教育学研究院课题组
2019 年 6 月

(二) 班主任问卷

亲爱的老师:

您好!

本问卷为华东师范大学"生命·实践"教育学研究院课题组的调查问卷,目的是通过收集翔实、可靠的数据,为研究我国基础教育阶段家庭、学校与社区组织的合作情况提供支持。

问卷中的问题的答案没有对错之分,也不会作为对您和学生进行评价时的依据。我们郑重承诺,对您填写的所有信息,我们将按照《中华人民共和国统计法》予以严格保密,不会泄露给任何个人和机构,非常感谢您的支持!

回答选择题时,请在选项的□处画"√",没有特殊提示的均为单选题;回答填空题时,请在横线处填写。

华东师范大学"生命·实践"教育学研究院课题组

2019 年 6 月

1. 您所带领的班级:_____。

2. 您的性别: □男 □女

3. 您的出生年份:_____年。

4. 您的教龄:_____年。

5. 您的学历:_____。

6. 您担任班主任工作的时间:_____年。

7. 您目前任教的年级:_____年级。

8. 您主要任教的科目:_____。

9. 您所带领的班级的人数:_____人,其中男生_____人。

10. 您所带领的班级借读生人数:_____人。

11. 您参与"新基础教育"学生工作研究的时间:_____年。

12. (可以多选)您和家长的联系方式:

□书面 □电话 □面对面 □电子邮件

□短信 □微信 □QQ □其他

多选时,从高到低排序:_____。

13. 您和家长在以下事项上的联系情况(请根据实际情况在联系频率那一格画"√")。

事项	从不	每年	每学期	每季	每月	每周	每天
学生的才艺							
学生的学习成绩							
学生的问题行为							
学生的课堂和班级活动							
学生的补课、补习情况							
有关教学、活动计划和要求的信息							
有关家长如何帮助学生完成学校作业的建议							
需要家长陪伴学生完成的家庭作业							
有关家长与学生谈论学校教育价值的信息							
吸收家长作为学校资源/志愿者							
向学生推荐健康和其他社会服务							
有关可以利用的健康和社会服务项目的信息							

14. 学校多长时间举行一次家长会?

□没有　□每月一次　□超过一个月一次　□每年一次

□每年两次或每学期一次　□每年三次　□每年四次或每季一次

15. 家长志愿者参加学校活动的频次。

□没有　□每月一次　□超过一个月一次　□每年一次

□每年两次或每学期一次　□每年三次　□每年四次或每季一次

16. 您每周和家长进行联系的频次。

□没有　□1次　□2次　□3—4次　□5—6次　□7—8次

□9—10次　□10次以上

17. 您对家长参与孩子教育过程的态度。

□非常不同意　□不同意　□没有意见　□同意　□非常同意

18. 有多少家长参与家长委员会？

□20%以下　□20%—40%(不包含40%)　□40%—60%(不包含60%)

□60%—80%(不包含80%)　□80%—100%

19. 在家庭、学校与社区合作方面，您注意到哪些创造性的做法？

_____

_____

_____

20. 您对家庭、学校与社区合作有哪些建议？

_____

_____

_____

（三）学生问卷

亲爱的同学：

　　你好！

　　本问卷为华东师范大学"生命·实践"教育学研究院课题组的调查问卷，目的是通过收集翔实、可靠的数据，为研究我国基础教育阶段家庭、学校与社区组织的合作情况提供支持。

　　问卷中的问题的答案没有对错之分，也不会作为对你进行评价时的依据。我们郑重承诺，对你填写的所有信息，我们将按照《中华人民共和国统计法》予以严格保密，不会泄露给任何个人和机构，非常感谢你的支持！

　　回答选择题时，请在选项的□处画"√"，没有特殊提示的均为单选题；回答填空题时，请在横线处填写。

华东师范大学"生命·实践"教育学研究院课题组

2019 年 6 月

第一部分,基本信息。

1. 你的学号:_____。

2. 你的性别:□男　□女

3. 你的出生年月:_____年_____月。

4. 你的年级:_____年级。

5. 你是独生子女吗?(如果选择"是",请直接跳至第7题)

□是　□不是

6. 你有几个兄弟姐妹?

____个哥哥　　____个姐姐　　____个弟弟　　____个妹妹

7. (可以多选)目前在你的家里,和你一起住的有哪些人?

□母亲　□父亲　□兄弟姐妹

□祖父母/外祖父母　□其他亲属　□非亲属成员

8. 你在班级中担任哪种工作?

□无　□服务小岗位　□课代表　□小组长　□班级委员

9. 你对自己的学习成绩有什么期待?

□班级前五名　□班级中上水平　□班级平均水平　□没有要求

10. 你对自己以后的最高学历有什么期待?

□本科以下(包括初中、高中、中专/技校/职业高中、大专)　□本科

□硕士研究生　□博士研究生　□无所谓

11. 你对自己以后从事的职业有什么期待?

□国家机关事业单位　□企业/公司中高级管理人员或一般工作人员

□教师、工程师、医生、律师　□技术工人(司机等)　□生产与制造业从业者

□商业与服务业从业者　□个体户　□其他

12. 你对自己以后的工作地域有什么期待?

□农村　□中小城市　□北京、上海、广州等大城市　□国外

□无所谓

13. 在过去的一周内,你是否有过以下感受(请根据实际情况在频率那一格画"√")。

感受的类型	从不	很少	有时	经常	总是
快乐					
抑郁					
不开心					
兴奋					
生活没有意思					
悲伤					
焦虑					

14. 请你对以下表述进行评价(请根据实际情况在赞同程度那一格画"√")。

表述的内容	非常不赞同	比较不赞同	一般	比较赞同	非常赞同
如果我尽力去做,我总能够解决问题					
即使别人反对我,我仍有办法获得我想要的					
对我来说,坚持理想和达成目标是轻而易举的					
我相信自己能够有效地应对任何突如其来的事情					
以我的才智,我一定能够应对意料之外的情况					
如果我付出必要的努力,一定能够解决大多数的难题					
我能够冷静地面对困难,因为我相信自己处理问题的能力					
面对一个难题时,我通常能够找到几个解决的方法					
有麻烦的时候,我通常能够想到一些应对的方法					
无论在我身上发生什么事,我都能够应对自如					

第二部分,家庭生活信息。

1. 家长能否采纳你的建议?

□从不 □很少 □经常 □全部

2. 你每天在家一般需要花费多长时间完成作业?

□少于0.5小时 □0.5—1小时(不包含1小时)

□1—1.5小时(不包含1.5小时) □1.5—2小时(不包含2小时)

□2小时及以上

3. 你做作业时家长陪伴的情况。

□从不 □很少 □经常 □全部

4. 你在做作业过程中遇到问题时怎么办?

□自己解决 □请教家长 □请教其他人 □求助软件或网络

5. (可以多选)你有心里话时在家向谁倾诉?

□无人 □母亲 □父亲 □兄弟姐妹 □祖辈 □其他人

第三部分,课外辅导班、兴趣班或社团活动情况(包括家教,若都没有参加,请跳过该部分)。

1. 你在本学期参加的辅导班、兴趣班或社团活动(包括家教)数量。

□1个 □2个 □3个 □4个 □5个 □超过5个

2. (可以多选)你在本学期参加的辅导班、兴趣班或社团活动(包括家教)类型。

□棋类 □书法 □绘画 □音乐 □舞蹈

□运动 □学科类(语文、数学、英语等) □其他

3. 你在本学期每周参加辅导班、兴趣班或社团活动(包括家教)的时间分布。

□平时 □周末 □平时和周末都有

4. (可以多选)你喜爱的课外辅导班、兴趣班或社团活动(包括家教)类型。

□棋类 □书法 □绘画 □音乐 □舞蹈

□运动 □学科类(语文、数学、英语等) □其他

5. (可以多选)你觉得收获最多的课外辅导班、兴趣班或社团活动(包括家教)类型。

☐棋类　☐书法　☐绘画　☐音乐　☐舞蹈

☐运动　☐学科类(语文、数学、英语等)　☐其他

6. 你每周在课外辅导班、兴趣班或社团活动(包括家教)上花费的时间。

☐少于 1 小时　☐1—4 小时　☐5—9 小时　☐超过 9 小时

7. 从小学起,你参加课外辅导班、兴趣班或社团活动(包括家教)有多长时间?

☐少于 0.5 年　☐0.5—1 年(不包含 1 年)　☐1—3 年(不包含 3 年)

☐3—5 年(不包含 5 年)　☐5 年及以上

8. (可以多选)你在哪里参加课外辅导班、兴趣班或社团活动(包括家教)?

☐家里　☐亲戚/邻居家　☐学校

☐社会教育培训机构　☐网络在线学习　☐其他

9. (可以多选)由谁陪伴你参加课外辅导班、兴趣班或社团活动(包括家教)?

☐独自　☐父亲　☐母亲　☐祖辈　☐其他人

第四部分,社区和旅游活动。

1. 你家附近经常一起玩的伙伴有＿＿＿＿＿＿个。

2. 你每周通常什么时候和伙伴在一起玩?

☐平时　☐周末　☐平时和周末都有

3. (可以多选)你和伙伴在一起时做些什么?

☐看课外书　☐艺术活动　☐游玩　☐运动　☐做作业　☐其他

4. (可以多选)你印象深刻的周末活动有哪些?

☐看课外书　☐艺术活动　☐游玩　☐运动　☐做作业　☐其他

5. 2019 年 1—6 月你在学校组织下去过多少个活动场馆?

☐0 个　☐1 个　☐2 个　☐3 个　☐4 个　☐5 个　☐5 个以上

6. 2019 年 1—6 月你在家长陪伴下去过本地多少个活动场馆?

☐0 个　☐1 个　☐2 个　☐3 个　☐4 个　☐5 个　☐5 个以上

7. 2019 年 1—6 月你在家长陪伴下去过外地多少个活动场馆？

□0 个　□1 个　□2 个　□3 个　□4 个　□5 个　□5 个以上

8. 周围人对你最常说的一句话。

家长：＿＿＿＿＿＿＿＿＿＿＿＿＿＿＿＿＿＿＿＿＿＿＿＿＿＿

班主任：＿＿＿＿＿＿＿＿＿＿＿＿＿＿＿＿＿＿＿＿＿＿＿＿＿＿

好朋友：＿＿＿＿＿＿＿＿＿＿＿＿＿＿＿＿＿＿＿＿＿＿＿＿＿＿

9. 你最想对周围人说的一句话。

家长：＿＿＿＿＿＿＿＿＿＿＿＿＿＿＿＿＿＿＿＿＿＿＿＿＿＿

班主任：＿＿＿＿＿＿＿＿＿＿＿＿＿＿＿＿＿＿＿＿＿＿＿＿＿＿

好朋友：＿＿＿＿＿＿＿＿＿＿＿＿＿＿＿＿＿＿＿＿＿＿＿＿＿＿

（四）家长问卷

亲爱的家长：

　　您好！

　　本问卷为华东师范大学"生命·实践"教育学研究院课题组的调查问卷，目的是通过收集翔实、可靠的数据，为研究我国基础教育阶段家庭、学校与社区组织的合作情况提供支持。

　　问卷中的问题的答案没有对错之分，也不会作为对学生学习成绩和家长的评价的依据。我们郑重承诺，对于您填写的所有信息，我们将按照《中华人民共和国统计法》予以严格保密，不会泄露给任何个人和机构，非常感谢您的支持！

　　回答选择题时，请在选项的□处画"√"，没有特殊提示的均为单选题；回答填空题时，请在横线处填写。

华东师范大学"生命·实践"教育学研究院课题组

2019 年 6 月

第一部分,基本信息。

1. 您孩子的学号:＿＿＿＿＿＿。

2. 您是孩子的:

□父亲　　□母亲　　□祖父/祖母　　□外祖父/外祖母

□其他＿＿＿＿＿＿(请填写)

3. 您的出生年份:＿＿＿＿＿＿年。

4. 您孩子户籍的性质:□非农业居民户籍　　□农业居民户籍

5. 您孩子户籍所在地。

□常州市　　□非常州市

6. 您孩子父亲的文化程度。

□小学　□初中　□高中和中专　□大专　□本科　□硕士研究生及以上

7. 您孩子母亲的文化程度。

□小学　□初中　□高中和中专　□大专　□本科　□硕士研究生及以上

8. 您孩子父母的职业(请根据实际情况在职业那一格画"√")。

职业类型	父亲	母亲
国家机关事业单位领导		
国家机关事业单位一般工作人员		
企业/公司中高级管理人员		
企业/公司一般工作人员		
教师、工程师、医生、律师		
技术工人(司机等)		
生产与制造业一般工作人员		
商业与服务业一般工作人员		
个体户		
农民		
无业、失业、下岗		
其他		

9. 您家庭的人均年收入。

□1 万元以下　□1 万元及以上—2 万元以下　□2 万元及以上—3 万元以下

□3 万元及以上—4 万元以下　□4 万元及以上—5 万元以下　□5 万元及以上

10. 您孩子的教育经费占家庭年收入的比例。

□10%以下　□10%—20%(不包含 20%)　□20%—30%(不包含 30%)

□30%—40%(不包含 40%)　□40%—50%(不包含 50%)　□50%及以上

第二部分,家长观点。

1. 您对孩子的学习成绩有什么期待?

□班级前五名　□班级中上水平　□班级平均水平　□没有要求

2. 您对孩子以后的最高学历有什么期待?

□本科以下(包括初中、高中、中专/技校/职业高中、大专)　□本科

□硕士研究生　□博士研究生　□无所谓

3. 您对孩子以后从事的职业有什么期待?

□国家机关事业单位　□企业/公司中高级管理人员或一般工作人员

□教师、工程师、医生、律师　□技术工人(司机等)

□生产与制造业从业者　□商业与服务业从业者

□个体户　□其他

4. 您对孩子以后的工作地域有什么期待?

□农村　□中小城市　□北京、上海、广州等大城市　□国外　□无所谓

5. 请您对以下表述进行评价(请根据实际情况在赞同程度那一格画"√")。

表述的内容	非常不赞同	比较不赞同	一般	比较赞同	非常赞同
我希望孩子能够有好的学业表现					
我希望孩子未来能够出人头地					
我希望孩子能够全面发展					
孩子只要开心就好,不需要与他人比较					

（续表）

表述的内容	非常 不赞同	比较 不赞同	一般	比较 赞同	非常 赞同
每当我想到孩子的教育问题,就感到非常焦虑					
孩子的教育问题让我心情烦躁					
对孩子的教育问题,我感到不知所措					
周围家长焦虑,让我也觉得很焦虑					
在孩子的选择上,决策权在我					
我与孩子一同为他的选择进行决策					
孩子的选择主要由他/她自己做主					
我对孩子的未来非常有信心					

6. 请您对以下表述进行评价(请根据实际情况在赞同程度那一格画"√")。

表述的内容	非常 不赞同	比较 不赞同	一般	比较 赞同	非常 赞同
我认为学校在决定教育内容时,不需要咨询家长					
我认为在学生管理上,学校经常使用权威是必要的					
学校应该少征求家长的意见					
学校应避免与家长谈论除学生学习以外的其他问题					
家长不应该反对学校作出的决定					
学校不应该将学生教育中的重要部分分配给家长					

第三部分,家长参与。

请您对自己参与活动的程度进行评价。

1. 与学校互动(请根据实际情况在互动频率那一格画"√")。

互动类型	没有	很少	一般	较多	非常频繁
与孩子一起参与学校组织的各项活动					
家长委员会等组织的相关活动					
家长会和其他培训、讨论活动					
学校活动志愿者					

2. 与孩子互动（请根据实际情况在互动频率那一格画"√"）。

互动类型	没有	很少	一般	较多	非常频繁
指导、监督孩子学习					
与孩子沟通学习问题					
与孩子交流个人成长、情感方面的问题					
为孩子提供良好的学习环境					
为孩子全面发展提供帮助（比如体育活动、艺术学习等）					

3. 与其他家长互动（请根据实际情况在互动频率那一格画"√"）。

互动类型	没有	很少	一般	较多	非常频繁
与其他家长交流信息					
参与由家长自发组织的各项活动					
通过微信群等工具与其他家长进行线上沟通、互动					

4. 与社会互动（请根据实际情况在互动频率那一格画"√"）。

互动类型	没有	很少	一般	较多	非常频繁
与孩子一起参与社区活动					
与孩子一起或积极为孩子报名参加社会机构的活动					

（续表）

互动类型	没有	很少	一般	较多	非常频繁
为孩子报名课外学习类辅导课程					
为孩子报名课外兴趣课程					

5. 您对社区活动的态度是怎样的？

□愿意参与　□比较愿意参与　□一般　□不愿意参与　□非常不愿意参与

6. 您对家校合作的态度是怎样的？

□愿意参与　□比较愿意参与　□一般　□不愿意参与　□非常不愿意参与

7. 您对家长参与孩子教育的理解是怎样的？

□家长在家要管教孩子

□家长与学校要联系、合作

□家长既要在家管教孩子，又要与学校联系、合作

□不清楚

8. 您认为家长和教师在孩子成长中的职责怎样分配比较合理？

□家长担负主要责任，教师次之

□教师担负主要责任，家长次之

□学习方面教师担负主要责任，其他方面家长担负主要责任

9. 您是家长委员会成员吗？（如果选择"否"，请直接跳至第11题）

□否　□是(□班级家长委员会　□年级或学校家长委员会)

10. 您在家长委员会做了哪些工作？

_____

_____

11. 您对家庭、学校与社区合作有哪些建议？

_____

_____

二、家长家校边界管理意识量表开发研究①

有效的家长参与能够充分发挥家庭和学校的优势,共同促进学生成长。但是现实中家校社协同过程中冲突频发,亟须对家长参与的边界在哪里这一问题加以回应。为此,基于边界管理理论,经文献分析和专家咨询编制了家长家校边界管理意识量表。通过对量表的信效度分析发现,该量表的开发与编制科学合理。与此同时,通过对家长家校边界管理意识进行调查分析发现,家长家校边界管理意识共有三种类型:时间和空间边界管理意识分割、人际边界管理意识融合型;时间、空间和人际边界管理意识均分割型;时间、空间和人际边界管理意识均融合型。三种边界管理意识反映出家校伙伴关系视域下家长参与的三种基本样态。

(一) 家长家校边界管理意识量表的理论建构

1. 家长参与理论

家长参与研究从 20 世纪 60 年代开始,主要起源于美国和英国,到目前为止涌现了大量的研究成果,包括家长参与、家校合作或家校伙伴关系等。家长参与即家长参与子女的教育活动。美国学者乔伊斯·L. 爱普斯坦是家长参与研究领域的代表性人物,他从学校主导的角度认为家长参与(parent involvement)是一种双向参与的活动,不仅强调家长的参与和投入,而且重视学校的指导与支持的重要作用。② 可见,在乔伊斯·L. 爱普斯坦家长参与的语境中,学校是教育活动的主导者,家长加入学校主导的教育活动,其共同目标指向学生的学习和发展。不同于乔伊斯·L. 爱普斯坦以学校为中心的家长参与,珍妮·C. 古道尔(Janet C. Goodall)提出家长参与(parent engagement)不

---

① 这一部分由课题组成员、上海开放大学柴泽英在课题组讨论的基础上进行数据统计分析并执笔完成。

② Joyce L. Epstein and Susan L. Dauber, "School Programs and Teacher Practices of Parent Involvement in Inner-City Elementary and Middle Schools," *The Elementary School Journal*, 1991, 91(3), pp. 289 – 305.

应该仅是以学校为中心、听从学校指导,更要关注发生在家庭和社区环境中的学习,要促进和支持孩子在不同环境下的教育与学习。① 可以发现,"involvement"与"engagement"强调不同的家校关系,前者强调由家庭到学校的单向关系,侧重家庭对学校需要的满足,而后者强调家庭与学校的平等互动,关注家校间双向伙伴关系的建立。拉里·费拉佐(Larry Ferlazzo)从词源学的角度对"involvement"和"engagement"进行了区分。他指出,"involvement"强调学校用"嘴巴"来告知家长学校的需求并指导家长的行动,而"engagement"重视学校用耳朵倾听家长的想法。② 事实上,家长参与的内涵的演进也突出了家长参与在家庭—学校中的"连续统一体"概念,体现了家长参与学校活动和参与学生学习两者之间关系与权力的摇摆,由此呈现出不同类型的家长参与样态。

经过六十余年的发展,国外家长参与研究走向纵深,家长参与的内涵更为丰富。具体而言,家长参与场域从学校走向学校—家庭—社区,即从传统的基于学校的家长参与转变为基于家庭、学校和社区的参与。相应地,家长参与关系也从家长配合学校的单向关系走向家校合作的双向伙伴关系。这种家校伙伴关系具有协同合作的意义,目的是改善学生的学习效果,促进学生的成长。

2. 边界管理理论

20世纪80年代以来,边界管理研究兴起,其中工作与非工作边界管理研究是学界的研究热点。1971年,美国学者埃德加·H.沙因(Edgar H. Schein)提出将工作与非工作边界划分为三种类型:物理边界、时间边界和心理边界。③ 物理边界主要是指工作或者非工作发生地点的物理阻隔,它定义了行

① Janet C. Goodall, "Parental Involvement to Parental Engagement: A Continuum," *Educational Review*, 2014, 66(4), pp. 399 – 410.

② Larry Ferlazzo, "Involvement or Engagement," *Educational Leadership: Journal of the Department of Supervision and Curriculum Development*, 2011, 68(8), pp. 10 – 14.

③ Edgar H. Schein, "The Individual, the Organization, and the Career: A Conceptual Scheme," *The Journal of Applied Behavioral Science*, 1971, 7(4), pp. 401 – 426.

为所发生的场所;时间边界主要是指设定工作时间,从而划分工作和家庭责任承担的时间;心理边界是一种无形边界,由个体自身决定。2000 年,苏·坎贝尔·克拉克(Sue Campbell Clark)提出工作—家庭边界理论(Work/Family Border Theory),进一步支持了埃德加·H. 沙因对于边界的分类。苏·坎贝尔·克拉克认为,边界有三种类别:物理边界、时间边界和心理边界。① 同时,苏·坎贝尔·克拉克认为在工作与家庭边界中,人也是一个很重要的因素。托·赫尼斯(T. Hernes)提出"二维框架"来解释边界结构及其属性。② 第一维中边界在组织或群体周围以划定的界线进行分类,包括物理边界、社会边界和心理边界,这是边界的限制属性。其中,物理边界象征从时间和空间上对资源的保护;社会边界是指社会成员以社会所期待的方式行事,社会成员间具有高信任度;心理边界是指价值观、信念等机制。第二维是边界的授权属性,即允许组织间资源自由流动。基于与此相关的一系列研究,学者对工作—非工作边界类型的划分更为具象,为研究家长参与的边界管理意识奠定了坚实的研究基础。考虑到家长参与涉及家庭、学校和社区三个空间,把家长参与的时间边界、空间边界和人际边界作为本研究的核心变量。

边界的双重属性使得如何进行边界管理成为研究的重点。边界管理策略是一个整合—分割连续体(integration-segmentation continuum),包含分离、整合和介于两者之间的各种样态。常用的测量边界管理偏好的工具来自格伦·E. 克雷纳(Glen E. Kreiner),重点测量的是将工作从家庭中分离的程度。③ 目前,家校合作的边界问题已引起一定程度的关注。但相关的实证研究仍有待开展。为此,本研究基于边界管理理论省视作为跨界者的家长,关注家长在家

① Sue Campbell Clark, "Work/Family Border Theory: A New Theory of Work/Family Balance, " *Human Relations*, 2000, 53(6), pp. 747 - 770.
② [英]尼尔·保尔森、托·赫尼斯编《组织边界管理:多元化观点》,佟博、陈树强、马明等译,北京:经济管理出版社,2005 年,第 27—47 页。
③ Glen E. Kreiner, "Consequences of Work-Home Segmentation or Integration: A Person-Environment Fit Perspective, " *Journal of Organizational Behavior*, 2006, 27(4), pp. 485 - 507.

庭—学校中的互动,并开展家长家校边界管理意识的实证研究。研究的首要突破口和前提就是编制相关量表,旨在促进家校伙伴关系的建立,以期为后续研究提供具有较高信效度的研究工具。

(二)家长家校边界管理意识量表编制

1. 问卷编制和指标解读

本研究在文献梳理的基础上,邀请了5位家校社协同、基础教育、社区教育、终身教育等领域的专家聚焦边界管理三维度编制了家长家校边界管理意识量表。整个编码过程由7名研究小组成员共同辅助完成,包括3位副教授,4名硕士研究生,共计15个题项。题项以家长参与理论和边界管理理论为指导。量表分为三个维度,共15道题,分别是时间边界管理意识(Q1—Q5)、空间边界管理意识(Q6—Q10)和人际边界管理意识(Q11—Q15)。具体而言,时间边界管理意识是指家长能够意识到与家庭和学校领域有关的时间投入,包括时间投入的数量、质量和在哪些方面需要进行时间投入。空间边界管理意识是指家长能够意识到与家庭和学校领域有关的有形或虚拟空间,包括空间质量和相关的多方面活动。人际边界管理意识是指家长能够意识到与家庭和学校领域有关的人际交往,包括多方面的人际互动与人际互动状态。量表主体部分包括被调查者的人口学信息和量表题目。被调查者的人口学信息主要包括文化程度、职业等人口学变量。量表采用李克特五点计分法,得分越高,代表被调查者的边界管理意识越强。

2. 样本对象和数据分析

本研究选择了"新基础教育"研究基地学校 ZM 小学,采用随机抽样的方式抽取一年级至六年级家长进行问卷调查。通过问卷星的方式共发放家长家校边界管理意识量表 305 份,回收有效问卷 305 份,有效率 100%。参加调查的家长中父母多为"70 后"和"80 后"。参加调查的家长的主体为父亲和母亲,占98.69%(如图 1 所示)。参加调查的家长的孩子的学段呈平均分布(如图 2 所示)。参加调查的家长的职业类型多元,个体户、教师、工程师、医生、律师和国家机关事业单位一般工作人员占比较高(如图 3 所示)。参加调查的家长中学历为大专的较多,占 33.44%,高中和中专、本科学历的家长比例位列其次(如图 4 所示)。在数据分析部分,采用 SPSS 23.0 统计软件对数据进行探索性因子分析,采用 AMOS 23.0 软件进行验证性因子分析。

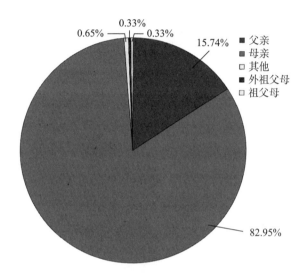

图 1　被调查者与孩子的关系

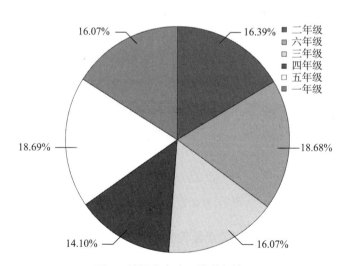

图 2　被调查者孩子的学段情况

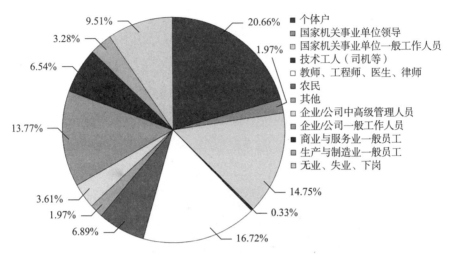

9.51%　20.66%
3.28%　1.97%
6.54%

13.77%

3.61%
1.97%
6.89%　16.72%　0.33%　14.75%

■ 个体户
■ 国家机关事业单位领导
□ 国家机关事业单位一般工作人员
■ 技术工人（司机等）
□ 教师、工程师、医生、律师
■ 农民
■ 其他
□ 企业/公司中高级管理人员
□ 企业/公司一般工作人员
■ 商业与服务业一般员工
■ 生产与制造业一般员工
□ 无业、失业、下岗

图 3　被调查者的职业情况

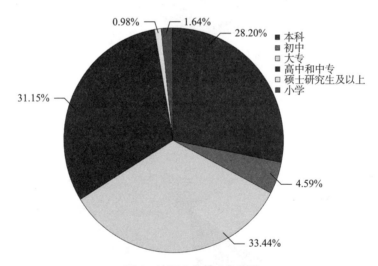

0.98%　1.64%　28.20%
31.15%
4.59%
33.44%

■ 本科
■ 初中
□ 大专
■ 高中和中专
■ 硕士研究生及以上
■ 小学

图 4　被调查者的文化程度

（三）家长家校边界管理意识量表信效度分析

1. 探索性因子分析

问卷的信效度分析主要是考量问卷测量的可靠性与稳定性,是对测量所得结果内部一致性程度的检验。通过对量表进行探索性因子分析发现(如表1所示),KMO①值为0.908,大于0.6;巴特利特球形检验近似卡方是3 643.370,自由度是105,显著性为0.000,这表明量表适合进行探索性因子分析。此外,采用主成分分析技术,初始特征值大于1的共提取三个因子(如表2所示),所有题项的因子负荷均在0.400以上,累积解释方差变异为72.429%,说明15个题项提取的三个因子对原始数据的解释度较为理想。其中因子1的初始特征值为7.796,解释方差百分比为51.973;因子2的初始特征值为1.777,解释方差百分比为11.849;因子3的初始特征值为1.291,解释方差百分比为8.607。根据家长家校边界管理意识量表题项设置,因子1是人际边界管理意识,因子2是空间边界管理意识,因子3是时间边界管理意识。

如表3所示,根据旋转后的成分矩阵可以判断各个题目的因子归属。在各因子题项的取舍上,删除低载荷(因子载荷小于0.300)和双载荷(在两个因子上的载荷之差小于0.300)的题项,以及无法对题项与因子的关系作出合理解释的题项。研究结果显示,Q1、Q2、Q4、Q5、Q6、Q13存在双载荷,两个因子的载荷之差分别为0.361、0.317、0.117、0.252、0.263、0.092。据此,本研究剔除了Q4、Q5、Q6和Q13四个题项。此外,Q15(我希望为学校联络活动或提供校外资源)在题项设计上属于人际边界管理意识维度,但在空间边界管理意识维度上的载荷为0.645且没有双载荷。Q15题项的设置重在突出家长与学校或社区的互动,但"资源"一词的使用又突出了空间资源的流动,人际互动反而不会突出。因此,经过调整,将Q15归类为空间边界管理意识因子。最终,家长家校边界管理意识量表共包含了时间边界管理意识Q1、Q2、Q3(3个题项)、空间边界管理意识Q7、Q8、Q9、Q10和Q15(5个题项),人际边界管理意识Q11、Q12、Q14(3个题项),共11个题项。这些题项在其对应因子上的载荷均介于0.480和0.904之间,载荷分配理想,这说明所提取的三个因子能够解释大多数的变异,提取效果良好。

---

① 取样适切性量数(Kaiser-Meyer-Olkin,缩写KMO)。

表 1 KMO 和巴特利特球形检验

KMO		0.908
巴特利特球形检验	近似卡方	3 643.370
	自由度	105
	显著性	0.000

表 2 总方差解释

因子	初始特征值			提取载荷平方和			旋转载荷平方和		
	总计	方差百分比	累积百分比	总计	方差百分比	累积百分比	总计	方差百分比	累积百分比
1	7.796	51.973	51.973	7.796	51.973	51.973	3.999	26.660	26.660
2	1.777	11.849	63.822	1.777	11.849	63.822	3.691	24.604	51.263
3	1.291	8.607	72.429	1.291	8.607	72.429	3.175	21.166	72.429
4	0.851	5.673	78.103						
5	0.593	3.956	82.058						
6	0.464	3.096	85.154						
7	0.447	2.982	88.136						
8	0.360	2.397	90.533						
9	0.330	2.199	92.731						
10	0.270	1.797	94.529						
11	0.255	1.698	96.226						
12	0.211	1.409	97.635						
13	0.158	1.053	98.688						
14	0.100	0.667	99.355						
15	0.097	0.645	100.000						
提取方法:主成分分析法									

表 3　旋转后因子分析

题项	因子		
	人际边界 管理意识	空间边界 管理意识	时间边界 管理意识
Q12 我希望与教师的交往是愉快的	0.904		
Q11 我希望和教师在孩子的学习与发展问题上保持一致	0.882		
Q14 我觉得家长的角色要随孩子的成长适时调整	0.844		
Q6 我希望在家中营造学习氛围	0.702		0.439
Q7 我希望经常参与家长群的讨论		0.806	
Q10 我希望参与家长委员会工作		0.792	
Q9 我希望参与学校组织的活动		0.747	
Q8 我希望观摩学校组织的活动		0.729	
Q15 我希望为学校联络活动或提供校外资源		0.645	
Q13 我希望经常与其他家长交流	0.480	0.572	
Q1 我希望花费很多的时间陪伴孩子	0.422		0.783
Q2 我希望花费很多的时间和孩子沟通	0.465		0.782
Q5 我希望花费很多的时间参与家校共育活动		0.453	0.705
Q3 我希望花费很多的时间辅导孩子完成学校作业			0.678
Q4 我希望及时了解孩子的在校情况	0.521		0.638
提取方法：主成分分析法 旋转方法：凯撒正态化最大方差法			
a. 旋转在七次迭代后已收敛			

2. 验证性因子分析

验证性因子分析根据探索性因子分析结果,利用 AMOS23.0 软件进行验证,检验家长家校边界管理意识量表三个因子的整体拟合程度。通过选取卡方自由度比(X2/df)、近似误差均方根(RMSEA)、拟合优度指数(GFI)、修正拟合优度指数(AGFI)四项绝对拟合度指标,比较拟合指数(CFI)、增值拟合指数(IFI)、非规范拟合指数(TLI)三项增值拟合指标,来测查模型的拟合度,结果显示拟合度良好。由表4可知,X2/df 值为 2.739,小于 3,适配理想;RMSEA值为 0.076,小于 0.8,可以接受;GFI 值为 0.937,大于 0.9,结果适配良好;AGFI值为 0.899,接近 0.9,结果适配良好;CFI 值为 0.972,大于 0.9,结果适配良好;IFI值为 0.971,大于 0.9,结果适配良好;TLI 值为 0.962,大于 0.9,结果适配良好。这些拟合指数均达到理想的标准,说明模型对数据拟合良好,修订后的包含 11 个题项的家长家校边界管理意识量表具有良好的结构效度(如图 5 所示)。

表 4 整体拟合系数表

X2/df	RMSEA	GFI	AGFI	CFI	IFI	TLI
2.739	0.076	0.937	0.899	0.972	0.971	0.962

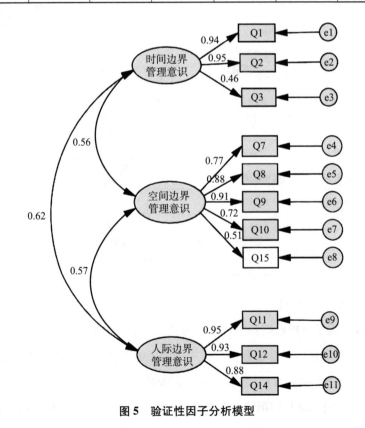

图 5 验证性因子分析模型

由表 5 可知,家长家校时间边界管理意识、空间边界管理意识、人际边界管理意识大部分的潜变量(除了 Q3)对应各个题项的因子载荷均大于 0.500,说明大部分的潜变量对应所属题项有很高的代表性;家长家校时间边界管理意识、空间边界管理意识、人际边界管理意识各个潜变量的平均方差变异(average variance extracted,缩写 AVE)均大于 0.500,且组合信度(composite reliability,缩写 CR)均大于 0.800,说明聚合效度合理。

表 5　因子载荷①

路径			estimate	AVE	CR
Q1	<—	时间边界管理意识	0.940		
Q2	<—	时间边界管理意识	0.947	0.665	0.846
Q3	<—	时间边界管理意识	0.464		
Q7	<—	空间边界管理意识	0.770		
Q8	<—	空间边界管理意识	0.880		
Q9	<—	空间边界管理意识	0.907	0.593	0.875
Q10	<—	空间边界管理意识	0.716		
Q15	<—	空间边界管理意识	0.511		
Q11	<—	人际边界管理意识	0.951		
Q12	<—	人际边界管理意识	0.927	0.845	0.942
Q14	<—	人际边界管理意识	0.878		

区分效度可以通过对比 AVE 平方根与相关关系值进行检验。如果 AVE 平方根大于相关系数值,则说明区分效度良好。由表 6 可知,空间边界管理意识与时间边界管理意识相关系数 0.564 8 小于所对应的 AVE 平方根 0.816、人际边界管理意识与时间边界管理意识相关系数 0.622 小于所对应的 AVE 平方

① 表格中,估计(estimate)表示因子载荷的估计值;平均方差变异(AVE)和组合信度(CR)是聚合效度常用指标,通常情况下,AVE 大于 0.500 且 CR 值大于 0.700,就说明聚合效度较高。

根 0.816、人际边界管理意识与空间边界管理意识相关系数 0.569 小于所对应的 AVE 平方根 0.770。这表明时间边界管理意识、空间边界管理意识、人际边界管理意识各因子之间均具有显著的相关性($p<0.01$,0.564 8***、0.622*** 和 0.569***),彼此之间又具有一定的区分效度,说明量表数据的区分效度理想。

表 6　区分效度①

	时间边界管理意识	空间边界管理意识	人际边界管理意识
时间边界管理意识	0.665		
空间边界管理意识	0.564 8***	0.593	
人际边界管理意识	0.622***	0.569***	0.845
AVE 平方根	0.816	0.770	0.919

(四) 家长家校边界管理意识探讨

1. 家长家校边界管理意识调查

通过家长家校边界管理意识调查可以有效地评估家长在时间、空间和人际参与方面的意愿与投入的程度。首先,在时间边界管理意识调查方面(如图 6 所示),家长非常希望花费很多的时间陪伴孩子,占 44.03%;家长非常希望花费很多的时间和孩子沟通,占 44.6%;家长非常希望花费很多的时间辅导孩子完成学校作业,占 27.56%。相应地,家长比较希望花费很多的时间陪伴孩子,占 42.61%;家长比较希望花费很多的时间和孩子沟通,占 44.89%;家长比较希望花费很多的时间辅导孩子完成学校作业,占 39.49%。其次,在空间边界管理意识调查方面(如图 7 所示),家长非常希望经常参与家长群的讨论,占 25.85%;家长非常希望观摩学校组织的活动,占 34.94%;家长非常希望参与学校组织的活动,占 34.38%;家长非常希望参与家长委员会工作,占 18.47%;家长非常希望为学校联络活动或提供校外资源,占 30.68%。相应地,家长比较希望经常参与家长群的讨论,占 41.19%;家长比较希望观摩学校组织的活动,

---

① 表格中数据标注 *** 表示 $p<0.01$,各变量之间具有显著相关性,区分效度良好。

占 48.86%；家长比较希望参与学校组织的活动，占 46.88%；家长比较希望参与家长委员会工作，占 36.65%；家长比较希望为学校联络活动或提供校外资源，占 34.94%。最后，在人际边界管理意识调查方面（如图 8 所示），家长非常希望和教师在孩子的学习与发展问题上保持一致，占 56.53%；家长非常希望与教师的交往是愉快的，占 59.66%；家长非常认同家长的角色要随孩子的成长适时调整，占 55.68%。相应地，家长比较希望和教师在孩子的学习与发展问题上保持一致，占 38.64%；家长比较希望与教师的交往是愉快的，占 36.08%；家长比较认同家长的角色要随孩子的成长适时调整，占 39.77%。

综合来看，在时间边界管理意识调查方面（如图 6 所示），家长希望花费很多的时间陪伴孩子总比例为 86.64%；家长希望花费很多的时间和孩子沟通总比例为 89.49%；家长希望花费很多的时间辅导孩子完成学校作业总比例为 67.05%。在空间边界管理意识调查方面（如图 7 所示），家长希望经常参与家长群的讨论总比例为 67.04%；家长希望观摩学校组织的活动总比例为 83.80%；家长希望参与学校组织的活动总比例为 81.26%；家长希望参与家长委员会工作总比例为 55.12%；家长希望为学校联络活动或提供校外资源总比例为 65.62%。在人际边界管理意识调查方面（如图 8 所示），家长希望和教师在孩子的学习与发展问题上保持一致总比例为 95.17%；家长希望与教师的交往是愉快的总比例为 95.74%；家长觉得家长的角色要随孩子的成长适时调整总比例为 95.45%。综上，通过家长家校边界管理意识调查发现，家长参与人际边界管理的意识最强。家长希望与教师的交往是愉快的且与教师在孩子的学习与发展问题上保持一致。同时，他们强烈认同家长的角色要随孩子的成长适时调整，这包含了家长学习。家长学习成为家长与孩子联结，以及家校合作的重要变量。对比来看，家长家校时间边界管理意识的凸显以陪伴孩子为中心，家长普遍希望能够花费很多的时间陪伴孩子。然而，在花费很多的时间辅导孩子完成学校作业上，家长的意愿较低。越来越多的家长表示辅导孩子完成学校作业真是一件苦差事。事实上，辅导孩子完成学校作业是家长参与的重要内容，然而作业量大、辅导频率高成为家校冲突的爆发点。可见，对家长而言,家长投入时间参与辅导孩子完成学校作业是需要"划界"的。另外,在家长家校空间边界管理意识调查中,家长希望观摩并参与学校组织的活动的比例最高。这意味着家长具有基本的主人翁意识,能够认同家校合作的理念与价值。然而,在参与家长委员会工作方面,家长参与的意愿最低。家长

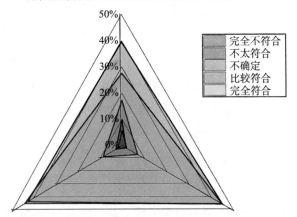

图6 家长参与时间边界管理意识调查

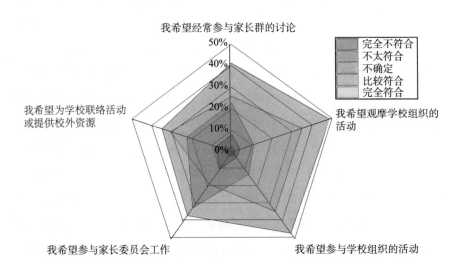

图7 家长参与空间边界管理意识调查

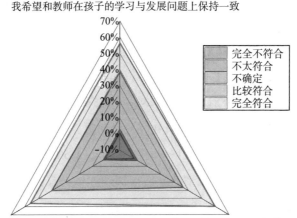

我希望和教师在孩子的学习与发展问题上保持一致

完全不符合
不太符合
不确定
比较符合
完全符合

我觉得家长的角色要随孩子的成长适时调整　　我希望与教师的交往是愉快的

图 8　家长参与人际边界管理意识调查

委员会是由家长代表组成的,代表全体家长和学生参与学校教育和学校管理,行使教育监督权和评议权的一种群众性组织,是实现家校共育的重要组织形式。现实中关于家长委员会的建设存在代表性不足、功能流于形式的问题,难以发挥家校合作的桥梁作用。[①] 因此,学校家长委员会在提高规范性的基础上,应适时引导家长参与家长委员会,提高家长参与家长委员会的意识和能力。

2. 家长家校边界管理意识类型

为了进一步厘清家长家校边界管理意识类型,本研究采用 K -均值聚类(K-Means)分析方法对 305 位家长从家校时间边界管理意识、空间边界管理意识和人际边界管理意识三个方面进行聚类分析。聚类分析是指直接比较各事物之间的性质,将性质相近的归为一类,将性质差别较大的归入不同的类。[②] 在采用 K -均值聚类分析之前,本研究首先需要采用标准化方法(Z-Score)对

① 王东:《中小学家委会建设的现状与问题——基于全国六省市问卷调查的分析》,《当代教育科学》2016 年第 2 期,第 43 页。
② 张建萍、刘希玉:《基于聚类分析的 K-Means 算法研究及应用》,《计算机应用研究》2007 年第 24 卷第 5 期,第 166—168 页。

数据进行标准化处理。继而,本研究通过 K-均值聚类分析准确确定类别个数。经过多次数据训练和聚类计算,最终确定样本中家长家校边界管理意识分为三种类型(如表 7 所示)。其中,属于标号为 1 的第一种类型的家长有 65 位,该类家长在家校时间边界管理意识、空间边界管理意识和人际边界管理意识上的数据中心值分别为-1.151 29、-0.385 69、0.086 51;属于标号为 2 的第二种类型的家长有 9 位,该类家长在家校时间边界管理意识、空间边界管理意识和人际边界管理意识上的数据中心值分别为-2.503 87、-2.078 64、-3.713 64;属于标号为 3 的第三种类型的家长有 231 位,该类家长在家校时间边界管理意识、空间边界管理意识和人际边界管理意识上的数据中心值分别为 0.421 51、0.189 51、0.120 34。

表 7　家长参与边界管理意识类型聚类分布

维度	标号		
	1	2	3
Z 时间边界管理意识	-1.151 29	-2.503 87	0.421 51
Z 空间边界管理意识	-0.385 69	-2.078 64	0.189 51
Z 人际边界管理意识	0.086 51	-3.713 64	0.120 34
聚类个数	65	9	231

如前所述,边界管理策略中融合和分割意味着边界的不同开放程度。因此,本研究对家长家校边界管理意识进行命名。其中,标号为 1 的第一类家长命名为"时间和空间边界管理意识分割、人际边界管理意识融合型家长",表示家长在投入更多的时间和空间处理家校工作上具有明确的边界,而家长更愿意投入家庭、学校的人际关系沟通与交流工作。标号为 2 的第二类家长命名为"时间、空间和人际边界管理意识均分割型家长",表示家长在家庭—学校边界管理中,严格"划界",在投入更多时间、空间和人际关系沟通处理家校工作上具有明显的边界。标号为 3 的第三类家长命名为"时间、空间和人际边界管理

意识均融合型家长",表示家长在时间、空间和人际边界上具有高渗透性,能够投入时间、空间和人际关系沟通处理家校工作。

(五) 研究结论和讨论

1. 家长家校边界管理意识调查量表编制结论

家长家校边界管理意识量表开发过程具有科学性。首先,基于乔伊斯·L.爱普斯坦等人的家长参与模型厘清家长参与的类型,同时结合苏·坎贝尔·克拉克等人的边界管理类型,确定家长家校边界管理维度,形成时间边界管理、空间边界管理和人际边界管理三个维度。由于边界管理的意识特性,本研究进一步明确应从意识层面而非行为层面编制家长家校边界管理意识量表,充分利用专家咨询法和半结构访谈编制了 15 个测量题项。其次,通过探索性因子分析,采用主成分分析法,得到时间边界管理意识、空间边界管理意识和人际边界管理意识三个因子,每个题项的因子负荷均在 0.400 以上,累积解释方差变异为 72.429%。此外,本研究删除了低载荷(因子载荷小于 0.300)和双载荷(在两个因子上的载荷之差小于 0.300)的题项。最后,在此基础上,本研究进一步进行了验证性因子分析,探究家长家校边界管理意识三个因子结构模型的拟合指标,结果显示各项拟合指数均达到理想的标准。从三个因子之间的相关数值来看,三个因子相对独立,11 个题项分布在时间边界管理意识、空间边界管理意识和人际边界管理意识三个独立因子上,每个题项在其所属因子上的载荷均显著,量表的整体框架设计和编制符合心理测量学和教育统计学的要求。

另外,本研究中的家长家校边界管理意识量表编制存在两个不足之处。第一,在进行探索性因子分析时萃取到三个因子,其中 Q6(我希望在家中营造学习氛围)在人际边界管理意识中具有高载荷。从初步分析来看,营造学习氛围偏向于心理和情感空间的营造,这在一定程度上能够促进家长与孩子的沟通与交流。因此,这一题项的设置的含糊导致与预期因子载荷不符,这种情况也从侧面反映出意识层面测量的特点,即受被调查者的认知的影响。与之类似,Q15(我希望为学校联络活动或提供校外资源)在空间边界管理意识中具有高载荷。因此,后续研究在设计家长家校边界管理意识量表的题项时,应在空间边界管理意识和人际边界管理意识上预先用小样本测试。第二,本研究设计样本有限,且是在一所小学随机抽样,对家长家校边界管理意识聚类有所影响。因此,后续研究应进一步扩大样本的数量与范围,解释家长家校边界管理意识的多种类型。总体而言,家长家校边界管理意识量表的编制是家校合作领域新的研究点,其开发与编制的过程科学合理,具有较高的信效度,能够为家校合作领域的理论研究者与实践者提供切实有效的工具支持,促进"双减"形式下家长参与长效机制的建立。

2. 家长家校边界管理意识调查讨论

家庭—学校边界是家长参与的连续统一体,厘清家长家校边界管理意识对解决家校冲突、有效促进家校伙伴关系的建立至关重要。值得注意的是,家长参与应以孩子为本,重视孩子主体性的发挥。因此,家长参与应该是双向的参与和支持,而不是一以贯之地以学校、教师为中心。在以学校为主导的家校合作实践中,统一的家庭期望使家庭表面同质化,忽略了家庭环境的多样性和家庭资本的差异性。与学校不同,家庭作为重要的非正规和非正式学习场域,可以提供不同于学校的社区文化资源,家长也可以自主决定教养时间和空间的分配。因此,在双向型家校伙伴关系中,家长应关注家庭学习,学校也应同等关注家庭场域的学习,通过营造鼓励家庭成为孩子学习的关键贡献者的文化促进家长参与家庭教育与学校教育,建立高质量的家校伙伴关系。

厘清家长参与的内核是探索家长家校边界管理意识的基础。促进家校协同的关键是家长与教师的家校边界管理策略的一致性程度。换言之,若家长的家校边界管理意识是融合型,而教师是分割型,那么这并不有利于家校伙伴关系的建立;反之,若家长的家校边界管理意识是融合型,而教师也是融合型,那么这将有利于家校伙伴关系的建立。家长家校边界管理意识的调查为后续进一步研究教师家校边界管理策略提供了基础,并将有助于厘清家庭教育和学校教育各自的权利与责任的边界。

参考文献

一、中文文献

江泽民：《全面建设小康社会，开创中国特色社会主义事业新局面——在中国
　　共产党第十六次全国代表大会上的报告》，北京：人民出版社，2002 年。

叶澜：《方圆内论道：叶澜教育论文选》，庞庆举选编，北京：中国人民大学出
　　版社，2019 年。

叶澜：《变革中生成：叶澜教育报告集》，庞庆举选编，北京：中国人民大学出
　　版社，2019 年。

叶澜：《俯仰间会悟：叶澜随笔读思录》，庞庆举选编，北京：中国人民大学出
　　版社，2019 年。

叶澜：《回归突破："生命·实践"教育学论纲》，上海：华东师范大学出版社，
　　2015 年。

叶澜、李政涛等：《"新基础教育"研究史》，北京：教育科学出版社，2010 年。

叶澜：《"新基础教育"论：关于当代中国学校变革的探究与认识》，北京：教育
　　科学出版社，2006 年。

叶澜主编《教育理论与学校实践》，北京：高等教育出版社，2000 年。

叶澜主编《"新基础教育"探索性研究报告集》，上海：上海三联书店，1999 年。

叶澜：《教育概论》，北京：人民教育出版社，1991 年。

王枬：《成己成人：叶澜教师观解读》，北京：人民教育出版社，2022 年。

华东师范大学"生命·实践"教育学研究院编《"生命·实践"教育学研究（第

一辑)》,上海：上海教育出版社,2017年。

李家成、王培颖主编《家校合作指导手册》,北京：北京大学出版社,2016年。

李家成、王晓丽、李晓文：《"新基础教育"学生发展与教育指导纲要》,桂林：广西师范大学出版社,2009年。

杨小微、李家成主编《中国班主任研究》,北京：北京大学出版社,2017年。

王培颖等：《校无贵贱：是花朵就会绽放——上海市闵行区汽轮小学变革史》,福州：福建教育出版社,2014年。

王叶婷等：《一坪绿色：在新世纪阳光下呈亮——上海市闵行区华坪小学变革史》,福州：福建教育出版社,2014年。

吴重涵、王梅雾、张俊：《家校合作：理论、经验与行动》,南昌：江西教育出版社,2013年。

李晓文：《青少年发展研究与学校文化生态建设》,北京：教育科学出版社,2010年。

李晓文：《学生自我发展之心理学探究》,北京：教育科学出版社,2001年。

顾惠芬：《幸福作业：打开融合共生的教育新世界》,上海：上海交通大学出版社,2021年。

张永、庞庆举：《诗性智慧：叶澜教育研究的审美意蕴探究》,北京：人民教育出版社,2022年。

林语堂：《生活的艺术》,南京：江苏人民出版社,2014年。

黄河清：《家校合作导论》,上海：华东师范大学出版社,2008年。

冯友兰：《新原人》,北京：生活·读书·新知三联书店,2007年。

陈来：《宋明理学》(第2版),上海：华东师范大学出版社,2004年。

陈向明编著：《在参与中学习与行动：参与式方法培训指南》,北京：教育科学出版社,2003年。

邢贲思主编《中国哲学五十年》,沈阳：辽海出版社,1999年。

朱熹集注《四书集注》,长沙：岳麓书社,2004年。

[德]克劳斯·施瓦布、[比]彼得·万哈姆：《利益相关者》,思齐、李艳译,北

京：中信出版社,2021 年。

[美]冯文：《唯一的希望：在中国独生子女政策下成年》,常姝译,南京：江苏
　　人民出版社,2018 年。

联合国教育、科学及文化组织编《反思教育：向"全球共同利益"的理念转变》,
　　联合国教育、科学及文化组织总部中文科译,北京：教育科学出版社,
　　2017 年。

[美]钱德勒·巴伯、尼塔·H. 巴伯、帕特丽夏·史高利：《家庭、学校与社区：
　　建立儿童教育的合作关系》(第 4 版),丁安睿、王磊译,南京：江苏教育出版
　　社,2013 年。

[美]安妮特·拉鲁：《不平等的童年：阶级、种族与家庭生活》(第 2 版),宋
　　爽、张旭译,北京：北京大学出版社,2018 年。

[美]斯坦顿、吉尔斯、克鲁兹：《服务学习：先驱们对起源、实践与未来的反
　　思》,童小军等译,北京：知识产权出版社,2013 年。

[美]乔伊斯·L. 爱普斯坦等：《学校、家庭和社区合作伙伴：行动手册》(第 3
　　版),吴重涵、薛惠娟译,南昌：江西教育出版社,2012 年。

[美]理查德·C.博克斯：《公民治理：引领 21 世纪的美国社区》(第 2 版),孙
　　柏瑛等译,北京：中国人民大学出版社,2013 年。

[美]克里斯·安德森：《创客：新工业革命》,萧潇译,北京：中信出版社,
　　2012 年。

[法]弗朗索瓦·德·桑格利：《当代家庭社会学》,房萱译,天津：天津人民出
　　版社,2012 年。

[美]D. A. 库伯：《体验学习：让体验成为学习和发展的源泉》,王灿明、朱水萍
　　等译,上海：华东师范大学出版社,2008 年。

[美]罗洛·梅：《存在之发现》,方红、郭本禹译,北京：中国人民大学出版社,
　　2008 年。

[美]J. 莱夫、E. 温格：《情景学习：合法的边缘性参与》,王文静译,上海：华
　　东师范大学出版社,2004 年。

[美]雷纳特·N.凯恩、杰弗里·凯恩:《创设联结:教学与人脑》,吕林海译,上海:华东师范大学出版社,2004 年。

[美]爱丁纳·温格、理查·麦代谋、威廉·施耐德:《实践社群:推动学习型组织之轮》,黄维译,台北:天下远见出版股份有限公司,2003 年。

[丹麦]扬·盖尔:《交往与空间》(第 4 版),何人可译,北京:中国建筑工业出版社,2002 年。

[美]克莱尔·库珀·马库斯、卡罗琳·弗朗西斯编著:《人性场所:城市开放空间设计导则》,俞孔坚等译,北京:中国建筑工业出版社,2001 年。

[美]约翰·杜威:《民主主义与教育》,王承绪译,北京:人民教育出版社,1990 年。

[美]伊里亚斯、梅里安:《成人教育的哲学基础》,高志敏译,北京:职工教育出版社,1990 年。

[英]卡尔·波普尔:《客观知识:一个进化论的研究》,舒炜光等译,上海:上海译文出版社,1987 年。

[英]尼尔·保尔森、托·赫尼斯编《组织边界管理:多元化观点》,佟博、陈树强、马明等译,北京:经济管理出版社,2005 年。

[苏联]苏霍姆林斯基:《给教师的建议》(第 2 版),杜殿坤编译,北京:教育科学出版社,1984 年。

[美]入江昭:《全球共同体——国际组织在当代世界形成中的角色》,刘青、颜子龙、李静阁译,北京:社会科学文献出版社,2009 年。

叶澜主编《教育学原理》,北京:人民教育出版社,2007 年。

叶澜主编《"新基础教育"发展性研究报告集》,北京:中国轻工业出版社,2004 年。

华东师范大学"生命·实践"教育学研究院编《"生命·实践"教育学研究(第四辑)》,上海:上海教育出版社,2020 年。

叶澜:《探教育之所"是",创学校全面育人新生活——新时期"新基础教育"研究再出发》,《人民教育》2018 年第 13—14 期,第 10—16 页。

叶澜:《溯源开来:寻回现代教育丢失的自然之维——〈回归突破:"生命·实践"教育学论纲〉续研究之二(上编·其一)》,《教育发展研究》2018 年第 2 期,第 1—13 页。

叶澜:《终身教育视界:当代中国社会教育力的聚通与提升》,《中国教育科学》2016 年第 3 期,第 40 页、第 41—67 页、第 199 页。

叶澜:《课堂教学过程再认识:功夫重在论外》,《课程·教材·教法》2013 年第 33 卷第 5 期,第 3—13 页。

叶澜、李政涛:《为"生命·实践教育学派"的创建而努力——叶澜教授访谈录》,《教育研究》2004 年第 2 期,第 33—37 页。

叶澜:《教育创新呼唤"具体个人"意识》,《中国社会科学》2003 年第 1 期,第 91—93 页。

叶澜:《世纪初中国教育理论发展的断想》,《华东师范大学学报》(教育科学版)2001 年第 19 卷第 1 期,第 1—6 页。

叶澜:《反思 学习 重建——十五年学术探索的回顾》,《天津市教科院学报》2000 年第 4 期,第 4—13 页。

叶澜:《更新教育观念,创建面向 21 世纪的新基础教育》,《中国教育学刊》1998 年第 2 期,第 6—11 页。

叶澜:《时代精神与新教育理想的构建——关于我国基础教育改革的跨世纪思考》,《教育研究》1994 年第 10 期,第 3—8 页。

叶澜:《论影响人发展的诸因素及其与发展主体的动态关系》,《中国社会科学》1986 年第 3 期,第 83—98 页。

李政涛:《当代教育发展的"全社会教育"路向》,《教育研究》2020 年第 6 期,第 4—13 页。

李政涛、罗艺:《面对信息技术,教育学理论何为》,《华东师范大学学报》(教育科学版)2019 年第 37 卷第 4 期,第 1—12 页。

李政涛:《中国社会发展的"教育尺度"与教育基础》,《教育研究》2012 年第 3 期,第 4—11 页、第 34 页。

张永、吕航莎：《家校关系舆情事件透析：基于跨界者理论的视角》,《教育科学论坛》2022 年第 7 期,第 35—40 页。

张永、贺新向：《家校社合作中的角色关系与角色转换——基于跨界者理论的视角》,《教育参考》2022 年第 5 期,第 11—16 页。

张永：《构建教育责任共同体："生命·实践"教育学视野中家校社合作研究》,《终身教育研究》2022 年第 3 期,第 50—56 页。

张永：《美国家校社合作的两种层次理论及启示》,《全球教育展望》2021 年第 50 卷第 3 期,第 106—117 页。

张永、王提：《刍议小学生家长的角色活动与指导》,《终身教育研究》2020 年第 6 期,第 19—21 页。

张永、张艳琼：《家校社合作的反思与重构：基于实践共同体的视角》,《终身教育研究》2020 年第 3 期,第 41—46 页。

张永、朱敏：《新时代成人教育学发展的契机、主题与趋向》,《南京社会科学》2019 年第 12 期,第 150—156 页。

张永：《美国中小学校与社区互动的两种研究取向》,《外国教育研究》2017 年第 44 卷第 12 期,第 103—112 页。

张永：《社区教育：回到源头的思考》,《中国成人教育》2013 年第 9 期,第 5 页。

欧阳忠明、李书涵：《代际学习项目如何运行——行动者网络理论视阈下的个案研究》,《现代远程教育研究》2021 年第 33 卷第 2 期,第 84—95 页。

袁德润：《"新基础教育"理念下的家庭与学校教育关系研究》,《中国教育学刊》2017 年第 6 期,第 25—29 页。

周晶晶、孙耀庭、慈龙玉：《区域学分银行建设的困境与思考》,《开放教育研究》2016 年第 22 卷第 5 期,第 55—60 页。

张立新、张小艳：《论数字原住民向数字公民转化》,《中国电化教育》2015 年第 10 期,第 11—15 页。

宁家骏：《"互联网+"行动计划的实施背景、内涵及主要内容》,《电子政务》2015 年第 6 期,第 32—38 页。

付志勇：《面向创客教育的众创空间与生态建构》，《现代教育技术》2015 年第
　　25 卷第 5 期，第 18—26 页。

张乐天：《推进学校治理能力现代化：意义、重心与路径》，《复旦教育论坛》
　　2014 年第 12 卷第 6 期，第 5—9 页。

郭英剑：《"慕课"在全球的现状、困境与未来》，《高校教育管理》2014 年第 8 卷
　　第 4 期，第 41—48 页。

郝克明：《终身学习与"学分银行"的教育管理模式》，《开放教育研究》2012 年
　　第 18 卷第 1 期，第 12—15 页。

潘基鑫、雷要曾、程璐璐、石华：《泛在学习理论研究综述》，《远程教育杂志》
　　2010 年第 28 卷第 2 期，第 93—98 页。

孙剑华：《未来计算在"云端"——浅谈云计算和移动学习》，《现代教育技术》
　　2009 年第 19 卷第 8 期，第 60—63 页。

叶成林、徐福荫、许骏：《移动学习研究综述》，《电化教育研究》2004 年第 3 期，
　　第 12—19 页。

费孝通：《从马林诺斯基老师学习文化论的体会》，《北京大学学报》(哲学社会
　　科学版)1995 年第 6 期，第 53—71 页。

叶立安：《浅议开放办学的道路：筹建"社会教育委员会"的回顾与思考》，《上
　　海教育科研》1988 年第 6 期，第 63—65 页。

王东：《中小学家委会建设的现状与问题——基于全国六省市问卷调查的分
　　析》，《当代教育科学》2016 年第 2 期，第 43—48 页。

张建萍、刘希玉：《基于聚类分析的 K-Means 算法研究及应用》，《计算机应用研
　　究》2007 年第 24 卷第 5 期，第 166—168 页。

[英]格里·斯托克：《新地方主义、参与及网络化社区治理》，游祥斌摘译，《国
　　家行政学院学报》2006 年第 3 期，第 92—95 页。

万晶晶：《初中生友谊发展及其与攻击行为的关系研究》，硕士学位论文，武汉：
　　华中师范大学，2002 年。

中国互联网络信息中心：《第 46 次中国互联网络发展状况统计报告》，

2020 年。

叶澜:《教天地人事,育生命自觉——关于"教育"是什么的多维省思》,叶澜教授在华东师范大学闵行校区所作的报告,2006 年 11 月 8 日。

叶澜:《教育学知识品性探》,全国教育学博士生论坛,2004 年 5 月 10 日。

中共中央、国务院:《中国教育改革和发展纲要》(中发〔1993〕3 号),1993 年 2 月 13 日。

中共中央、国务院:《中共中央　国务院关于深化教育改革全面推进素质教育的决定》(中发〔1999〕9 号),1999 年 6 月 13 日。

中共中央:《中共中央关于教育体制改革的决定》,1985 年 5 月 27 日。

全国人民代表大会:《中华人民共和国教育法》,1995 年 3 月 18 日。

教育部:《面向 21 世纪教育振兴行动计划》,1998 年 12 月 24 日。

国务院办公厅:《国务院办公厅关于转发国家发展改革委等部门推进"互联网+政务服务"开展信息惠民试点实施方案的通知》(国办发〔2016〕23 号),2016 年 4 月 14 日。

国家中长期教育改革和发展规划纲要工作小组办公室:《国家中长期教育改革和发展规划纲要(2010—2020 年)》,2010 年 7 月 29 日。

教育部:《教育部关于印发〈教育信息化"十三五"规划〉的通知》(教技〔2016〕2 号),2016 年 6 月 7 日。

教育部:《教育部关于印发刘延东副总理在第二次全国教育信息化工作电视电话会议上讲话的通知》(教技〔2015〕6 号),2015 年 12 月 28 日。

教育部等七部门:《教育部等七部门关于推进学习型城市建设的意见》(教职成〔2014〕10 号),2014 年 8 月 11 日。

全国人民代表大会:《中华人民共和国义务教育法》,1986 年 4 月 12 日。

中共上海市委、上海市人民政府:《关于进一步创新社会治理加强基层建设的意见》(沪委发〔2014〕14 号),2014 年 12 月 31 日。

中国共产党第十八届中央委员会:《中共中央关于全面深化改革若干重大问题的决定》,2013 年 11 月 12 日。

上海市人民代表大会常务委员会：《上海市终身教育促进条例》，2011 年 1 月
　5 日。

全国人民代表大会常务委员会：《中华人民共和国未成年人保护法》，1991 年 9
　月 4 日。

二、英文文献

Yong Zhang and Douglas D. Perkins, "Toward an Empowerment Model of Community
　Education in China," *Adult Education Quarterly*, 2022.

United Nations Educational, Scientific and Cultural Organization, "Reimagining Our
　Futures Together: A New Social Contract for Education," United Nations Educational,
　Scientific and Cultural Organization, 2021.

William H. Jeynes, "A Meta-Analysis: The Relationship Between Parental Involvement
　and Latino Student Outcomes," *Education and Urban Society*, 2017, 49(1), pp. 4 –
　28.

William H. Jeynes, "A Meta-Analysis: The Relationship Between Parental Involvement
　and African American School Outcomes," *Journal of Black Studies*, 2016, 47(3),
　pp. 195 – 216.

William H. Jeynes, "A Meta-Analysis of the Efficacy of Different Types of Parental
　Involvement Programs for Urban Students," *Urban Education*, 2012, 47(4),
　pp. 706 – 742.

William H. Jeynes, "The Relationship Between Parental Involvement and Urban
　Secondary School Student Academic Achievement: A Meta-Analysis," *Urban
　Education*, 2007, 42(1), pp. 82 – 110.

William H. Jeynes, "A Meta-Analysis of the Relation of Parental Involvement to
　Urban Elementary School Student Academic Achievement," *Urban Education*,
　2005, 40(3), pp. 237 – 269.

William H. Jeynes, "A Meta-Analysis: The Effects of Parental Involvement on

Minority Children's Academic Achievement," *Education and Urban Society*, 2003, 35(2), pp. 202 – 218.

Hope G. Casto, John W. Sipple, and Lisa A. McCabe, "A Typology of School-Community Relationships: Partnering and Universal Prekindergarten Policy," *Educational Policy*, 2016, 30(5), pp. 659 – 687.

Megan Ashley Quinn, Jodi L. Southerland, Kasie Richards, and Deborah L. Slawson et al., "Quantifying Collaboration Using Himmelman's Strategies for Working Together: Findings from the Tennessee Coordinated School Health Program," *Health Education*, 2016, 116(1), pp. 34 – 49.

Linda Valli, Amanda Stefanski, and Reuben Jacobson, "Typologizing School-Community Partnerships: A Framework for Analysis and Action," *Urban Education*, 2014, 51(7), pp. 1 – 29.

Allison James, *Socialising Children*. Basingstoke: Palgrave Macmillan, 2013.

Brian D. Christens, "Toward Relational Empowerment," *American Journal of Community Psychology*, 2011, 50(1 – 2), pp. 114 – 128.

Sherri Wilson, "How to Build a Plugged-In PTA," *Our Children: The National PTA Magazine*, 2012, 37(4), pp. 17 – 18.

Richard A. Couto (ed.), *Political and Civic Leadership: A Reference Handbook*. Thousand Oaks, CA: Sage, 2010.

Carol S. Huntsinger and Paul E. Jose, "Parental Involvement in Children's Schooling: Different Meanings in Different Cultures," *Early Childhood Research Quarterly*, 2009, 24(4), pp. 398 – 410.

Peter Jarvis, *Globalization, Lifelong Learning and the Learning Society: Sociological Perspectives*. London: Routledge, 2007.

Twain Owens Tharp, *User Satisfaction of the Community Education Program as Perceived by Stakeholders in the North East Independent School District in San Antonio, Texas*. Texas: Texas A & M University, 2007.

Lisa Farley, *Community Education in Indiana from 1965 – 1987: An Oral History.* Ball State University, 2005.

Sue Campbell Clark, "Work/Family Border Theory: A New Theory of Work/Family Balance," *Human Relations*, 2000, 53(6), pp. 747 – 770.

M. K. Smith, "Empowerment Evaluation: Theoretical and Methodological Considerations," *Evaluation and Program Planning*, 1998, 21(3), pp. 255 – 261.

Fran Krajewski, "Community Education: A National Resource Contemplates its Future," *Mott Exchange*, 1997(1), pp. 6 – 13.

Joyce L. Epstein, "School/Family/Community Partnerships: Caring for the Children We Share," *Phi Delta Kappan*, 1995, 76(9), pp. 701 – 712.

Urie Bronfenbrenner, *The Ecology of Human Development: Experiments by Nature and Design.* Cambridge, MA: Harvard University Press, 1979.

Larry E. Decker(ed.), *The Evolution of the Community School Concept: The Leadership of Frank J. Manley.* National Community Education Publication Series. Fairfax, VA: National Community Education Association, 1972.

Sherry R. Arnstein, "A Ladder of Citizen Participation," *Journal of the American Institute of Planners*, 1969, 35(4), pp. 216 – 224.

Frank J. Manley, B. W. Reed, and R. K. Burns, *Community Schools in Action: The Flint Program.* Chicago: University of Chicago Press, 1961.

Joyce L. Epstein and Susan L. Dauber, "School Programs and Teacher Practices of Parent Involvement in Inner-City Elementary and Middle Schools," *The Elementary School Journal*, 1991, 91(3), pp. 289 – 305.

Janet C. Goodall, "Parental Involvement to Parental Engagement: A Continuum," *Educational Review*, 2014, 66(4), pp. 399 – 410.

Larry Ferlazzo, "Involvement or Engagement," *Educational Leadership: Journal of the Department of Supervision and Curriculum Development*, 2011, 68(8), pp. 10 – 14.

Glen E. Kreiner, "Consequences of Work-Home Segmentation or Integration: A Person-Environment Fit Perspective," *Journal of Organizational Behavior*, 2006, 27(4), pp. 485 – 507.

后　记

本书是国家社会科学基金教育学一般课题"'生命·实践'教育学视野中家校社合作的模型建构与推进策略研究"(项目批准号：BAA180024)最终成果。在研究过程中，课题组对分布于全国九省市的 10 个"新基础教育"研究生态区进行了调查研究。回顾研究过程，主要经历了三个阶段。

一、研究初期阶段

研究初期阶段从 2018 年 7 月到 2019 年 1 月，历时七个月。该阶段主要完成了以下任务：(1)成立了总课题组、区域研究小组和专题研究小组，明确了研究进程和分工；(2)明确了课题研究的框架、思路和重点，对课题研究的主要问题在认识上达成了共识；(3)开展文献研究和预调研，确定了不同课题组具体的研究任务。

该阶段主要开展了以下研讨活动。2018 年 11 月 13 日下午，在华东师范大学举行课题开题会。与会的评议专家有华东师范大学教育学部石伟平教授、李家成教授、徐国庆教授、孙玫璐副教授和匡瑛副教授，均为课题组外的专家。在课题开题会之前，"生命·实践"教育学创始人叶澜教授和"生命·实践"教育学研究院院长李政涛教授对开题报告进行了指导。在课题开题会上，朱敏、周瑛仪、马丽华和胡啸天等课题组内外的教师先后发言。通过开题研讨，明确了课题研究的框架、思路和重点。

2018 年 12 月 19 日下午，在华东师范大学举行了学术沙龙。华东师范大学认知与心理科学学院李晓文教授、华东师范大学教育学部刘德恩副教授、上海市闵行区"新基础教育"研究所陆燕琴副所长和上海市闵行区浦江文馨学校顾文兰校长参与了本次学术沙龙。通过本次学术沙龙,进一步明晰了家校社合作研究的本土化研究取向。

2019年1月10日上午,在华东师范大学举行了学术沙龙。华东师范大学教育学部刘德恩副教授和马丽华副研究员,华东师范大学国家教育宏观政策研究院丁沁南博士,华东师范大学教育学部硕士研究生于诗琪、段琳琳、施孟甫、王提、柴泽英、赵艺君、刘伯莹和董甜甜参与了本次学术沙龙。在本次学术沙龙中,提出了家庭教育研究尤其是亲子活动在家校社合作研究中的价值。

在课题研究初期阶段,课题组先后对北京市朝阳区、天津市经济技术开发区、河南省巩义市、广东省佛山市南海区和上海市闵行区5个"新基础教育"研究生态区的17所中小学进行了现场调研。其间,还调研了上海市中国福利会少年宫。

二、集中调查阶段

集中调查阶段从2019年2月到2019年12月,历时十一个月。该阶段主要完成了以下任务:(1)问卷调查工具研制与数据收集;(2)问卷调查数据录入、处理与分析;(3)基于现场调研,进行典型案例研究。

该阶段主要开展了以下研讨活动。2019年5月5日,在华东师范大学举行课题研讨会。邀请的专家有北京大学陈向明教授,同济大学郑建萍、李同吉老师,华东师范大学教育学部陈红艳老师;课题组内的师生马丽华、朱敏、丁沁南、胡啸天、施孟甫、王提、赵艺君和柴泽英参加,并商讨了调研事宜。

2019年5月7日下午,在江苏省常州市与常州市天宁区教师发展中心袁文娟主任、杭州师范大学经亨颐教育学院袁德润教授、华东师范大学教育学部庞庆举副研究员进行研讨交流,确定江苏省常州生态区学校调研的时段和进行面上调研与点上深入研究的思路。

2019年5月17日下午,与朱敏、丁沁南、马丽华老师,王提、施孟甫、赵艺君和柴泽英等课题组成员就江苏省常州生态区学校调研抽样设计和调查问卷进行交流并定稿。

2019 年 6 月 22—23 日，在常州市北郊小学进行三场家长角色能力分析会，常州市天宁区教师发展中心袁文娟主任，常州市北郊小学徐青校长、祁馨主任，王提、赵艺君、柴泽英三名硕士研究生参加。

2019 年 7 月 29 日上午，同丁沁南老师，王提、柴泽英、赵艺君三名硕士研究生讨论江苏省常州生态区学校调查数据录入、检查和处理的问题，包括校本、区域和整体基础性数据处理。

2019 年 9 月 20 日下午，举行样本学校调研分报告研讨会。丁沁南和朱敏老师，王提、赵艺君、施孟甫和张仁杰四名硕士研究生参加。

2019 年 10 月 18 日下午，组织家校社课题研讨。朱敏老师，王提、赵艺君、袁宏和罗旋四名硕士研究生参加。

在集中调查阶段，课题组先后对北京市朝阳区、河南省巩义市、上海市闵行区、山东省青岛市崂山区和江苏省常州市 5 个"新基础教育"研究生态区的 19 所中小学进行了现场调研。其间，还现场调研了上海市刘海粟美术馆。本阶段的相关典型案例先后以专栏文章的方式分三批发表在《教育视界》(智慧管理)杂志上：《家班共育：家校合作的微观基础》专栏文章发表于《教育视界》(智慧管理)2019 年第 3 期，包括《以微信群为载体促进乡村家长的教育参与》(刘海霞)、《家班共育起点、展开与升级的实践探索》(孙伟伟)和《基于家校合作的家长学习的价值和样态》(王提)；《家长进课堂：何谓、为何与何为》专栏文章发表于《教育视界》(智慧管理)2019 年第 6 期，包括《班级家长讲堂的实施策略研究》(薛燕萍)、《"走近"、"走进"与"走心"：家校共育的实践与探索》(张莉萍、刘娜、张明阳)和《家长绘本课堂：家长学习与成长的平台》(施孟甫)；《家校社合作中社区资源的开发与整合》专栏文章发表于《教育视界》(智慧管理)2019 年第 12 期，包括《基于馆校合作的青少年美育——以刘海粟美术馆青少年美育实践为例》(赵艺君)、《乡村振兴视域下农村学校与社区合作的功能与实现路径》(温正胞)和《走向家校共建的学校文化建设——以河南省巩义市子美外国语学校"子美诗韵"项目为例》（张艳琼）。其间，马丽华老师在《教育发展研究》2019 年第 9 期发表《公平取向的社区教育：政策影响因素和实践改进路径》一文，并被中国人民大学复印报刊资料《成人教育学刊》2019 年第 10 期全文转载。

三、研究深化阶段

研究深化阶段从 2020 年 1 月至 2022 年 6 月。2019 年 12 月，课题组主动适应新冠疫情防控形势，主要完成了以下任务：（1）围绕研究的问题进行专题研究；（2）撰写和完善课题研究总报告。通过前期研究，尤其是第二阶段的集中调查研究，积累了有关各区域研究子课题的调查资料和研究报告，同时发现，需要对课题研究问题进行再聚焦，以便进行更为深入的专题研究，为最终完成课题研究总报告打下坚实的基础。

该阶段以线上与线下相结合的方式开展研讨。课题组从 2020 年下半年开始以线上与线下相结合的方式持续开展两周一次的研究例会，主要成员有华东师范大学马丽华、朱敏、丁沁南和徐敏华等老师，李媛、王梦娟、伍小凤、吕航莎、柴泽英、赵艺君、罗旋、袁宏和邵聪祎等硕士研究生，且增白吉、古丽鲜等本科生。

2022 年 1—2 月，以在线研讨的方式，联合李家成教授主持的国家社会科学基金教育学重点课题"服务全民终身学习视域下社区教育体系研究"（项目批准号：AKA210019）举办社区教育研究系列学术沙龙。1 月 23 日以"社区学校参与家校社协同育人机制建设：挑战与经验"为主题进行交流，上海市浦东新区洋泾街道社区学校顾建华校长、上海市闵行区吴泾镇社区学校戴娟娟党委书记、上海市嘉定区菊园新区社区学校金星校长、上海市徐汇区湖南街道社区学校孙力校长、江苏省昆山市巴城镇成人教育中心校沈开弟校长进行主题发言；2 月 9 日以"解读发源于真如中学的社区教育：中小学与社区教育的关系"为主题进行交流，江苏省常州市新北区龙虎塘实验小学顾惠芬校长、江苏省昆山市信义小学许蕴霞校长、上海市临港实验中学董雪梅老师、浙江省武义县熟溪小学蓝美琴老师、上海市闵行区梅陇镇社区学校刘丽静校长进行主题发言;2月19日以"社区教育发展与社区教育体系建设的个案研究"为主题进行交流,特邀嘉宾是江苏省常州市新北区龙虎塘街道行政审批局副局长、"幸福龙虎好教育委员会"理事长严美华;2月20日以"社区教育体系的内涵与当前发展状态"为主题进行交流,参会嘉宾是上海市静安区终身教育研究所鲍国政博士、上海市徐汇区社区学院杜俭院长、上海市浦东新区三林镇社区学校李青校长、上海松江开放大学陆逸副校长;2月27日继续以"社区教育体系的内涵与当前发展状态"为主题进行交流,参会嘉宾有北京市顺义区社区教育中心教研室修桂芳主任、江苏省社会教育服务指导中心办公室钱旭初主任、江西科技师范大学欧阳忠明教授。

在研究深化阶段,课题组以线上与线下相结合的方式先后对北京市朝阳区、河南省巩义市、广东省深圳市光明区、广东省佛山市南海区、上海市闵行区、山东省青岛市崂山区、江苏省淮安市清江浦区、江苏省常州市和云南省昆明市萃智教育集团9个"新基础教育"研究生态区的36所中小学进行了调研。其间,还现场调研了上海市静安区蒋家巷居民委员会社区家长委员会、上海市闵行区梅陇镇社区学校和虹桥镇社区学校、上海市浦东新区三林镇社区学校、上海市徐汇区长桥街道社区学校和凌云街道社区学校、上海市青浦区香花桥街道社区学校、上海市金山区吕巷镇姚家村12组巷邻坊、上海市松江区新浜社区学校和泗泾镇社区学校、上海市东方绿舟国际交流与教育研发部、上海市长宁区江苏路街道社区学校。

在前期研究的基础上,课题组先后发表了以下成果:张永、张艳琼的《家校社合作的反思与重构:基于实践共同体的视角》,《终身教育研究》2020年第3期;张永、王提的《刍议小学生家长的角色活动与指导》,《终身教育研究》2020年第6期;张永的《美国家校社合作的两种层次理论及启示》,《全球教育展望》2021年第50卷第3期;张永的《构建教育责任共同体:"生命·实践"教育学视野中家校社合作研究》,《终身教育研究》2022年第3期;伍小凤的《家校社合作中"家长参与"研究的问题域——基于2001—2020年CNKI中CSSCI论文的内容分析》，《终身教育研究》2022 年第 3 期；张永、吕航莎的《家校关系舆情事件透析：基于跨界者理论的视角》，《教育科学论坛》2022 年第 7 期；Yong Zhang and Douglas D. Perkins, "Toward an Empowerment Model of Community Education in China," *Adult Education Quarterly*. 2022。此外，还有教育学硕士学位论文 3 篇：王提的《小学生家长的角色能力模型研究——基于对常州市 X 小学家长的调研》，华东师范大学，2020 年；施孟甫的《读书会带领人胜任力标准开发研究——以结构式读书会为例》，华东师范大学，2020 年；赵艺君的《乡村社区的力量：Z 村学校和社区互动的个案研究》，华东师范大学，2021 年。

在完成系列专题研究的基础上，笔者撰写了作为最终成果的课题研究总报告，并完成书稿《责任与共生："生命·实践"教育学视野中的家校社协同》。在书稿完成过程中，先后于 2022 年 3 月 16 日和 5 月 22 日参加"'生命·实践'教育学研究丛书"线上研讨会，华东师范大学"生命·实践"教育学研究院院长李政涛教授、广西师范大学教育学部王枬教授、山西大学社会教育研究院院长侯怀银教授、华东师范大学教育学部卜玉华教授和李家成教授分别对书稿提纲提出了非常中肯的建议。书稿成文后，王枬教授及时相助，联系了出版社。

在本书出版之际，特别感谢以上所有师友和"新基础教育"研究生态区同仁的大力支持，并感谢广西师范大学出版社和编辑的辛勤付出！

张　永
2023 年 9 月 29 日

图书在版编目(CIP)数据

责任与共生:"生命·实践"教育学视野中的家校社协同/张永著.—桂林:广西师范大学出版社,2024.5
("生命·实践"教育学研究丛书/李政涛,王枬主编)
ISBN 978 - 7 - 5598 - 6858 - 9

Ⅰ. ①责… Ⅱ. ①张… Ⅲ. ①学校教育 - 合作 - 家庭教育 Ⅳ. ①G459

中国国家版本馆 CIP 数据核字(2024)第 064365 号

责任与共生:"生命·实践"教育学视野中的家校社协同
ZEREN YU GONGSHENG:"SHENGMING · SHIJIAN"
JIAOYUXUE SHIYE ZHONG DE JIA-XIAO-SHE XIETONG

出 品 人:刘广汉   策划编辑:刘孝霞
责任编辑:伍忠莲   装帧设计:李婷婷

广西师范大学出版社出版发行

(广西桂林市五里店路9号   邮政编码:541004
 网址:http://www.bbtpress.com)

出版人:黄轩庄

全国新华书店经销

销售热线:021 - 65200318   021 - 31260822 - 898

山东临沂新华印刷物流集团有限责任公司印刷

(临沂高新技术产业开发区新华路1号   邮政编码:276017)

开本:690 mm × 960 mm   1/16

印张:20.5   字数:292 千

2024 年 5 月第 1 版   2024 年 5 月第 1 次印刷

定价:88.00 元

如发现印装质量问题,影响阅读,请与出版社发行部门联系调换。